LECCIONES DE DERECHO CONSTITUCIONAL

MARÍA LUISA BALAGUER CALLEJÓN
Catedrática de Derecho Constitucional
Universidad de Málaga

LECCIONES DE DERECHO CONSTITUCIONAL

TERCERA EDICIÓN

tecnos

Diseño de cubierta:
J. M. Domínguez y J. Sánchez Cuenca

1.ª edición, 2016
2.ª edición, 2018
3.ª edición, 2021

Juan Ignacio Luca de Tena, 15 - 28027 Madrid

PAPEL DE FIBRA CERTIFICADO

ISBN: 978-84-309-8224-0
Depósito Legal: M-20.678-2021

Printed in Spain

A Rafael Barranco

ÍNDICE

ABREVIATURAS

ATC	Auto del Tribunal Constitucional
CC	Código Civil
CA	Comunidad Autónoma
CCAA	Comunidades Autónomas
CE	Constitución Española
CP	Código Penal
CGPJ	Consejo General del Poder Judicial
EEAA	Estatutos de Autonomía
LEC	Ley de Enjuiciamiento Civil
LECr	Ley de Enjuiciamiento Criminal
LOPD	Ley Orgánica de Proteccion de Datos
LOPJ	Ley Orgánica del Poder Judicial
LOREG	Ley Orgánica de Régimen Electoral General
LORGP	Ley Orgánica del Régimen General Penitenciario
LOTC	Ley Orgánica del Tribunal Constitucional
RDL	Real Decreto-Ley
RDLegislativo	Real Decreto Legislativo
RTV	Radio Televisión
STC	Sentencia del Tribunal Constitucional
STS	Sentencia del Tribunal Supremo
TC	Tribunal Constitucional
TEDH	Tribunal Europeo de Derechos Humanos
TJUE	Tribunal de Justicia de la Unión Europea
TV	Televisión
UE	Unión Europea

LECCIÓN 1

LA CONSTITUCIÓN ESPAÑOLA DE 1978

SUMARIO: I. *Introducción*. II. *La transición política en España*. III. *El proceso constituyente y la Constitución Española de 1978*. IV. *Bibliografía*.

I. INTRODUCCIÓN

Las constituciones se pueden clasificar en dos modelos que atienden fundamentalmente a su grado de normatividad. Históricamente, las Constituciones han surgido como un pacto o imposición entre las diferentes fuerzas políticas de una sociedad o Estado, y ese acto «constitutivo» tiene un primer momento político, de fórmula originaria que prefigura un modelo, y unas consecuencias jurídicas, cuyo grado de intensidad determina la naturaleza de la Constitución. En ese sentido, las primeras Constituciones tuvieron una naturaleza programática, que establecía una fórmula de organización política y reconocimientos de derechos, pero sin posibilidad coercitiva de ejercerlos en caso de infracción o incumplimiento. Debido fundamentalmente a las circunstancias que rodearon la Segunda Guerra Mundial, en la que las circunstancias políticas superaron el marco constitucional con la implantación del nazismo, se hizo necesario avanzar un paso más en la juridificación del derecho y, a partir de ese momento, las Constituciones se dotaron de una normatividad que garantizara que ese momento histórico no llegara a repetirse.

La Constitución Española es una Constitución normativa y sustenta un modelo de Estado calificado como Estado Social y Democrático de Derecho. Así lo dice el artículo 1 cuando prescribe que España se constituye en un Estado Social y Democrático de Derecho que propugna como valores superiores de su ordenamiento jurídico la libertad, la justicia, la igualdad y el pluralismo político.

Son tres las notas que caracterizan, por tanto, al Estado y cada una de ellas tiene un valor histórico delimitado y concreto. Que estemos en un Estado de Derecho significa ante todo que todo poder ha de estar sometido al Estado, y la sumisión de toda política, economía y sociedad al imperio de la ley, de modo tal que al derecho no se le sustraiga ninguna parcela social. Los poderes fácticos, propios de sistemas políticos totalitarios, quedan en el Estado de Derecho fuera de consideración, y toda actividad pública es, en este sentido, una actividad legal.

La formulación clásica del Estado de Derecho implica tres elementos, primero, la sumisión del Poder al Derecho que en nuestro actual Estado Social y Democrático de Derecho consagra el artículo 9.1 CE, segundo, la división de poderes en los tres poderes clásicos de Montesquieu, Poder Legislativo, Poder Ejecutivo y Poder Judicial que nuestra CE reconoce y regula en los Títulos III, IV y VI, y tercero, el reconocimiento de derechos a la ciudadanía, que en la formulación del Estado liberal burgués de Derecho de la Revolución Francesa se identificaba con los derechos del dejar hacer, dejar pasar como la libertad de imprenta o la libertad de contratación, y que en nuestra CE son los derechos fundamentales del Título I, capítulo II.

El Estado Democrático implica la sujeción a reglas de procedimiento que sigan asimismo las normas jurídicas establecidas, pero en el sentido ahora de que la toma de las decisiones políticas sea conforme a procesos democráticos. No solamente, aunque también, a la elección de las personas representantes políticos, sino al conjunto de la actividad que se despliegue en la sociedad. El Estado democrático no puede agotar su función en unas elecciones periódicas cuyos representantes decidan tras cada período electoral las medidas que se imponen a la ciudadanía, sino que un verdadero Estado Democrático ha de serlo en la totalidad de la actividad humana. La toma de decisiones de cada institución o cada grupo ha de efectuarse de manera que ese proceso sea democrático, cuente con los factores de legitimación de ese sistema, y tenga a su vez posibilidad de corrección de los elementos que perturben la democraticidad del proceso.

Finalmente, el Estado Social se caracteriza por la implicación en los valores y fines de la sociedad. Se trata de adicionar al Estado de Derecho, la fórmula «Social» que deriva en un Estado asistencial, definiendo objetivos a cumplir para la redistribución de la riqueza, y exige la participación pública en la economía. El Estado se justifica por su función social y mantiene un equilibrio de compromiso entre las diferentes fuerzas políticas, sociales y económicas mediante la redistribución de la riqueza.

Desde este punto de vista se puede hablar de Estado Social cuando se produce esa efectiva implicación en los fines y medios de que una sociedad dispone para el desarrollo y crecimiento. No basta, por tanto, una mera denominación de la fórmula Estado Social si esa Constitución no contiene precisas y concretas garantías para el cumplimiento de los fines del mismo. De este modo, hay que constatar, antes de definir el modelo constitucional español, si con independencia de su fórmula se contiene una regulación de las condiciones en las que se pueden ejercitar los derechos que garantizan que estemos ante un Estado Social, y si existen mecanismos de control que lo hagan posible.

El Estado Social exige un contenido de justicia distributiva, de dar a cada persona o grupo según sus necesidades. Se diferencia así de los modelos liberales de Estado propios del siglo XIX en los que la iniciativa económica se presumía suficiente para lograr el equilibrio entre la oferta y la demanda.

El paso del Estado Liberal al Estado Social de Derecho exige una reformulación de formas y contenidos. De los caracteres del Estado Liberal, que se basa en una concepción patrimonial del derecho, con relaciones jurídicas privadas, sin existencia de la tutela pública de los derechos y protector del individuo frente al Estado, se pasa a un Estado implicado en los fines sociales, que actúa sobre el mercado con la finalidad de regularlo y de redistribuir entre los menos favorecidos, y que debe proporcionar la tutela a los sujetos, no solo ante el Estado, sino también ante la sociedad.

Y en este sentido, nuestra Constitución se alinea con los modelos constitucionales europeos de posguerra, que consideran frente al modelo liberal, que el Estado no es un elemento neutro en la sociedad sino que interacciona con ella, en el ámbito económico, garantizando, mediante la redistribución, la satisfacción de las necesidades elementales de supervivencia de los individuos.

Entre las funciones que se atribuyen al Estado está la de atender a las prestaciones sociales y subvenir a las necesidades de las personas. Para ello el Estado interviene en la economía, a diferencia del abstencionismo del Estado Liberal, que agotaba sus fines en la libre competencia del mercado.

II. LA TRANSICIÓN POLÍTICA EN ESPAÑA

Cuando se habla de transición política se hace referencia al proceso que tiene lugar en España a partir de la muerte del dictador, en el que se restablecen los derechos y libertades que habían sido abolidos durante la etapa franquista.

La legislación franquista no se apoyaba en una Constitución, sino en lo que se llamaron Leyes Fundamentales, una serie de normas dictadas en diferentes momentos de la dictadura. Así, el Fuero del Trabajo, aprobado por Decreto de 9 de marzo de 1938, todavía sin terminar la Guerra Civil. Posteriormente la Ley de las Cortes Españolas de 17 de julio de 1942, que regula la función legislativa de una institución creada por Franco, pero que no es elegida por el pueblo, sino nombrada directamente por él. A continuación el Fuero de los Españoles de 17 de julio de 1945, que regula derechos y deberes de los españoles: este Fuero fue aprobado por las Cortes Españolas, pero sus normas son meramente programáticas, pues no existía en la práctica institución que garantizara esos derechos, como es consustancial con los regímenes autoritarios. Además, la Ley de Referéndum, de 22 de octubre de 1945, por la que se regulaban las consultas sobre los temas que se considerasen de interés nacional; la Ley de Sucesión a la Jefatura del Estado de 27 de julio de 1947, la Ley de los Principios Fundamentales del Movimiento Nacional y, finalmente, la Ley Orgánica del Estado de 1967.

Todas estas leyes estaban concebidas desde una estructura dictatorial y en ningún caso suponían nada más que un armazón del que el régimen se valía para pretender una burda legitimación. Las Cortes estaban formadas por un partido único, que era la prolongación del poder del dictador y la Administración obedecía a esa estructura de poder. En ningún caso se podían ejercitar derechos democráticos y la sola palabra democracia era considerada tabú por el régimen.

Antes de la muerte del General, se puede considerar un cambio importante en la deriva del propio Régimen, que coincide con el asesinato a manos de ETA de Carrero Blanco y el nombramiento de Arias Navarro como Presidente del Gobierno designado por Franco. En ese momento se inició una cierta apertura respaldada por el Decreto-Ley 7/1974, de 21 de diciembre, que regulaba el asociacionismo político. Conocido como el «espíritu del 12 de Febrero», este programa reconoce el derecho de las asociaciones, bajo el que pudieran enmascararse algunos partidos políticos, pero sin permitir en la práctica el pluralismo político, pues estaban sujetos en su creación a la autorización administrativa, por lo que el régimen controlaba hasta donde pudiera llegar esa apertura política.

La doctrina ha venido distinguiendo, de forma más o menos convencional, varias etapas en el proceso de la transición política de la dictadura a la democracia. Estas etapas varían según los criterios utilizados por los autores. Hay quienes parten del dato de la muerte de Franco y distinguen tres etapas: la primera, desde la muerte del dictador hasta la aprobación por referéndum de la Ley para la Reforma Política de 1976. La segunda etapa iría desde ese momento hasta las elecciones de junio de 1977 y, por último, la tercera abarcaría desde estas primeras elecciones democráticas hasta la aprobación de la Constitución Española de 1978.

En la primera etapa, a la muerte del dictador, ya existía una importante oposición política, tanto en España como fuera del Estado, en algunos casos de personas exiliadas que no podían entrar en el país, y que se habían organizado en partidos políticos clandestinos, habida cuenta la ilegalidad de cualquier forma de pluralismo político entonces existente. En esta primera etapa es importante señalar el grado de imprecisión con el que se conducían las decisiones políticas, todavía sometidas a las leyes de la dictadura, prohibido el reconocimiento de los partidos políticos, pero con intentos de apertura del propio régimen, que no quería mantenerse al margen del desarrollo de los acontecimientos políticos que se gestaban desde fuera de España, o en la clandestinidad, para organizar un proceso que trajera a España un modelo de Estado democrático.

Esta etapa se puede considerar la transición política propiamente dicha que se iniciaría a la muerte del dictador. En noviembre de 1975 ocupa la Jefatura del Estado el Rey Juan Carlos I, que presta juramento a las Leyes Fundamentales y se restaura la Monarquía en España. Se amplían algunos derechos políticos y se intenta ir hacia un cambio de modelo político controlado desde dentro.

Pero no es hasta julio de 1976 cuando se acomete en profundidad este cambio, al llegar a la Presidencia del Gobierno Adolfo Suárez, considerado como el verdadero artífice de la transición con la Ley para la Reforma Política, que se somete a referéndum del pueblo español en diciembre de 1976. En 1977 se legalizan los partidos políticos y se fijan las primeras elecciones libres para el 15 de junio de 1977.

Ahora bien, ya antes del fallecimiento de Franco la realidad política del país desbordaba con mucho las previsiones del régimen. En el exterior ya se habían constituido en plataformas aquellos partidos políticos que en España estaban en la clandestinidad, y se llevaban a cabo actuaciones en el interior más o menos toleradas.

A la muerte del dictador se restaura la monarquía en la persona de Juan Carlos I, según las previsiones sucesorias de la Ley de la Sucesión a la Jefatura del Estado de 27 de julio de 1947 y la Ley de 22 de julio de 1969, que lo designaba expresamente.

A partir de este momento se producen una serie de reformas legislativas, todas ellas de reducido alcance en relación con las reivindicaciones de los partidos políticos todavía clandestinos, hasta que Adolfo Suárez es elegido Presidente del Gobierno y formula un programa político que culmina con la Ley 1/1977, para la Reforma Política, aprobada por unas Cortes todavía franquistas, pero ha de destacarse que fue sometida a referéndum, como Ley Fundamental que era, y aprobada mayoritariamente por el pueblo español.

En esta ley se recogía ya el principio democrático de la soberanía popular, dos Cámaras de representantes, el Congreso de los Diputados y el Senado, y un sistema electoral para llevar a cabo las primeras elecciones democráticas, basado en la ley D'Hondt, y que inspiraría luego la actual legislación en materia electoral.

En los primeros meses del año 1977 se promulgaron diferentes Reales Decretos-Leyes que liberalizaron derechos fundamentales importantes: así, el derecho de huelga a los trabajadores por RDL 17/1977, de 4 de marzo; el RDL 24/1977, de 1 de abril, sobre libertad de expresión, que despenaliza determinadas conductas relacionadas con la difusión de informaciones o, previamente, el Real Decreto-Ley 12/1977, de 8 de febrero, sobre el derecho de asociación política para posibilitar la creación de partidos políticos.

A partir de estos momentos, se legaliza la mayor parte de los partidos políticos, hasta entonces en la clandestinidad, a excepción del Partido Comunista, que tras un proceso administrativo complejo, fue finalmente también legalizado.

La tercera etapa de la transición se caracterizaría por la celebración de las primeras elecciones democráticas en España, desde la II República. El 15 de junio de 1977 tienen lugar estas elecciones, que inician un verdadero proceso constituyente, con la elección de un Parlamento democrático, que tras la larga dictadura franquista, debía aprobar una Constitución, que sería votada por el pueblo español.

Durante todo este período se inicia un intento de apertura del régimen hacia el exterior, con la finalidad de legitimar el proceso democrático, consciente de que el aislamiento internacional no permitía sostener una situación económica a largo plazo, y de la necesidad de que España se integrara en Europa. Las medidas que se adoptan en este ámbito consisten en la firma de un Acuerdo Preferencial con la entonces Comunidad Económica Europea, para liberalizar el comercio exterior en materia de aranceles y exportación e importación, ante la imposibilidad de conseguir la entrada en esa Comunidad por razones del propio sistema político, y en una apertura en el sistema de libertades públicas, que intenta legitimar el poder todavía afianzado en las instituciones del franquismo.

La victoria en las elecciones del partido político de la Unión de Centro Democrático, liderada por el propio Suárez, permite que se inicie un proceso constituyente que culmina con la Constitución Española de 1978.

III. EL PROCESO CONSTITUYENTE Y LA CONSTITUCIÓN ESPAÑOLA DE 1978

Una vez celebradas las primeras elecciones democráticas en nuestro país desde la II República, las Cortes salidas de estas elecciones se proponen la formación de una Constitución democrática, mediante un proceso constituyente que, a partir del texto elaborado por una Ponencia Constitucional, se sometiera a la consideración del Congreso y del Senado, y fuera aprobada en referéndum por el pueblo español.

La Ponencia se constituyó con siete miembros, que representaban a los partidos políticos de mayor representación parlamentaria, y entre parlamentarios de reconocido prestigio profesional en el ámbito del derecho. Se tramitó con las respectivas enmiendas en el Congreso y en el Senado, por lo que el texto presentado por la Comisión Mixta de las Cortes fue aprobado por ambas Cámaras y se sometió a referéndum donde se aprobó por una importante mayoría.

La Constitución Española de 1978 es una Constitución moderna, enmarcada en el constitucionalismo europeo que tiene lugar después de la Segunda Guerra Mundial, con claras influencias de este, especialmente de la Constitución Italiana de 1947 y la Ley Fundamental de Bonn de 1949.

La peculiaridad más relevante de la Constitución Española la constituye el *consensus* que preside todo el proceso constituyente, en torno a las posiciones políticas fundamentales, y que fue aceptado por la práctica totalidad de los partidos políticos, desde luego por los mayoritarios, permitiendo llegar a un texto en el que cada fuerza política cedió una parte de sus aspiraciones para conseguir ese acuerdo.

El resultado final fue una Norma Fundamental que recoge una forma de Estado, la Monarquía Parlamentaria, un sistema político basado en la democracia y en un modelo de Estado Social y Democrático de Derecho, con un elenco de derechos fundamentales garantizados y unas instituciones democráticas.

IV. BIBLIOGRAFÍA

ABENDROTH, W.; FORSTHOFF, E., y DOEHRING, K.: *El Estado social*, CEC, Madrid, 1986.

BALAGUER CALLEJÓN, F.: «Soberanía popular y democracia en la Constitución española de 1978», *RDP*, n.os 27-28, 1988.

— *Fuentes del Derecho*, Tecnos, Madrid, vol. I, 1991; vol. II, 1992.

— «El Estado social y democrático de Derecho. Significado, alcance y vinculación de la cláusula del Estado social», en J. L. MONEREO (coord.), *Comentario a la constitución socio-económica de España*, Comares, Granada, 2002.

— (coord.): *Introducción al Derecho Constitucional*, 6.ª ed., Tecnos, Madrid, 2017.

— (coord.): *Manual de Derecho Constitucional*, tomos I y II, 12.ª ed., Tecnos, Madrid, 2017.

BALAGUER CALLEJÓN, M. L.: *Contranarrativa de la transición política en España*, CEPC, Madrid, 2021.

COSSÍO DÍAZ, J. R.: *Estado social y derechos de prestación*, CEC, Madrid, 1989.

COTARELO, R.: *Transición política y consolidación democrática*, Madrid, 1992.

DE CABO MARTÍN, C.: *Sobre la función histórica del constitucionalismo y sus posibles transformaciones*, Publicaciones del Departamento de Derecho Político, Universidad de Salamanca, 1978.

— *La crisis del Estado social*, PPU, Barcelona, 1986.

DE VEGA, P.: *La reforma constitucional y la problemática del poder constituyente*, Tecnos, Madrid, 1985.

GARCÍA DE ENTERRÍA, E.: «La Constitución como norma jurídica», en A. PREDIERI y E. GARCÍA DE ENTERRÍA (dirs.), *La Constitución española de 1978. Estudio sistemático*, Civitas, Madrid, 1980.

GARCÍA PELAYO, M.: *Derecho constitucional comparado*, reed. de la 7.ª ed. de 1961, Alianza, Madrid, 1984.

GALLEGO DÍAZ, S., y DE LA CUADRA, B.: *Crónica secreta de la Constitución*, Tecnos, Madrid, 1989.

GARCÍA MORILLO, J.: *La democracia en España*, Alianza Editorial, Madrid, 1996.

GARRORENA, A.: *El Estado español como Estado social y democrático de Derecho*, Tecnos, Madrid, 1984.

HELLER, H.: *Teoría del Estado*, FCE, México, 1974.

HESSE, K.: *Escritos de Derecho Constitucional*, Fundación Coloquio Jurídico Europeo y Centro de Estudios Políticos y Constitucionales, 2011.

LOEWENSTEIN, K.: *Teoría de la Constitución*, Ariel, Barcelona, 1983.

LUCAS VERDÚ, P.: *La octava ley fundamental: crítica jurídico-política de la reforma de Suárez*, Tecnos, Madrid, 1976.

MARAVALL HERRERO, J. M.: *La política de la transición*, Taurus, Madrid, 1984.

MARTÍNEZ CUADRADO, M.: *La Constitución de 1978*, Mezquita, Madrid, 1982.

MORODO LEONCIO, R.: *La transición política*, Tecnos, Madrid, 1984.

PECES-BARBA, G.: *La elaboración de la Constitución*, CEC, Madrid, 1988.

PÉREZ ROYO, J.: *Las fuentes del Derecho*, Tecnos, Madrid, 1984.

REDERO SAN ROMÁN, M. (coord.): *Adolfo Suárez y la transición política*, Ediciones Universidad de Salamanca, 2017.

RODRÍGUEZ, A.: *Transición política y consolidación constitucional de los partidos políticos*, Madrid, 1989.

SAÉNZ ROYO, E.: *Estado social y descentralización política*, Cívitas, Madrid, 2003.

SCHMITT, C.: *Teoría de la Constitución*, Alianza, Madrid, 1982.

SMEND, R.: *Constitución y Derecho constitucional*, CEC, Madrid, 1985.

STERN, K.: *Derecho del Estado de la República Federal de Alemania*, CEC, Madrid, 1987.

TEZANOS, J. F.; COTARELO, R., y DE BLAS, A. (eds.): *La transición democrática española*, Madrid, 1993.

TIERNO GALVAN, E.: *Leyes políticas españolas fundamentales*, Tecnos, Madrid, 1984.

TAJADURA TEJADA, J.: *El preámbulo constitucional*, Comares, Granada, 1997.

LECCIÓN 2

EL SISTEMA CONSTITUCIONAL DE LAS FUENTES DEL DERECHO

SUMARIO: I. *Introducción*. II. *La Constitución Española como fuente del derecho*. III. *Los principios y valores constitucionales*. IV. *Las leyes*. 1. Las leyes orgánicas. A) Concepto de ley orgánica. B) Evolución histórica y comparada de las leyes orgánicas. C) El ámbito material de las leyes orgánicas. D) La posición de las leyes orgánicas en el sistema de fuentes. 2. Las leyes ordinarias. V. *Las normas con fuerza de ley*. 1. Los decretos-leyes. 2. Los decretos legislativos. VI. *Los tratados internacionales*. VII. *Ordenación del sistema de fuentes del derecho*. VIII. *La reforma de la Constitución*. IX. *Bibliografía*.

I. INTRODUCCIÓN

Las fuentes del derecho apuntan al origen de las normas jurídicas. Es la Constitución la que regula las fuentes del derecho. Con anterioridad al modelo de constitución normativa, las fuentes del derecho se encontraban reguladas en el Código Civil, considerado el derecho común a los demás sectores del ordenamiento jurídico, pero dada la naturaleza normativa del constitucionalismo actual, y de nuestra propia Constitución, el sistema de fuentes está constitucionalizado, considerando que la regulación que todavía permanece en nuestro Código Civil, ha de adaptarse a la previsión constitucional.

Hasta la entrada en vigor de la Constitución es, pues, el Código Civil la norma que regula el sistema de fuentes. Sin embargo, desde la promulgación de la Constitución, la regulación de dicho sistema ha de partir de la Constitución misma, como Norma Fundamental del Estado de la que emanan todas las demás normas, y a cuya conformidad han de someterse.

La regulación del Código Civil en su artículo 1 establece y sistematiza las fuentes del derecho como la ley, la costumbre y los principios generales del derecho. No define ninguna de estas fuentes, sino que las jerarquiza en su aplicación. Así, sitúa en primer lugar a la ley, en segundo lugar a la costumbre, que regirá solamente en defecto de ley aplicable, siempre que no sea contraria a la moral o al orden público y que resulte probada. Ha de entenderse, en cuanto a la regulación de la costumbre en el apartado 3 del artículo 1 del Código Civil, que este precepto tiene que interpretarse de conformidad con la Constitución y, desde esta interpretación, la moral no es un elemento interpretativo de las normas jurídicas, dada la indudable separación entre la moral y el derecho propia de un estado constitucional. Finalmente, los principios generales del derecho se aplicarán en defecto de ley o de costumbre, sin perjuicio de su carácter informador del ordenamiento jurídico. También este apartado 4 ha de ser matizado desde la Constitución, atendiendo a la existencia de principios constitucionales. Así, el principio de proporcionalidad en la interpretación de las normas puede ser preferente respecto de la costumbre, regulada en el Código Civil, si resultase del análisis de las normas a aplicar, que en el supuesto concreto, se trata de una costumbre en desuso, en relación con el caso al que se aplica ese principio. De este modo, puede decirse que los principios constitucionales se imponen a los generales del derecho, a la ley y a la costumbre.

II. LA CONSTITUCIÓN ESPAÑOLA COMO FUENTE DEL DERECHO

La primera fuente del derecho en un ordenamiento constitucional es la Constitución. En ella se contienen, no solamente principios y valores que inspiran a otras fuentes del derecho, sino también normas jurídicas de aplicación directa y la ordenación del propio sistema de fuentes.

A diferencia de las constituciones programáticas del siglo XIX y primer tercio del siglo XX, que contenían solamente principios inspiradores de las leyes, la Constitución Española es una constitución normativa. Su normatividad deriva del propio texto constitucional, dada la redacción del artículo 9.1 CE, donde se dice que «Los ciudadanos y los poderes públicos están sujetos a la Constitución y al resto del ordenamiento jurídico».

Expresamente, el artículo 5.1 LOPJ establece que «La Constitución es la norma suprema del ordenamiento jurídico». La normatividad de la CE implica no sólo su configuración como norma suprema, sino también la vinculación de todos los poderes públicos y la ciudadanía (art. 9.1 CE), y el principio de interpretación conforme a la CE que consagra el artículo 5.1 LOPJ. Así como su aplicabilidad directa, aunque no todos los preceptos constitucionales obligan del mismo modo (art. 53 CE).

La caracterización de las fuentes del derecho en la Constitución viene determinada directamente por un grupo normativo ubicado en distintos títulos, con independencia de otras normas que indirectamente señalan criterios interpretativos más precisos. Además del apartado 1 del artículo 9 señalado, el tercero garantiza el principio de legalidad, el de jerarquía de las normas, el de publicidad, el de irretroactividad de las disposiciones sancionadoras no favorables o restrictivas de derechos individuales, el de seguridad jurídica, y los de la responsabilidad e interdicción de la arbitrariedad de los poderes públicos.

En segundo lugar, el artículo 53 CE establece los diferentes niveles de protección de los derechos. En su apartado primero obliga a la regulación por ley, con respeto al contenido esencial, del ejercicio de los derechos y libertades. Asimismo, en el tercero establece el nivel de vinculación de los poderes públicos a los principios rectores, que deben informar la legislación positiva, la práctica judicial y la actuación de los poderes públicos, lo que convierte en fuente de derecho a estos principios rectores.

En tercer lugar, el artículo 37 se refiere a los convenios colectivos entre trabajadores y empresarios: en la medida en que su fuerza vinculante entre las partes es la misma de una norma jurídica; son materialmente normas jurídicas.

En cuarto lugar y ya de manera más directa, los capítulos II y III del Título III CE regulan los diferentes procedimientos de creación de la ley y las normas con rango de ley. En este sentido, se distingue entre leyes orgánicas y ordinarias, decretos-leyes y decretos legislativos en el capítulo II, y los tratados internacionales en el capítulo III.

Todavía en el artículo 97 CE se regula la potestad reglamentaria del gobierno, cuando se reconoce a este la función ejecutiva y la potestad reglamentaria de acuerdo con la Constitución y las leyes.

III. LOS PRINCIPIOS Y VALORES CONSTITUCIONALES

Los principios constitucionales son la expresión de unos valores sociales que se imponen en el mundo jurídico llegando a constituir verdaderas normas jurídicas.

Los principios constitucionales los constituyen todos aquellos elementos de inspiración a que hace referencia la formación de las normas constitucionales. La Constitución se ha creado con referencia a un contexto social y normativo, que plasma y contiene una serie de principios, acordes a una manera de entender la vida y la sociedad.

El desarrollo constitucional a través de las leyes y reglamentos ha de tener en cuenta cuáles son esos principios, y la ley tendrá un contenido más acorde con la Constitución cuanto más se acerque a los principios constitucionales.

Estos, en cuanto normas jurídico-constitucionales, también hacen referencia a aquellos criterios informadores de las normas jurídicas, que se utilizan en la fase interpretativa del derecho, para su aplicación. A la hora de resolver una situación concreta, el operador jurídico ha de buscar la congruencia de esa norma con el propio ordenamiento jurídico, con los valores que existen en esa sociedad, y adecuar su resolución a esos principios por los que se rige el ordenamiento y la sociedad. La Constitución recoge una serie de principios de los que el operador jurídico no debe apartarse, so pena de interpretar las normas jurídicas en contra de los principios constitucionales.

Una ley puede llegar a ser declarada inconstitucional por ser totalmente contraria a algunos principios constitucionales, cuando se trate de principios que tienen una importante fuerza constitucional, como el principio de proporcionalidad o el de irretroactividad de las leyes sancionadoras.

La Constitución de hecho, en algunos casos, ha reconocido como derechos fundamentales algunos principios generales del derecho que regían con anterioridad a la Constitución misma: el principio de presunción de inocencia que operaba en el derecho penal como inspirador de una sentencia absolutoria si no se destruía tal presunción, ahora se encuentra constitucionalizado en el artículo 24.2 como un verdadero derecho fundamental, que impide en la actualidad la condena de una persona si no se dan ciertos requisitos del proceso.

Otros tienen una importante fuerza normativa, como el principio de legalidad, cuya inobservancia ha sido declarada inconstitucional por parte del Tribunal Constitucional.

Los principios constitucionales coinciden en buena parte con los principios generales del derecho, que preexistían en nuestro ordenamiento, como el principio de legalidad o el de irretroactividad de las normas penales. En otros casos, permanecen en nuestro ordenamiento fuera del texto constitucional una serie de principios que hacen referencia a sectores concretos del ordenamiento como la buena fe o la no restricción de los derechos. La relación entre los principios generales del derecho y los principios constitucionales es de superioridad por parte de la Constitución en cuanto norma jerárquicamente superior a todas las normas jurídicas. Y además, también, por un principio constitucional que es la consecuencia de esto, el principio de interpretación conforme a la Constitución, que desarrolla el artículo 5 de la Ley Orgánica 6/1985, de 1 de julio, del Poder Judicial. Finalmente, en algunos casos, tenemos algunos principios que también constituyen valores y derechos, como el caso paradigmático de la igualdad.

Es difícil la diferenciación entre principios y valores, aunque puede decirse que los principios tienen un contenido más abierto que los valores. Los valores son más concretos y están en la frontera entre las normas jurídicas y los principios. También se ha intentado expresar como una diferencia de medio a fin: los principios, en este caso, serían el medio del que se vale un ordenamiento para realizar los valores que tiene atribuidos en el ordenamiento jurídico, por lo que los principios serían la manifestación de esos valores.

En la Constitución se positivan lo que el artículo 1.1 llama valores superiores del ordenamiento jurídico, que son la libertad, la justicia, la igualdad y el pluralismo político.

IV. LAS LEYES

La Constitución regula en el Título III las Cortes Generales y, en el capítulo 2 de este Título, los procedimientos de elaboración de las leyes. No define los distintos tipos de ley que resultan de estos diferentes procedimientos de regulación, limitándose a diferenciarlas en función de la materia que regulan.

1. LAS LEYES ORGÁNICAS

El artículo 81.1 dice que son leyes orgánicas las relativas al desarrollo de los derechos fundamentales y de las libertades públicas, las que aprueben los estatutos de autonomía y el régimen electoral general y las demás previstas en la Constitución. La aprobación, modificación o derogación de las leyes orgánicas exigirá mayoría absoluta del Congreso, en una votación final sobre el conjunto del proyecto.

Las leyes orgánicas son una institución que pretende reforzar ciertas materias frente a la ley ordinaria. Tienen su antecedente en Francia y han pasado a nuestro ordenamiento constitucional por la necesidad que el constituyente ha visto de atribuir un grado mayor de legitimidad a aquellas materias consideradas de mayor importancia.

Su naturaleza jurídica ha planteado problemas en relación con otras fuentes del derecho, sobre todo con la ley ordinaria. La doctrina, en líneas generales, pero con alguna excepción minoritaria, ha considerado que la relación entre ambas es de configuración material, es decir, que no hay una relación de jerarquía entre la ley orgánica y la ordinaria, sino competencial: la ley orgánica regula las materias que taxativamente le atribuye el artículo 81.1 y ninguna más, en tanto que las leyes ordinarias pueden regular el resto de las materias.

En ese sentido, cuando una ley orgánica regule materias que excedan de las que tiene atribuidas, esa ley orgánica sería inconstitucional, dado que la relación con la ley ordinaria no es de jerarquía, de modo que pueda asumir como fuente del derecho todas aquellas normas que jerárquicamente estuvieran por debajo, sino de competencia para abordar la materia objeto de su regulación.

El Tribunal Constitucional ha considerado también que la relación entre ley orgánica y ley ordinaria es material. Ahora bien, en el caso en que una ley orgánica regule materias que sean objeto de ley ordinaria, el legislador debe detallar qué preceptos son orgánicos y cuáles ordinarios. En caso de no hacerlo así, será el propio Tribunal el que adscriba estas normas a la ley ordinaria.

Ello ha de ser así también por una razón de orden lógico. En la medida en que la aprobación de una ley orgánica exige mayoría absoluta en el Congreso de los Diputados, el concepto ha de ser restrictivo, para impedir la petrificación del ordenamiento, pues la imposibilidad de conseguir esa mayoría podría llevar a una imposibilidad legislativa dilatada en el tiempo.

A) *Concepto de ley orgánica*

El artículo 81 CE regula un tipo especial de leyes que llama orgánicas. No las define, sino que directamente considera que «son leyes orgánicas las relativas al desarrollo de los derechos fundamentales y de las libertades públicas, las que aprueben los Estatutos de Autonomía y el régimen electoral general y las demás previstas en la Constitución».

El párrafo segundo del mismo artículo 81 tampoco contiene elemento alguno de definición cuando señala el procedimiento para la aprobación, modificación y derogación de las leyes orgánicas con el requisito de la exigencia de mayoría absoluta del Congreso en la votación final del proyecto conjunto.

Esta exigua regulación constitucional ha tenido como consecuencia un importante desarrollo doctrinal respecto de la naturaleza jurídica de estas leyes y su peculiar posición en el sistema de las fuentes del derecho en nuestro ordenamiento.

B) *Evolución histórica y comparada de las leyes orgánicas*

Aunque se han intentado encontrar precedentes en nuestro ordenamiento jurídico, parece más probable que las leyes orgánicas se hayan introducido en nuestra Constitución Vínculo a legislación siguiendo la influencia francesa, y con menor intensidad, la italiana.

Por lo que respecta a los precedentes históricos de nuestro ordenamiento, en 1834 aparece por primera vez la expresión «leyes orgánicas», en un Proyecto de

Constitución que no llegó a prosperar, y que establecía en sus artículos 11 y 48 la exigencia de ley orgánica para regular determinadas instituciones.

Más adelante, en 1852, el Proyecto Bravo Murillo establece una serie de leyes esenciales sobre las instituciones políticas del Reino, con el carácter de orgánicas, inferiores a la Constitución, pero superiores a las leyes ordinarias. Y la Constitución de la República de 1931, también prevé en algunos casos leyes especiales, como en la regulación del Tribunal de Cuentas, y en otros, leyes orgánicas de carácter especial, para el Tribunal de Garantías Constitucionales. Lo que se pretende a través de estas peculiaridades legislativas, es denotar la importancia de la institución que se regula. Pero formalmente, sin embargo, tanto en esta como en las demás constituciones en que se prevé la existencia de las leyes orgánicas hasta llegar a la Constitución de 1978, el procedimiento de elaboración y aprobación no difiere en nada del seguido para la aprobación de las leyes ordinarias.

En cuanto a la influencia del sistema francés, se encuentra una importante similitud entre el artículo 81 de nuestra Constitución y el artículo 46 de la Constitución francesa de la V República de 1958. El procedimiento de aprobación es similar, y allí la Ley orgánica ocupa una posición jerárquica en el sistema de fuentes intermedia entre la ley y la Constitución.

Con independencia de las influencias históricas y comparadas, parece claro que en nuestra Constitución las leyes orgánicas son una consecuencia muy directa de la situación histórica en la que tiene lugar el proceso constituyente.

Los constituyentes estaban familiarizados con el término de «ley orgánica» por nuestra tradición constitucional pero lo cierto es que no hay una equivalencia siquiera formal entre las leyes orgánicas de esa época y, o incluso las llamadas leyes orgánicas del franquismo, y las que regula el artículo 81 de la Constitución. Los contenidos son muy parecidos en cuanto a la importancia de las materias que son objeto de regulación por las leyes orgánicas, que aparecen desconstitucionalizadas y diferidas a un momento legislativo posterior, y cuya importancia se connota con la denominación de «orgánicas» para diferenciarlas de las leyes ordinarias, pero que en su aspecto formal no se diferencian en nada de las leyes ordinarias, ya que el procedimiento de su aprobación es idéntico.

En este sentido sí se podría decir que la similitud es mayor con las leyes orgánicas francesas, porque también aquí se trata de materias de mayor importancia, pero se sigue un procedimiento de mayoría reforzada para su aprobación con lo que hay una distinción formal además de la material, entre las leyes orgánicas y las ordinarias.

La doctrina ha encontrado la razón del reconocimiento constitucional de las leyes orgánicas en las circunstancias específicas que rodean nuestro proceso constituyente.

El consenso político con que se redacta el texto constitucional dejó no pocas instituciones en una situación abierta y ambigua, (en algunos sentidos hasta desde un punto de vista polisémico), cuyo desarrollo fue intencionalmente diferido por los constituyentes a otro momento posterior. Pero, en el entendimiento de que se trataba de cuestiones centrales y muy importantes desde el punto de vista de la conformación del Estado (Derechos Fundamentales, distribución territorial del

Estado), los constituyentes intentaron mantener esa voluntad cuasiconstituyente con la exigencia de unas mayorías cualificadas que forzaran el consenso posterior.

Fue una forma de intentar solventar en el futuro todos aquellos escollos que durante la redacción del texto constitucional no se pudieron superar, y que se justificó por la índole de las materias a tratar. La estabilidad de determinadas instituciones por encima de las mayorías coyunturales, la importancia de los Derechos Fundamentales, del Derecho electoral y la apertura de ciertas normas constitucionales, exigían una prolongación del consenso mas allá del momento constituyente, y las leyes orgánicas garantizaban la posibilidad de seguir esa política de consenso. De ahí que algunos autores hayan considerado a las leyes orgánicas como normas de rango semiconstitucional (ALZAGA) o como leyes paraconstitucionales (HERRERO DE MIÑÓN).

C) *El ámbito material de las leyes orgánicas*

a) Los derechos fundamentales

La Constitución en su artículo 81 determina unas materias que necesariamente han de ser reguladas por ley orgánica. Por tanto, todas estas materias solamente se pueden regular por este tipo de ley, y lo contrario, es decir, ninguna materia que no esté comprendida en el artículo 81 podrá regularse por ley orgánica. Así lo dejó establecido tempranamente el Tribunal Constitucional en sus primeras sentencias (STC 5/1981), y así ha sido considerado por la práctica generalidad de la doctrina.

Sin embargo, si esta materia es fácilmente acotable en cuánto a las instituciones concretas que se han de regular por ley orgánica, lo que se han llamado leyes nominadas (ÁLVAREZ CONDE), en las innominadas se plantean importantes problemas de límites.

En la regulación de los derechos fundamentales se hace visible este problema. El artículo 81 se limita a decir que serán orgánicas las relativas al «desarrollo de los derechos fundamentales y las libertades públicas».

Esto plantea dos problemas inmediatos, de una parte, la necesidad de acotar los derechos fundamentales de exigencia de regulación por ley orgánica y de la otra la determinación de los contenidos concretos que comprende esta regulación.

En cuanto al primer aspecto, el de la extensión, el TC ha interpretado que la referencia constitucional no es a todos los derechos fundamentales, sino solamente a aquellos que están sometidos a la garantía de un procedimiento especial de tutela, regulados en la sección primera del capítulo segundo de la Constitución, aquellos comprendidos entre el artículo 15 al 29. Si bien el artículo 14 no está en el ámbito de exigencia de ley orgánica por considerarse que el derecho de igualdad reconocido en el artículo 14 «no constituye un derecho subjetivo autónomo, existente por sí mismo, pues su contenido viene establecido siempre respecto de relaciones jurídicas concretas» (STC 76/1983).

Con respecto a la intensidad, el TC ha interpretado que este desarrollo en relación con dos conceptos, de una parte, el de desarrollo directo, y de la otra la consideración del término «afectar».

Desde la STC 6/1982, el Tribunal Constitucional ha entendido de forma restrictiva la exigencia de ley orgánica para el desarrollo de los derechos fundamentales. Para que sea necesaria la ley orgánica en la regulación de un derecho fundamental, ha de tratarse de un desarrollo «directo».

De la misma forma el término «afectar» se ha interpretado por el Tribunal Constitucional como de afectación directa. La Sentencia 111/1983, distingue entre el desarrollo directo de los derechos fundamentales y la mera afectación no precisa de ley orgánica. Extender la exigencia de ley orgánica a toda afectación de los derechos fundamentales haría impracticable el derecho a juicio del Tribunal. Y ciertamente es comprensible que una afectación indirecta a un derecho fundamental no haga exigible su regulación por ley orgánica, pues es efectivamente muy difícil que cualquier norma no remita siquiera remotamente a cualquier derecho fundamental, aunque sea muy tangencialmente. La afectación requiere algo más que la mera implicación del derecho. Exige que el legislador ordinario pudiera incidir o legislar acerca del núcleo central de ese derecho fundamental, pero sería adecuado constitucionalmente que una ley ordinaria pudiera regular aspectos totalmente tangenciales de ese derecho.

Con ello el Tribunal Constitucional interpreta de forma restrictiva el contenido material de las leyes orgánicas.

Esta interpretación, perfectamente justificada por cuestiones de técnica jurídica, como son la rigidez que puede producir en el ordenamiento, la dificultad de consenso, o la excepcionalidad que la propia Constitución atribuye a las leyes orgánicas en cuanto tasa las materias, no lo estaría, sin embargo, como alguna vez se ha intentado justificar, por una mejor concepción del principio democrático de la mayoría. Como se ha dicho (F. BALAGUER), la exigencia de una mayoría absoluta implica un mayor respeto a las minorías, a la promoción del consenso y a participación en aspectos fundamentales de la vida política.

Es fácil entender el plus de legitimidad democrática que adiciona a la ley ordinaria la orgánica. Por definición, su respaldo parlamentario ha de ser mayor. Aunque, también es cierto que en la medida en que es necesaria una mayoría más amplia para su aprobación, algunas materias de ley orgánica pueden ver dificultada su regulación si no es posible configurar las mayorías necesarias.

b) Las leyes electorales

El principal problema que plantea la determinación material de las leyes electorales, es el de si la exigencia de ley orgánica comprende solamente las elecciones legislativas o todo proceso electoral.

El contenido literal «régimen electoral general» induce a pensar en principio que la exigencia de ley orgánica operaría solamente en la regulación de los procesos electorales al Congreso y al Senado.

Aquí el Tribunal Constitucional ha dado una interpretación amplia de la exigencia de ley orgánica entendiendo que abarca todo tipo de procesos electorales, a excepción de las competencias de las CCAA y comprendiendo también el derecho electoral local (STC 38/1983). Se considera derecho electoral general el que regule todo proceso electoral estatal.

Quedan fuera de la regulación por ley orgánica la elección de los Senadores de las CCAA y las elecciones que cada Comunidad Autónoma tenga establecidas en su propio Estatuto de Autonomía, en cuánto que no se da en ellos la nota de generalidad.

En congruencia con esta jurisprudencia, la LO 5/1985, de 19 de junio, del Régimen Electoral General regula tanto las elecciones al Congreso y al Senado como las especificidades de cada uno de los procesos electorales en el ámbito de las competencias del Estado.

El preámbulo de la ley justifica esta amplitud desde un escrupuloso respeto a las competencias autonómicas, diseñando un sistema que permita no solo su desarrollo sino incluso su modificación o sustitución en muchos de sus extremos por la actividad legislativa de las CCAA. De ahí que el párrafo 3 de la disposición adicional 1.ª considere a esta ley supletoria de la legislación de las CCAA en el ámbito de sus respectivas competencias.

c) Las leyes de aprobación de los Estatutos de Autonomía

En relación con la aprobación de los EEAA la determinación del contenido de estas leyes no plantea ningún problema. Son dos las posibilidades de aprobación de los EEAA, el regulado en el artículo 146 y el del artículo 151 CE.

Hay que distinguir en este sentido el estatuto de autonomía y la ley orgánica que aprueba ese Estatuto. La exigencia de ley orgánica lo es a la ley y no al Estatuto. Y la distinción es importante porque la ley por la que se aprueba ese estatuto de autonomía no tiene ninguna competencia respecto del contenido material del estatuto ni puede modificar en modo alguno su contenido, sino que es una ley cuyo contenido se agota en la aprobación de otra norma elaborada conforme a otro procedimiento e incluso por otro parlamento.

d) Otras leyes orgánicas previstas en la Constitución

De forma residual se recogen aquí todas aquellas leyes que facultan la celebración de Tratados internacionales, regulan instituciones, delimitaciones competenciales, cuestiones referentes al orden sucesorio de la Corona, o delimitaciones territoriales.

Tampoco aquí se plantean importantes problemas de delimitación material en la medida en que algunas son leyes meramente formales (GÁLVEZ MONTES) y otras, sobre todo las atinentes a instituciones, consisten en la regulación concreta de esa institución.

D) *La posición de las leyes orgánicas en el sistema de fuentes*

En los primeros años de desarrollo constitucional, la doctrina llegó a entender de forma mayoritaria que las leyes orgánicas constituían un escalón intermedio entre la Constitución y las leyes ordinarias. De esta forma se había trastocado totalmente el sistema de fuentes de nuestro ordenamiento jurídico con la aprobación de la Constitución, anteponiendo a las leyes ordinarias, de una parte, la Constitución que era una Constitución normativa, y de otra parte un conjunto de leyes, consideradas por el constituyente de mayor importancia que las ordinarias, por las instituciones o materias que regulaban, y para las que había establecido un sistema de aprobación reforzado por una mayoría absoluta. Esto con independencia de las sentencias dictadas por el Tribunal Constitucional en su función de intérprete supremo de la Constitución, y que también irrumpía por primera vez en el ordenamiento jurídico como una fuente del derecho.

Sin embargo, muy pronto esa consideración, avalada quizás por las circunstancias políticas que propiciaron la necesidad de postergar la regulación de algunas materias sustraídas al consenso, dio paso a una consideración distinta de la posición de las leyes orgánicas en el sistema de fuentes. La relación entre las leyes orgánicas y ordinarias tenía que ser competencial en la medida en que las materias estaban tasadas y no cabía hablar de jerarquización entre materias no coincidentes.

Por otra parte, del hecho de que el proceso de tramitación y aprobación de las leyes orgánicas difiera del de las leyes ordinarias, no se desprende ciertamente un diferente grado de jerarquización, pues las normas emanan del mismo órgano de producción.

Aunque ha remitido en buena medida la cuestión, sigue teniendo interés el planteamiento acerca de cuál es la posición jerárquica de las leyes orgánicas en nuestro sistema de fuentes.

Efectivamente, el hecho de que exista una reserva de materias, y sean solamente estas y no otras, las que pueden ser reguladas por ley orgánica, abunda en la idea del principio de competencia.

En congruencia con esto, debe entenderse que una ley ordinaria que invada materias reservadas por la Constitución a una ley orgánica es inconstitucional por infringir el artículo 81 CE.

Por su parte, el Tribunal Constitucional ha considerado que cuando una ley orgánica invada materias que no son de su competencia no es declarada inconstitucional, sino vigente en el ordenamiento como ley ordinaria. Sin embargo, una ley ordinaria que invada materias atribuidas constitucionalmente a las leyes orgánicas, sí será declarada inconstitucional.

Esta interpretación se basa además en el principio de conservación de las normas jurídicas. El hecho de que una ley orgánica contenga disposiciones que por la materia corresponden a una ley ordinaria, no implica su inconstitucionalidad, sino su vigencia como ley ordinaria. Esto permite además la coexistencia de normas de ley orgánica con otras de ley ordinaria en un mismo texto, si bien el legislador deberá detallar a cuáles atribuye la naturaleza de orgánicas y a cuál la de ordinarias (STC 76/1983).

De la dificultad en la delimitación material de los contenidos de las leyes orgánicas (materias conexas, dificultad del término «afectar») se desprende la insuficiencia de la relación competencial entre las leyes orgánicas y las ordinarias, y la necesidad de completar esa relación.

Pero para producir aún más confusión, el artículo 28.2 LOTC introduce el principio de jerarquía cuando atribuye al TC la posibilidad de declarar inconstitucional una ley en el caso de que no haya sido aprobada como ley orgánica, y derogue o modifique una ley aprobada con tal carácter, cualquiera que sea su contenido. Esta posibilidad se basa en la infracción del artículo 81 de la Constitución, que ha establecido las materias objeto de regulación por ley orgánica. Un importante sector de la doctrina considera que este precepto consolida una relación jerárquica entre la ley ordinaria y la ley orgánica. Sin embargo, y con independencia de que la relación competencial pueda o no ser insuficiente para solventar un conflicto entre ley ordinaria y ley orgánica, lo cierto es que en una ley orgánica como es la LOTC, no se puede regular esta relación, precisamente por tratarse de una ley orgánica.

Y no se puede definir en una ley orgánica la capacidad de esas mismas leyes.

Con esto nos encontramos con la consideración de que justamente ese artículo 28.2 puede ser inconstitucional (CHOFRE) en la medida en que intenta modificar el artículo 81 de la Constitución apartando a las leyes orgánicas de ese criterio material al permitir declarar inconstitucional una ley atendiendo al criterio formal. La posibilidad de que «cualquiera que sea su contenido» una ley ordinaria que derogue preceptos de ley orgánica se pueda declarar inconstitucional, introduce un criterio de jerarquía que no tiene respaldo en el artículo 81 de la Constitución.

En realidad, ninguna de las dos posiciones, la que considera que la relación entre la ley orgánica es exclusivamente competencial y la que considera que esa relación es jerárquica dan cuenta del todo de la verdadera dimensión del problema. De alguna manera no se puede prescindir totalmente del criterio de jerarquía en la medida en que el deslinde competencial no es perfecto desde el punto de vista de la materia que comprenden las leyes orgánicas, como hemos visto difícil de acotar en algunos casos. Esto implica que necesariamente se planteen conflictos entre las leyes orgánicas y las ordinarias en relación sobre todo con los límites de «desarrollo» de los derechos fundamentales, o con la determinación del término «afectar», en los que el criterio competencial se muestra insuficiente para la delimitación de la ley orgánica de la ordinaria. En estos casos, la labor interpretativa del derecho, en el momento de la aplicación, ha de decantarse si hay conflicto, por una u otra norma, lo que puede exigir la utilización del criterio jerárquico, por insuficiencia del competencial.

Esto ha inducido a algún sector doctrinal a combinar ambos criterios (PÉREZ ROYO) basándose además en las primeras consideraciones que el Tribunal Constitucional hizo acerca de los métodos de resolución en los casos en que inciden sobre una misma materia las leyes orgánicas y las ordinarias (STC 5/1981). Aunque en puridad hay que entender que entre una ley orgánica y una ley ordinaria no puede haber identidad material, pues de producirse esa identidad, o bien la ley orgánica quedaría vigente como ley ordinaria, si ha invadido competencias materiales que no son de ley orgánica, o bien la ley ordinaria sería inconstitucional por haber regulado materias propias de ley orgánica.

En tal caso, se puede hablar de aplicación preferente de la ley orgánica sobre la ley ordinaria (F. BALAGUER) basándose esa superioridad no en un criterio jerárquico de fuentes, sino en la propia importancia que la Constitución otorga a esa ley con un procedimiento específico y de mayor exigencia numérica para su aprobación.

Es por lo tanto en el momento de la aplicación del derecho donde se actualizan estos límites materiales por las materias conexas, o por los condicionantes del término «afectar» de los derechos fundamentales.

Ahora bien, estos conflictos tienen en nuestro ordenamiento jurídico cauces suficientes de resolución en la jurisdicción constitucional a través de la cuestión de inconstitucionalidad, cuando el juez o tribunal, en el momento de la aplicación de la norma dude de la constitucionalidad de una ley ordinaria por entender que corresponde su normación a través de ley orgánica, y en última instancia, dejar al Tribunal Constitucional la función que tiene atribuida respecto de la constitucionalidad de las leyes.

2. Las leyes ordinarias

El artículo 87 CE dice que la iniciativa legislativa corresponde al Gobierno, al Congreso y al Senado. También las Asambleas de las Comunidades Autónomas podrán solicitar al Gobierno la adopción de un proyecto de ley o remitir a la Mesa del Congreso una proposición de ley, delegando ante dicha Cámara un máximo de tres miembros de la Asamblea o Parlamento autonómico encargados de su defensa. Finalmente, se puede instar una ley por iniciativa popular mediante la presentación ante el Congreso de una proposición de ley: para ello se exigen 500.000 firmas acreditadas, estando excluidas de dicha iniciativa las leyes orgánicas, tributarias o de carácter internacional y la prerrogativa de gracia.

Una vez aprobados por el Consejo de Ministros, los proyectos de ley se someterán al Congreso acompañados de una exposición de motivos y de los antecedentes necesarios para pronunciarse sobre ellos.

Después de aprobado un proyecto o proposición de ley en el Congreso, se remitirá al Senado que puede aprobar el texto, vetarlo o introducir enmiendas. Si se da una de las dos últimas situaciones, volverá al Congreso, quien deberá ratificar su aprobación o, en su caso, pronunciarse sobre las enmiendas.

Finalmente, aprobado el texto por las Cortes Generales, el Rey sancionará la ley en un plazo de quince días, la promulgará y ordenará su inmediata publicación en el *Boletín Oficial del Estado*, entrando en vigor a los veinte días de esta publicación, salvo que la propia ley dispusiera otra cosa.

V. LAS NORMAS CON FUERZA DE LEY

1. Los decretos-leyes

La Constitución Española regula los decretos-leyes en el artículo 86. Dice esta norma que «en caso de extraordinaria y urgente necesidad, el Gobierno podrá dictar disposiciones legislativas provisionales que tomarán la forma de decretos-leyes y que no podrán afectar al ordenamiento de las instituciones básicas del

Estado, a los derechos, deberes y libertades fundamentales de los ciudadanos regulados en el Título I, al régimen de las Comunidades Autónomas ni al Derecho electoral general».

Deben ser convalidados, en el plazo de los treinta días siguientes a su promulgación o convertidos en ley mediante un procedimiento de urgencia en su tramitación en las Cámaras. En realidad, no son dos opciones alternativas, sino sucesivas, puesto que existe la mera convalidación o la convalidación seguida de conversión en ley.

La convalidación de los decretos-leyes exige que sean inmediatamente sometidos a debate y votación de la totalidad en el Congreso de los Diputados convocado al efecto si no estuviere reunido, en el plazo de los treinta días siguientes a su promulgación. Esta cámara habrá de pronunciarse expresamente dentro de dicho plazo sobre su convalidación o su derogación para lo cual el Reglamento del Congreso de Diputados, establecerá un procedimiento especial y sumario.

Indica la Constitución que, durante ese plazo de treinta días, las Cortes podrán tramitarlos como proyectos de ley por el procedimiento de urgencia: en realidad, aquí ha de tenerse en cuenta lo que se ha dicho antes sobre esta opción.

Al tratarse de una cesión de soberanía popular, que el Parlamento deja temporalmente en manos del Gobierno, el constituyente ha sido particularmente exigente con los requisitos del decreto-ley. En primer lugar, ha de tratarse de casos de extraordinaria urgencia y necesidad, que impidan la tramitación normal de esa norma como un proyecto de ley, y justifiquen por lo tanto esa cesión. Este elemento se denomina «presupuesto habilitante», en la medida en que actúa como precondición de la existencia misma de la norma: si no hay razón de extraordinaria y urgente necesidad, el RDL deviene inconstitucional. Así lo ha interpretado el Tribunal Constitucional desde sus primeras sentencias (STC 111/1983), exigiendo además la motivación en el texto del RDL de las razones que justifican la excepcionalidad de la regulación.

Ciertamente este Tribunal ha interpretado el concepto de urgencia desde un punto de vista moderado —no se trata de una urgencia vital—, lógicamente, sino de una urgencia que exija acometer por parte del Gobierno medidas que contribuyan al desarrollo de su propio programa político y que, en el caso de tener que llevarse a cabo después de la larga tramitación de un proyecto de ley, pudieran resultar ineficaces.

Sobre los límites materiales de los decretos leyes y el presupuesto habilitante la STC 16/2021, de 28 de enero, declara nulidad parcial de los preceptos que tipifican como supuesto de incumplimiento de la función social de la propiedad de la vivienda su desocupación permanente y establecen medidas coactivas para su cumplimiento (STC 93/2015). Esta STC conoce de un recurso de inconstitucionalidad planteado por ochenta y seis diputados del grupo parlamentario popular del Congreso contra decretos-leyes del Gobierno de la Generalitat de Cataluña, como el Decreto-ley 17/2019, de 23 de diciembre, de medidas urgentes para mejorar el acceso a la vivienda, por vulneración del presupuesto habilitante.

El TC reproduce su doctrina sobre el presupuesto habilitante declarando que «De acuerdo con una consolidada jurisprudencia de este tribunal, iniciada en la STC 29/1982, de 31 de mayo, FJ 3, el control del presupuesto habilitante del artículo 86.1 CE exige, primero, que el Gobierno haga una definición «explícita y razonada» de la situación concurrente, y segundo, que exista además una «conexión de sentido» entre la situación definida y las medidas que en el decreto-ley se adopten. Los recurrentes cuestionan el cumplimiento de estas dos exigencias constitucionales» [FJ 3.*a*)].

En segundo lugar, ha de contraerse a aquellas materias constitucionalmente acotadas, para las que no sea exigible necesariamente la regulación por ley y que han sido descritas en el propio artículo 86 CE.

Y, en tercer lugar, el requisito formal de que se someta de manera inmediata a debate y votación de totalidad al Congreso de los Diputados, de modo que en el plazo de los siguientes treinta días haya podido convalidarse como decreto-ley.

La Constitución trata con esto de evitar que el Gobierno pueda dictar decretos-leyes de manera arbitraria, sin sometimiento a formalidad alguna, y hurtar así competencias a la soberanía popular.

2. Los decretos legislativos

El artículo 82 CE establece la posibilidad de que las Cortes Generales deleguen en el Gobierno la potestad de dictar normas con rango de ley sobre materias determinadas no incluidas en el ámbito competencial de las leyes orgánicas.

Esa delegación ha de efectuarse mediante una ley de bases o una ley ordinaria. En el primer caso se trata de elaborar un texto articulado y en el segundo de refundir varios textos legales en uno solo.

La ley de delegación ha de contener un plazo para su ejercicio y una delimitación concreta de la materia a articular o refundir. No se puede conceder de manera implícita o por tiempo indeterminado y es intransferible a órganos distintos al propio gobierno.

En cuanto a la ley de bases, se determinarán en las bases tanto el objeto como el alcance de la delegación legislativa, así como los principios y criterios que hayan de seguirse para su ejercicio.

La autorización para la refundición de textos legales fijará el ámbito normativo a que se refiere el contenido de la delegación, especificando si se circunscribe a la mera formulación de un texto único o si se incluye la de regularizar, aclarar y armonizar los textos legales que han de ser refundidos.

Por lo que se refiere al control de los decretos legislativos, el apartado 6 del artículo 82 CE establece la posibilidad de que las leyes de delegación establezcan sus propias fórmulas de control, sin perjuicio de la competencia propia de los Tribunales. Esta segunda forma de control plantea un problema acerca de la naturaleza jurídica de los decretos legislativos en cuanto parece que el control se puede ejercer por parte de la jurisdicción ordinaria, lo que equivaldría a considerar que su naturaleza jurídica no es de ley sino de norma infralegal, dado que el monopolio del control de las leyes viene atribuido en exclusiva al Tribunal Constitucional, y el precepto hace referencia a «tribunales» en plural.

Por tanto, el control de los decretos legislativos en principio viene atribuido a los jueces y tribunales ordinarios por la propia redacción del artículo 82.6. Sin embargo, al considerarse los decretos legislativos normas con naturaleza de ley, la competencia debería ser atribuida en exclusiva al Tribunal Constitucional que tiene el monopolio del control de constitucionalidad de las normas con rango de ley. La posibilidad de conciliar ambas jurisdicciones ha sido relacionada por la doctrina con el concepto de *ultra vires*, o exceso de legislación que el gobierno pudiera hacer de su competencia. Si el decreto legislativo incurre en este vicio de legalidad, la jurisdicción ordinaria en principio tendría competencia para controlar ese exceso legislativo. Sin embargo, si el Gobierno se mantiene dentro de los límites concretos de la delegación legislativa, la posibilidad de declarar la inconstitucionalidad corresponde en exclusiva al Tribunal Constitucional.

Las razones de ese doble control son históricas. En el régimen anterior, ante la inexistencia de una jurisdicción constitucional, el control de los decretos legislativos había de hacerse por la jurisdicción ordinaria. Ahora, una vez establecida por la Constitución la jurisdicción constitucional, y dada la naturaleza de norma con fuerza de ley que tiene el decreto legislativo, lo razonable habría sido la competencia del Tribunal Constitucional en exclusiva. Sin embargo, la Ley 29/1998, de 13 de julio, reguladora de la jurisdicción contencioso-administrativa en su artículo 1.1, atribuye a los jueces y tribunales ordinarios el control de los decretos legislativos. Esta ley, en la medida en que es posterior a la Constitución, lleva a insistir en el doble control de constitucionalidad: de una parte la jurisdicción ordinaria y, de otra, la constitucional.

Tal dualismo conlleva en la práctica la dificultad de distinguir cuándo estamos ante un exceso de legislación, sobre todo en lo que se refiere a la interpretación de las bases que el Parlamento confía al Gobierno para la elaboración de un decreto legislativo, en cuyo caso la competencia la tendría la jurisdicción ordinaria, y cuándo ante una inconstitucionalidad del decreto legislativo, controlable en tal caso por el Tribunal Constitucional.

La jurisprudencia del Tribunal Constitucional ha admitido ese doble control en la STC 51/1982, de 19 de julio, y no ha rechazado en ningún caso hasta ahora la competencia para dictar sentencia en los recursos de inconstitucionalidad contra los decretos legislativos, pero sí ha llamado la atención en todos los casos acerca de las posibilidades de que sean los tribunales ordinarios los que pudieran juzgar las disposiciones que incurrieran en *ultra vires* (SSTC 69/1983, 47/1984, 179/1992 y 205/1993).

Sin embargo, en la práctica se plantean importantes problemas de delimitación entre el contenido *ultra vires* y las razones de inconstitucionalidad. Para empezar, todo contenido *ultra vires*, es decir, todo exceso sobre la delegación por parte del Gobierno en el contenido del decreto legislativo sería, por reconducción, un motivo de inconstitucionalidad por infracción del propio artículo 82 CE. Pero quizás el problema fundamental que plantea el control por la vía de la jurisdicción ordinaria, sea el de que hasta qué punto el Poder Judicial debe anular una norma con rango de ley, habida cuenta el principio de la división de poderes que sustenta el sistema democrático. Ciertamente que solo lo hace en la medida en que dicha norma, al incurrir en *ultra vires*, ha de ser devaluada de rango y ya no tendría propiamente el de ley, sino sería norma reglamentaria, aunque sin duda cuando el juez dicta la sentencia todavía esa norma tiene rango de ley.

Finalmente, la competencia compartida tiene en la práctica una mayor efectividad, por los efectos *erga omnes* que tienen las sentencias del Tribunal Constitucional en relación con las dictadas por la jurisdicción ordinaria. Esto permite que los tribunales ordinarios realicen un control de competencia, es decir, si el Gobierno se ha excedido o no de las atribuciones que le ha conferido el Parlamento, y el Tribunal Constitucional un control material de constitucionalidad, comprobando si se ha vulnerado alguna norma constitucional en el contenido del RDLegislativo.

VI. LOS TRATADOS INTERNACIONALES

El artículo 93 CE dice que «Mediante ley orgánica se podrá autorizar la celebración de tratados internacionales por los que se atribuya una organización o institución internacional el ejercicio de las competencias derivadas de la Constitución». En función del contenido del tratado, corresponde a las Cortes Generales o al Gobierno, la garantía de su cumplimiento y de las resoluciones emanadas de los organismos internacionales o supranacionales titulares de la cesión.

Otras previsiones se recogen en los artículos 94 y 95 y 96. El artículo 94 exige la previa autorización de las Cortes, para aquellos tratados de carácter político, militar, que afecten a la integridad territorial del Estado o a los derechos o deberes fundamentales, y obligaciones fiscales para la Hacienda Pública, que supongan modificación o derogación de alguna ley o exijan medidas legislativas para su ejecución.

Finalmente, siempre habrá una obligación por parte del Gobierno, de informar inmediatamente al Congreso y al Senado de cualquier otro tratado internacional que haya llevado a efecto.

El artículo 95 CE pretende armonizar los tratados con el texto constitucional y, en tal sentido, exige que cuando se quiera celebrar un tratado que contenga estipulaciones contrarias a la Constitución, se lleve a cabo previamente una reforma constitucional para que el ordenamiento jurídico no entre en contradicción.

La institución que debe dictaminar previamente si existe contradicción entre el texto constitucional y el texto del tratado es el Tribunal Constitucional, y los sujetos legitimados para solicitar su intervención son el Gobierno y el Parlamento en cualquiera de las dos Cámaras.

Así ha tenido lugar en dos ocasiones en las que la firma de un tratado podía colisionar con la Constitución. La primera fue con motivo de la firma del Tratado Constitutivo de la Comunidad Económica Europea en la redacción que resultaría del artículo G B, 10, del Tratado de la Unión Europea, por una posible contradicción entre el artículo 13.2 CE y el artículo 8 B, apartado 1 de este tratado, en referencia a la posibilidad de sufragio pasivo de los ciudadanos de la Unión. El requerimiento originó la Declaración del Tribunal Constitucional de 1 de julio de 1992, que concluyó en la necesidad de reformar ese precepto constitucional.

El segundo requerimiento fue con motivo de la necesidad de contrastar la Constitución con algunos artículos del Tratado por el que se establecía una Constitución para Europa, firmado en Roma el 29 de octubre de 2004. En esta Declaración, de 13 de diciembre de 2004, el Tribunal reafirma por mayoría la primacía del Derecho Comunitario y la no existencia de contradicción entre el tratado y la Constitución Española.

Finalmente, el artículo 96 CE regula los efectos de los tratados. Una vez publicados oficialmente en España, forman parte del derecho interno, y solo podrán ser modificados o derogados por el mismo procedimiento de su aprobación.

El desarrollo constitucional de estos preceptos ha tenido lugar por la Ley 25/2014, de 27 de noviembre, de Tratados y otros Acuerdos Internacionales. La Ley, en su Preámbulo, parte de la necesidad de revisar la única norma preconstitucional que regulaba la actividad del Estado español en materia de tratados internacionales, el Decreto 801/1972, de 24 de marzo, y que, junto a la normativa internacional —la Convención de Viena de 1969 y la Convención de Viena sobre el Derecho de los Tratados, de 21 de marzo de 1986, que aún no está en vigor—, constituían una regulación muy insuficiente en la materia.

La ley consta de cinco Títulos, más las disposiciones adicionales, derogatorias y finales. Comienza definiendo los términos de uso generalizado en materia de tratados (negociación, partes y otros), y regula la competencia del Consejo de Ministros o del Ministerio de Asuntos Exteriores, para el proceso de negociación, así como la relación con las CCAA en casos de afectación a estas de ese concreto tratado. Igualmente las condiciones respecto de la manifestación del consentimiento, autentificación de documentos, información al Congreso de los Diputados y al Senado, y el control previo de constitucionalidad a que se viene obligando por los artículos 95 CE y 78 LOTC.

Los tratados se publicarán íntegramente en el *BOE* y se registrarán en la Secretaría de las Naciones Unidas, para su constancia internacional, según establece el artículo 102 de la Carta de las Naciones Unidas.

Respecto de su eficacia, los artículos 28 y siguientes de la ley regulan las exigencias de cumplimiento y los supuestos de ejecución, indicando que, en caso de dudas, el Estado español someterá éstas al dictamen del Consejo de Estado.

La ley distingue también entre acuerdos internacionales administrativos, que deriven, como ejecución y concreción de un tratado que así lo prevea y, por otra parte, tratados internacionales no normativos, que no constituyen obligaciones internacionales.

La participación de las CCAA en la celebración de los tratados internacionales, se regula en los artículos 49 y siguientes. Pueden formular propuestas al Gobierno, que resolverá motivadamente acerca de esta solicitud e, igualmente, en los casos de negociación pueden aportar observaciones que deberán igualmente ser tenidas en cuenta. Tienen la posibilidad de celebrar tratados internacionales no normativos en materias propias de su competencia, que deberán ser remitidos antes de su firma, para informe al Ministerio de Asuntos Exteriores y de Cooperación.

VII. ORDENACIÓN DEL SISTEMA DE FUENTES DEL DERECHO

El sistema de fuentes del derecho se estructura conforme a unos principios que son el de jerarquía y el de competencia. Corresponde a la elaboración teórica de Kelsen la determinación de una estructura piramidal del Derecho, en cuya cúspide estaría justamente la Constitución.

Ahora bien, la teoría de las fuentes del derecho de Kelsen descansa sobre un ordenamiento vertical que atiende a una estructura estatal, en la que cada institución tiene atribuidas unas competencias, y cada norma está situada en un punto de la estructura piramidal.

Con el advenimiento de los ordenamientos jurídicos complejos, el esquema kelseniano no puede responder a estas exigencias. En nuestro ordenamiento estamos sometidos a normas de derecho comunitario, que determinan en buena parte la legislación estatal pero, además, las CCAA tienen una capacidad legislativa, que no se relaciona tampoco con el principio de jerarquía sino que es de exclusivo orden competencial. Quiebra aquí el principio de jerarquía, que tan útil resultaba en la práctica para la determinación del derecho aplicable.

Esto no incapacita por completo este principio sino que, dentro de cada ordenamiento, cabe la aplicación del principio de jerarquía, porque las normas estarán jerarquizadas en cada uno de los propios ámbitos competenciales.

Sin embargo, en relación con la totalidad de ordenamientos que se superponen ahora en el Estado, es necesario indagar sobre aquellos principios que puedan facilitar criterios de aplicabilidad de las normas jurídicas cuando se producen conflictos normativos.

En la Constitución se contienen estos principios. El de seguridad jurídica viene reconocido en el artículo 9.3, que establece que la Constitución garantiza el principio de legalidad, la jerarquía normativa, la publicidad de las normas, la irretroactividad de las disposiciones sancionadoras no favorables o restrictivas de derechos individuales, la seguridad jurídica, la responsabilidad y la interdicción de la arbitrariedad de los poderes públicos.

La publicidad de las normas es una exigencia de la seguridad jurídica. El conocimiento del derecho requiere la publicidad oficial de las normas. De ahí la existencia del *Boletín Oficial del Estado* y de los diarios oficiales o boletines de las instituciones europeas o de las CCAA.

Junto a la complejidad de ordenamientos hay que señalar también como factor de obstaculización, el del diferente nivel de coercibilidad de las normas jurídicas. Hoy se asiste, sobre todo en la normativa europea, a un *soft law*. Se conoce con este nombre a una estructura normativa, que se da fundamentalmente en el ámbito internacional y comunitario, con escaso nivel de coercibilidad. Bien porque no son normas directamente aplicables, como las directivas comunitarias, que exigen un desarrollo legislativo de los Estados en un plazo de tiempo, y solamente después de la inactividad de los Estados se pueden invocar ante los tribunales, o bien porque se trata de documentos aprobados por instituciones internacionales o comunitarias, que exigen desarrollo o formalidades estatales o, en su caso, orientaciones al legislador estatal. Todas estas normas, mediatas u orientadoras, no suelen tener aplicabilidad directa.

VIII. LA REFORMA DE LA CONSTITUCIÓN

La reforma de la Constitución es un tema estrechamente vinculado al proceso constituyente. Se dice que la Constitución se crea por el poder constituyente y que se reforma por el poder constituyente constituido, en la medida en que es el propio texto constitucional el que contiene el procedimiento para su reforma. Generalmente, las Constituciones establecen procedimientos de reforma más rígidos que los de aprobación de las leyes, dada la transcendencia de la modificación de un pacto al que se ha llegado después de considerables esfuerzos por parte de las fuerzas políticas, y que ha sido votado por el pueblo.

Hay que tener en cuenta que el poder constituyente es, por principio, un poder previo, ilimitado y total, que se concreta mediante el pacto de las fuerzas políticas en presencia para posibilitar una convivencia pacífica. La teoría del pacto constituyente se nutre de las ideas del contrato social y de las aportaciones de Sièyes y otros intelectuales que iluminaron intelectualmente las revoluciones del siglo XVIII, especialmente la Revolución Francesa. La sustitución de ese poder constituyente por un poder constituido, tiene en el texto constitucional su mejor expresión. La Constitución se prefigura así como la norma fundante de todas las normas, que han de subordinarse a ella en su validez, y, por tanto, como la Norma Fundamental.

Habida cuenta del proceso constituyente en España y la manera en que se llevó a cabo la transición política, nuestra Constitución se caracteriza por una importante rigidez en cuanto a sus posibilidades de reforma. Por una parte, la transacción a que vinieron obligadas las fuerzas políticas para que se consiguiera una Constitución pactada y, por otra, la trayectoria histórica de nuestros textos constitucionales, hacían temer un cambio constitucional futuro en función de un triunfo electoral de signo político contrario. De esta forma, se quiso garantizar un proceso de reforma de la Constitución disuasorio de esa ligereza con la que en otros momentos de nuestra Historia se habían llevado a cabo esos cambios constitucionales.

El Título X de la Constitución regula la reforma constitucional en los artículos 166 a 169. La iniciativa para una reforma de la Constitución ha de tener un amplio respaldo político. El artículo 166 prevé que se lleve a cabo por los sujetos establecidos en los apartados 1 y 2 del artículo 87 CE, que deja esa posibilidad al Gobierno, al Congreso, al Senado y a las Asambleas de las Comunidades Autónomas.

El proyecto o proposición de reforma deberá aprobarse por una mayoría de tres quintos de cada una de las Cámaras. El artículo 167 regula este procedimiento y prevé la posibilidad de que no sea posible este acuerdo, en cuyo caso y para evitar el bloqueo de la iniciativa, se creará una Comisión paritaria de Diputados y Senadores, que presentará un texto para ser votado nuevamente. En caso de que no se obtenga la mayoría de tres quintos en el Senado, pero sí la mayoría absoluta, se podrá aprobar la reforma con una nueva votación en el Congreso, por mayoría de dos tercios.

La posibilidad de someter a referéndum esta modificación o reforma constitucional, dependerá de que lo soliciten la décima parte de los miembros de cualquiera de las Cámaras, en un plazo de quince días a partir de la aprobación del proyecto o proposición de reforma.

Este procedimiento de reforma es válido para reformas de la Constitución que no supongan una revisión total del texto, o que no afecten al Título Preliminar, a la Sección Primera del Capítulo Segundo del Título I o al Título II: en estos casos la exigencia de mayoría será de los dos tercios de cada Cámara, y llevará consigo la inmediata disolución de las Cortes. Las nuevas Cortes deberán ratificar ese texto y, tras proceder a su debate y votación, aprobar un texto por la misma mayoría de dos tercios. En este supuesto, el referéndum de ratificación no será potestativo, sino que opera en todo caso.

Finalmente, se excepciona de la posibilidad de iniciar una reforma constitucional, la situación de guerra y los estados de alarma, excepción y sitio.

En cuanto a los límites de la reforma se pueden clasificar en temporales o circunstanciales, materiales y formales.

La propia CE establece un límite temporal en el artículo 169 donde prohíbe la iniciativa de reforma en tiempo de guerra o en alguno de los estados del artículo 116 CE (estados de alarma, excepción y sitio).

No existen, sin embargo, límites materiales a la reforma de nuestra CE, lo que se denomina «cláusula de intangibilidad». En principio CE permite que se pueda reformar cualquier precepto de la misma. Si encontramos en el Derecho comparado ejemplos de límites materiales, así la Ley Fundamental de Bonn de 1949 en su artículo 79.3 establece que «No está permitida ninguna modificación de la presente Ley Fundamental que afecte la organización de la Federación en Länder, o el principio de la participación de los Länder en la legislación, o los principios enunciados en los artículos 1 y 20», que reconocen la dignidad humana y los derechos fundamentales, y consagra el Restado Federal democrático de Derecho.

Como límite formal se identifica el propio procedimiento de reforma que debe seguirse y que regulan los artículos 167 y 168 CE.

IX. BIBLIOGRAFÍA

Aguiló Regla, J.: *Teoría general de las fuentes del Derecho (y del orden jurídico)*, Ariel, Barcelona, 2000.

Alzaga Villaamil, Ó.: «En torno al concepto de ley orgánica en la Constitución», en *Teoría y realidad constitucional*, n.º 5, 2000.

Azpitarte Sánchez, M.: *Cambiar el pasado. Posibilidades y límites de la ley retroactiva*, Tecnos, Madrid, 2008.

Balaguer Callejón, F.: *Fuentes del Derecho*, Tecnos, Madrid, vol. I, 1991; vol. II, 1992.

— (coord.): *Introducción al Derecho Constitucional*, 6.ª ed., Tecnos, Madrid, 2017.

— (coord.): *Manual de Derecho Constitucional*, tomos I y II, 12.ª ed., Tecnos, Madrid, 2017.

Biglino Campos, P.: *La publicación de la Ley*, Tecnos, Madrid, 1993.

Carmona Contreras, A. M.: *La configuración constitucional del decreto-ley*, CEPC, Madrid, 1997.

Chofre Sirvent, J. F.: *Significado y función de las leyes orgánicas*, Tecnos, Madrid, 1994.

De Cabo Martín, C.: *Sobre el concepto de Ley*, Trotta, Madrid, 2000.

De Castro, F.: *Derecho civil de España*, t. I, Instituto de Estudios Políticos, Madrid, 1955.

De la Vega Benayas, C.: *Teoría, aplicación y eficacia de las normas del Código Civil*, Cívitas, Madrid, 1976.

De Otto, I.: *Derecho constitucional. Sistema de fuentes*, Ariel, Barcelona, 1987.

Díaz Aznarte, M. T.: *Teoría general de la sucesión de las normas en el tiempo*, Tirant lo Blanch, Valencia, 2002.

De Vega, P.: *La reforma constitucional y la problemática del poder constituyente*, Tecnos, Madrid, 1985.

Díez-Picazo, L. M.: *La derogación de las leyes*, Cívitas, Madrid, 1990.

EZQUIAGA GANUZAS, F. J.: *La producción jurídica y su control por el Tribunal Constitucional*, Tirant lo Blanch, Valencia, 1999.

FERNÁNDEZ RODRÍGUEZ, T. R.: *Las leyes orgánicas y el bloque de la constitucionalidad*, Cívitas, Madrid, 1981.

GARCÍA-ATANCE GARCÍA DE MORA, M.ª V.: «Algunas consideraciones sobre la reforma constitucional: garantía de permanencia o ruptura de consenso», *Estudios de Deusto*, 27-12-2017, vol. 65 (2), pp. 85-118.

GARCÍA PELAYO, M.: *Derecho constitucional comparado*, reed. de la 7.ª ed. de 1961, Alianza, Madrid, 1984.

— *Las transformaciones del Estado contemporáneo*, Alianza, Madrid, 1985.

GARRORENA, A.: *El lugar de la ley en la Constitución española*, CEC, Madrid, 1980.

GÓMEZ SÁNCHEZ, Y.: «Perspectivas futuras e hipótesis de reforma de la Constitución de 1978», *Temas para el debate*, n.º 289 (diciembre), 2018 (Ejemplar dedicado a: 40 años de la Constitución española), pp. 25-27.

GONZÁLEZ CADENAS, D.: «Algunas propuestas graduales de democratización del procedimiento de reforma constitucional», *Revista de derecho político*, 04-08-2020, vol. 1 (108), pp. 247-281.

GUTIÉRREZ GUTIÉRREZ, I.: *Los controles de la legislación delegada*, CEC, Madrid, 1995.

JIMÉNEZ CAMPO, J.: «El control jurisdiccional y parlamentario de los decretos legislativos», *RDP*, n.º 10, 1981.

KELSEN, H.: *Teoría Pura del Derecho*, 2.ª ed., 1960; versión española, UNAM, México, 1981.

LINDE, E.: *Leyes orgánicas*, Linde, Madrid, 1990.

MONTILLA MARTOS, J. A.: *Las leyes singulares en el ordenamiento constitucional español*, Cívitas, Madrid, 1994.

PASQUAU LIAÑO, M.: *Código Civil y ordenamiento jurídico*, Comares, Granada, 1994.

PÉREZ LUÑO, A. E.: *La seguridad jurídica*, Ariel, Barcelona, 1991.

PÉREZ ROYO, J.: *Las fuentes del Derecho*, Tecnos, Madrid, 1984.

PÉREZ SERRANO, N.: *Tratado de Derecho político*, Cívitas, Madrid, 1976.

REQUEJO PAGÉS, J. L.: *Sistemas normativos, Constitución y Ordenamiento*, McGraw-Hill, Madrid, 1995.

REQUEJO RODRÍGUEZ, P.: «El procedimiento de reforma de la Constitución española y las minorías parlamentarias», en B. ÁLAEZ CORRAL (coord.), *Reforma constitucional y defensa de la democracia*, 2020, pp. 375-404.

REQUENA LÓPEZ, T.: *El principio de jerarquía normativa*, Cívitas, Madrid, 2004.

RIDAURA MARTÍNEZ, M. J.: «Las reformas de la Constitución Española de 1978», *Corts: Anuario de derecho parlamentario*, n.º Extra 31, 2018 (Ejemplar dedicado a: 40 aniversari de la Constitució Espanyola), pp. 651-670.

SANTAOLAYA, P.: *El régimen constitucional de los decretos-leyes*, Tecnos, Madrid, 1988.

SOLOZÁBAL, J. J.: *La sanción y promulgación de la ley en la monarquía parlamentaria*, Tecnos, Madrid, 1987.

TUR AUXINA, R.: *El control parlamentario de los decretos-leyes*, CEPC, Madrid, 2002.

VÍRGALA FORURIA, E.: *La delegación legislativa en la Constitución y los decretos legislativos como normas con rango incondicionado de ley*, Congreso de los Diputados, Madrid, 1991.

VVAA: *Manual de Derecho Constitucional*, 8.ª ed., Tecnos, Madrid, 2017.

LECCIÓN 3

LA CORONA

SUMARIO: I. *Regulación de la Corona en la Constitución Española.* II. *Elementos de configuración de la Corona.* III. *Las funciones de la Corona.* 1. El refrendo. 2. Funciones relacionadas con el poder ejecutivo. 3. La sanción y promulgación de las leyes. 4. Convocatoria y disolución de las Cortes Generales. 5. Convocatoria de referéndum y de elecciones. 6. Funciones relacionadas con el Poder Judicial. IV. *Bibliografía.*

I. REGULACIÓN DE LA CORONA EN LA CONSTITUCIÓN ESPAÑOLA

La Corona se encuentra regulada en el Título II de la Constitución Española. Es la primera de la instituciones que se regula, antes aún que las Cortes Generales, institución que debe considerarse la más importante de todas las del Estado, en la medida en que representa al pueblo español. También dota de importancia a la monarquía el hecho de que su reforma constitucional exija el procedimiento agravado del artículo 168, con todos sus requisitos.

El artículo 56.1 CE regula la Jefatura del Estado. Esta institución se enmarca en un Estado definido constitucionalmente como Social y Democrático de Derecho que adopta como forma política la de una Monarquía Parlamentaria, de convivencia de la Corona con el sistema democrático. Así se desprende de los artículos 1.3 CE, que reconoce nuestro sistema político como de Monarquía Parlamentaria, y 1.2, cuando establece que del pueblo emanan todos los poderes del Estado.

Estas normas constitucionales configuran un modelo de Estado *sui generis*, que combina la Corona con el sistema democrático, de manera que aunque la monarquía sea una forma de estado, no ejerce más que un poder simbólico, dado que no tiene capacidad decisoria alguna, sino que solo lo representa formalmente.

La monarquía en España es fruto de una evolución del sistema político que a la muerte de Franco pactó un proceso de transición mediante un consenso de las diferentes fuerzas políticas, que llevaron a un modelo de Constitución que aceptó la monarquía. De este modo, se puede considerar que la legitimación de la monarquía no se encuentra, como a veces se ha considerado, en la tradición histórica, sino en la aprobación por parte del pueblo español, primero por las Cortes Generales y después por el referéndum, del texto de la Constitución que recoge esta institución.

El reconocimiento constitucional de la monarquía no se puede entender sin la evolución política que va desde la muerte del dictador hasta la aprobación de la Constitución. Y aún antes, desde la Ley de la Sucesión a la Jefatura del Estado de 1947, por la que la dictadura aprueba esta ley ratificada posteriormente en la Ley Orgánica del Estado y la Ley de 22 de julio de 1969, que personifica la sucesión en

Juan Carlos de Borbón. Este, de hecho, cubrió interinamente la Jefatura de Estado por enfermedad de Franco en su condición de Príncipe.

Muerto el dictador, las Cortes franquistas proclaman a Juan Carlos de Borbón como Rey de España, dando continuidad al régimen político y, a partir de ese momento, en el proceso de democratización del Estado, la monarquía se integra como otra institución más. Con la abdicación de su padre, D. Juan de Borbón en 1977, se culmina un proceso de clarificación de las posibilidades sucesorias de Juan Carlos de Borbón.

A partir ahí, el reconocimiento constitucional es de alguna manera el de una cuestión de hecho, dada la coronación del Rey Juan Carlos I, y la continuidad del proceso democrático que se hizo desde el consenso y no desde la ruptura. Su legitimación es difícil de conciliar con los presupuestos de un estado democrático, cuyas instituciones son todas ellas de representación directa o indirecta a través del voto ciudadano.

La monarquía no resiste un proceso de racionalización del poder entendida desde estos presupuestos, al ser una institución histórica. De ahí que no sea un poder del Estado, porque no contiene poder sustantivo, sino moderador y simbólico. Sus competencias están perfectamente tasadas y el Rey carece de responsabilidad. Su estatus jurídico en relación con el ordenamiento jurídico español, es de inviolabilidad, de conformidad con el artículo 56.3 CE que determina que «La persona del Rey es inviolable y no está sujeta a responsabilidad». Respecto a la protección penal de la institución, en los artículos 490.3 y 491 CP, se regula el delito de injurias a la Corona, en términos que han sido interpretados por la jurisprudencia de manera bastante restrictiva para los derechos de libertad ideológica, cuando se ha producido alguna manifestación contraria a esa institución. A este respecto, cabe señalar algunas resoluciones judiciales de alcance. En un principio, el Tribunal Constitucional revisó las sentencias de la jurisdicción ordinaria, otorgando una mayor amplitud a los derechos derivados del artículo 20 CE, de libertad de expresión, y del artículo 16 CE, respecto de la libertad ideológica, pero después ha venido confirmando estas resoluciones, en términos de una mayor defensa de la institución monárquica.

Refleja la primera posición la STC 20/1990, de 15 de febrero, por la que se estima el amparo de un periodista, que había publicado en prensa contenidos de valor negativos respecto de la persona del Rey: basa su estimación en la exigencia del pluralismo ideológico inherente al sistema democrático (FJ 4). Es ejemplo de la segunda posición el Auto del TC 213/2006, que inadmite el recurso de amparo formulado contra la Sentencia de la Sala de lo Penal del Tribunal Supremo 1284/2005, que condenaba a un año de prisión, por injurias graves al Rey, a un político vasco que había manifestado en rueda de prensa críticas al presidente del gobierno del País Vasco por recibir al Rey en ese territorio y que, también, había señalado que dicho Rey español ampararía la tortura como jefe máximo del Ejército: el TC considera que el amparo carece de relevancia constitucional y que el juicio llevado a cabo por el TS era correcto. Hay que tener en cuenta que la sentencia de este órgano contenía un voto particular, que había razonado conforme a la propia STC 20/1990, es decir, de conformidad con la jurisprudencia dictada por el TC en un caso similar, destacando la primacía de la libertad de expresión y el contenido de las declaraciones, que se movían en un ámbito de valoración política y ajeno a concretas imputaciones de tortura. Hubo recurso a Estrasburgo, donde se dictó una sentencia de condena al Estado español, por violación del artículo 10 del CEDH, con 20.000 euros de indemnización al recurrente por daños morales y 3.000 euros para gastos y costas procesales: en efecto, la Sentencia del TEDH de 15 de marzo, de 2011, considera que es totalmente desproporcionada la consideración como delito de injurias de una opinión política que valora la persona del Rey.

Finalmente, la STC 177/2015, de 22 de julio, ha desestimado un recurso de amparo interpuesto por dos manifestantes que, al término de un acto, quemaron una fotografía de los Reyes de España en Girona, tras haberla colocado boca abajo, lo cual se consideró —en las sentencias penales recurridas—, una posición claudicante, y la quema, un «aquelarre» o «juicio inquisitorial». Esta sentencia del TC se basa, sobre todo, en la valoración de esta conducta como un delito de odio y se aprueba por una mayoría muy ajustada, pues contiene tres votos particulares suscritos por cuatro magistrados, que inciden en la necesidad de respetar la jurisprudencia de la referida STC 20/1990 y en la ausencia del mencionado delito que, dogmáticamente, no coincide con el de injurias a la Corona.

II. ELEMENTOS DE CONFIGURACIÓN DE LA CORONA

El artículo 56.1 CE regula las funciones de la Corona. La primera función que se atribuye a la Corona es la de ser símbolo de unidad y permanencia del Estado, con lo que se desvincula en cierto sentido la Corona del Rey: este personifica la Corona, pero el símbolo de unidad y permanencia es esta y no la persona.

El Rey como persona se ha someter a la Constitución y ha de prestar juramento: así lo regula el artículo 61 CE cuando dice que el Rey, al ser proclamado ante las Cortes Generales, ha de prestar juramento de fidelidad a la Constitución y a las leyes.

El artículo 57 CE establece que la Corona es hereditaria y los criterios de sucesión son el de primogenitura, la preferencia de la línea anterior a las posteriores, la del grado próximo al remoto, la del varón a la mujer, y la de mayor edad a la de menor. La preferencia del varón a la mujer plantea el problema de la relación entre los artículos 57 y 14 CE, en la medida en que este último declara el derecho de igualdad de todos los españoles sin que quepa discriminación alguna en función de nacimiento, raza, sexo, religión, opinión, o cualquier otra condición personal o social.

Las previsiones de sucesión a la Corona ya han tenido lugar en 2014, con motivo de la abdicación del Rey Juan Carlos I. Tras manifestar este su voluntad de abdicar, el mecanismo sucesorio se puso en marcha mediante la LO 3/2014, de 18 de junio, por la que se hace efectiva la abdicación de Su Majestad el Rey Don Juan Carlos I de Borbón. Es una ley de un solo artículo que establece la toma en cuenta del hecho y le da efectividad tras su publicación en el *Boletín Oficial del Estado*. Al día siguiente, 19 de junio, se publica esta ley y, al mismo tiempo, se produce en las Cortes Generales el acto de proclamación del nuevo monarca, el Rey Felipe VI.

El artículo 59 CE regula las dos situaciones en que es posible la Regencia: bien por minoría de edad del Rey, en cuyo caso esta habrá de ser desempeñada por el padre o la madre del Rey o, en su defecto, por el pariente mayor de edad llamado a suceder en la Corona, y la inhabilitación del Rey, regulada en el apartado 2, que exige un reconocimiento de esta incapacidad por las Cortes Generales y el nombramiento asimismo de una Regencia, que recaería en el Príncipe heredero si fuera mayor de edad o, en caso de minoría de edad, se procedería al nombramiento de la Regencia, conforme a las previsiones del artículo 59.1 CE.

El artículo 65 CE regula algunas cuestiones relacionadas con la Casa Real, como la del presupuesto con el que esta ha de contar para subvenir a sus gastos de mantenimiento. La dotación presupuestaria se integra en los Presupuestos Generales del Estado, de los que el Rey recibe una cantidad global, que posteriormente distribuye sin sujeción a ningún criterio establecido, sino con plena libertad.

III. LAS FUNCIONES DE LA CORONA

La Corona tiene atribuidas funciones constitucionales con efectos en el ordenamiento jurídico-constitucional. No cabe decir que su papel en el conjunto de las instituciones del Estado esté vacío de contenido, pues esto haría de la Corona una institución estéril. No estamos pues, al hablar de la monarquía, ante una institución meramente simbólica, sino ante el ejercicio de funciones constitucionalmente atribuidas, que producen además unos precisos efectos jurídicos.

Respecto a la naturaleza jurídica de los actos de la Corona, se trata de actos debidos, en cuanto que el Rey no puede negarse a cumplirlos, ni cuestionarse acerca de su oportunidad, sino limitarse a hacer las funciones que tiene atribuidas por la Constitución.

Otra característica de los actos del Rey es que necesitan estar refrendados, por lo que procede el estudio de esta cuestión.

1. El refrendo

El artículo 56.3 CE establece la inviolabilidad e irresponsabilidad del Rey por sus actos. Paralelamente a la irresponsabilidad, se exige el refrendo para la mayoría de los actos del Rey.

El refrendo es una institución por la que se asume, por otras instancias, la responsabilidad de los actos del Rey. Esta responsabilidad, asumida por quienes refrendan los actos del Rey, viene determinada en el artículo 64 CE, que atribuye el refrendo, en primer lugar, al Presidente del Gobierno y, en segundo lugar, a los Ministros en los que recaen las competencias de los actos producidos por el Rey. En el caso de las funciones regias establecidas en el artículo 99 CE, el refrendo será del Presidente del Congreso.

Se exceptúan de la necesidad de refrendo todos aquellos actos que se refieran a situaciones personales del Rey o de la Casa Real. El apartado 2 del artículo 65 CE permite libremente al Rey nombrar y relevar a los miembros civiles y militares de su Casa.

Constituyen prerrogativas regias las que derivan de los actos de libre disposición del monarca (art. 65.2 CE). Son aquellos actos internos de la monarquía, que no trascienden a terceros y se refieren al nombramiento y relevo libre de los miembros civiles y militares de la Casa Real. Tal liberalidad resulta plenamente justificada por lo que se refiere al ámbito de libertad personal mínimo que debe tener cualquier persona, de la que no puede estar exceptuado el Rey, para convivir con personas de su confianza.

2. Funciones relacionadas con el poder ejecutivo

En relación con el Poder Ejecutivo, el Rey tiene una primera función de propuesta de candidato a Presidente de Gobierno, nombramiento y cese, en la letra *d*) del artículo 62 CE. A diferencia de otras funciones del Rey, esa propuesta de candidato no tiene una configuración exclusivamente formal, sino que requiere a veces una importante actividad política. Las previsiones del artículo 99 CE por las que el Rey ha de realizar consultas con los representantes designados por los grupos políticos con representación parlamentaria para proponer un candidato a Presidente de Gobierno, exigen una actividad política importante por parte del Rey, sobre todo en aquellos supuestos en los que ninguna fuerza política haya obtenido una clara mayoría. Su posición en estas circunstancias es delicada, sobre todo si finalmente el candidato propuesto por el Rey no obtiene el respaldo mayoritario en la Cámara.

El resto de las funciones que se relacionan con el Poder Ejecutivo son ya meramente formales. El nombramiento y separación de los Ministros, a propuesta del Presidente del Gobierno, y la expedición de los Decretos del Consejo de Ministros constituyen actos reglados, en los que el Rey se limita a formalizar decisiones de otros órganos.

Igual ocurre con la información de los asuntos de Estado y la presidencia de las sesiones del Consejo de Ministros, a petición del Presidente de Gobierno. Son funciones que se han venido entendiendo como símbolos de la relación que debe mantenerse entre la Corona y las instituciones del Estado.

Hay, finalmente, una ausencia de regulación constitucional en una importante actividad real: los discursos que el Rey pronuncia periódicamente, que no están constitucionalmente regulados y que generalmente contienen importantes pronunciamientos en diversas materias, como terrorismo, empleo o política exterior. No figuran, por su omisión constitucional, entre los actos sometidos a necesidad de refrendo. Pero, en la medida en que las funciones del Rey son tasadas y no contienen la de los mensajes reales, se plantean a este respecto dos dudas importantes: en primer lugar, si es posible una función regia no prevista en la Constitución y, en segundo lugar, si dada la redacción del artículo 64.2, que exige el refrendo en todos los actos del Rey, sería posible el mensaje real sin ese refrendo.

3. La sanción y promulgación de las leyes

El artículo 62 de la Constitución enumera, en primer término, las funciones que el Rey está llamado a desempeñar en relación con el Poder Legislativo. La primera de ellas es la de sancionar y promulgar las leyes, exigencia que ha de entenderse como un acto debido del Rey, en relación con lo dispuesto en el artículo 91 de la Constitución, que prevé esa sanción en un plazo de quince días. No cabe al Rey, a diferencia de otros ordenamientos constitucionales, posibilidad alguna de negativa a sancionar una ley cuyo contenido pudiera entender constitutivo de inconstitucionalidad o de inmoralidad. Como tal acto debido, es un acto totalmente independiente de su posición personal, al que viene taxativamente obligado por la Constitución.

4. Convocatoria y disolución de las Cortes Generales

La letra *b*) del artículo 62 de la Constitución atribuye al Rey la convocatoria y disolución de las Cortes Generales. Igual que en la sanción de las leyes, aquí el Rey se limita a formalizar una decisión política previa, cuya competencia viene atribuida, en el artículo 115 de la Constitución, al Presidente del Gobierno, previa deliberación del Consejo de Ministros. Tampoco cabe al Rey oposición alguna a esa decisión del Presidente del Gobierno, que debe tramitar con independencia de que se cumplieran o no los requisitos formales, dada la naturaleza jurídica de debidos que tienen estos actos.

5. Convocatoria de referéndum y de elecciones

Con la convocatoria de referéndum y de elecciones, se trata en ambos casos de una llamada a la consulta popular, cuya formalidad en la convocatoria exige también que se lleve a cabo por el Rey. No presenta ninguna particularidad respecto de lo dicho en cuanto a la naturaleza jurídica de los anteriores actos debidos.

6. Funciones relacionadas con el Poder Judicial

Respecto al Poder Judicial se pone de manifiesto, más que en ningún otro caso, la naturaleza simbólica de las funciones que el Rey tiene encomendadas en relación con este poder del Estado. Dice el artículo 117 de la Constitución que «La justicia emana del pueblo, y se administra en nombre del Rey por Jueces y Magistrados, integrantes del Poder Judicial, independientes, inamovibles, responsables y sometidos únicamente al imperio de la Ley».

No ejercita, por tanto, el Rey ninguna función en la Administración de Justicia: solamente se trata de una fórmula histórica de administrar justicia en nombre del Rey, pues no tiene constitucionalmente atribuida competencia alguna en relación con la Administración de Justicia.

De igual modo hay que entender la redacción del artículo 1 de la Ley Orgánica 6/1985, de 1 de julio, del Poder Judicial, que repite miméticamente la redacción del artículo 117 de la Constitución y que, en su artículo 2, excluye terminantemente la posibilidad de que el ejercicio de la actividad jurisdiccional pueda recaer en institución distinta de los jueces y tribunales.

Solamente en el artículo 62.*i*) de la Constitución se reconoce al monarca el ejercicio del derecho de gracia con arreglo a la ley. Ahora bien, el derecho de gracia no surge en ningún caso de una iniciativa real, sino que es una competencia del Consejo de Ministros: así se regula en la Ley 1/1988, sobre el ejercicio del derecho de gracia.

IV. BIBLIOGRAFÍA

ÁLVAREZ CONDE, E.: *Curso de Derecho constitucional*, Tecnos, Madrid, 1993.

ÁLVAREZ GARCÍA, F. J., y VENTURA PÜSCHEL, A.: «La inviolabilidad del Rey», *Revista Aranzadi Doctrinal*, n.º 5, 2021.

ALZAGA VILLAAMIL, Ó. (ed.): *Comentarios a las leyes políticas. Constitución española de 1978*, Edersa, Madrid, 1983, vol. V, arts. 56 a 65.

BALAGUER CALLEJÓN, F. (coord.): *Introducción al Derecho Constitucional*, 6.ª ed., Tecnos, Madrid, 2017.

— (coord.): *Manual de Derecho Constitucional*, tomos I y II, 12.ª ed., Tecnos, Madrid, 2017.

BELDA PÉREZ-PEDRERO, E.: «Funciones del Rey y refrendo. El sometimiento pleno a la Constitución de la Monarquía del siglo XXI», en *España constitucional (1978-2018): trayectorias y perspectivas*, coord. por E. GONZÁLEZ HERNÁNDEZ, R. RUBIO NÚÑEZ, y B. PENDÁS GARCÍA (dir.), vol. 4, tomo 4, 2018, pp. 2981-2998.

CANO-ORÓN, L., y LLORCA ABAD, G.: «Análisis del discurso oficial de la Casa Real en twitter durante el período de abdicación del Rey Juan Carlos I y la coronación de Felipe VI», *Perspectivas de la Comunicación*, 2017, vol. 10, n.º 1, Universidad de La Frontera, Chile, pp. 29-54.

CASCAJO CASTRO, J. L.: «Materiales para un estudio de la figura del jefe del Estado en el sistema político español», *Anuario de Derecho Constitucional y Parlamentario*, n.º 5, 1993.

DE CABO, C.: «Supuestos teóricos y funcionalidad histórica de la monarquía: su vigencia en el Estado contemporáneo», en P. LUCAS VERDÚ (ed.), *La Corona y la monarquía parlamentaria en la Constitución de 1978*, Universidad Complutense, Madrid, 1983.

DE OTTO PARDO, I.: «Sobre la monarquía», en VVAA, *La izquierda y la Constitución*, Taula, Barcelona, 1978.

FERNÁNDEZ-FONTECHA TORRES, M.: «El orden regular de sucesión en la Corona. El artículo 57 de la Constitución», en A. VILLANUEVA TURNES, *40 años de monarquía parlamentaria*, 2019, pp. 87-100.

FERNÁNDEZ-MIRANDA CAMPOAMOR, C.: «La dotación de la Corona. La Casa del Rey», *RDP*, n.º 32, 1991.

FREIXES SANJUÁN, T.: «La Jefatura del Estado Monárquica», *REP*, n.º 73, 1991.

GARCÍA CANALES, M.: *La monarquía parlamentaria española*, Tecnos, Madrid, 1989.

GARCÍA MAJADO, P.: «Significado y alcance de la inviolabilidad del Rey», *Teoría y realidad constitucional*, n.º 47, 2021, pp. 357-381.

GARCÍA PELAYO, M.: *La Corona. Estudio sobre un símbolo y un concepto político*, Ed. Revista de Occidente, Madrid, 1968.

GÓMEZ SÁNCHEZ, Y.: «Funciones del Rey. Especial referencia a la reforma del artículo 99 de la Constitución», en E. ÁLVAREZ CONDE (dir.), *Reflexiones y propuestas sobre la reforma de la Constitución Española*, 2017.

— «Sucesión a la Corona, abdicación y proclamación», en B. PENDÁS GARCÍA (dir.), *España constitucional (1978-2018): trayectorias y perspectivas*, vol. 4, tomo 4, 2018, pp. 2999-3016.

— «La Casa de S.M. el Rey durante el Reinado de Don Juan Carlos I», *Hidalguía: la revista de genealogía, nobleza y armas*, n.º 382, 2019 (Ejemplar dedicado a: S. M. el Rey Don Juan Carlos: una vida al servicio de España), pp. 623-645.

González-Ares Fernández, J. A.: «La Regencia en el constitucionalismo español», en A. Villanueva Turnes (coord.), *40 años de monarquía parlamentaria*, 2019, pp. 121-146.
Herrero y Rodríguez de Miñón, M.: *El principio monárquico. Un estudio sobre la soberanía del Rey en las Leyes Fundamentales*, Edicusa, Madrid, 1972.
Jiménez de Parga, M.: *Las monarquías europeas en el horizonte español*, Tecnos, Madrid, 1966.
Lucas Verdú, P.: Voz «Monarquía», en *Nueva Enciclopedia Jurídica Seix*, t. XVI, Seix, Barcelona, 1978.
— *La Corona y la monarquía parlamentaria en la Constitución de 1978*, Universidad Complutense, Madrid, 1983.
Mellado, P., y Gómez, Y.: «En torno a la posible inconstitucionalidad del apartado 1 del artículo 57 de la Constitución española de 1978», *RDP*, n.º 22, 1986.
Oliver León, B.: *Monarquía y Estado constitucional*, Tecnos, Madrid, 2002.
Porras Ramírez, J. M.: *Principio democrático y función regia en la Constitución normativa*, Tecnos, Madrid, 1995.
— «Monarquía parlamentaria, función regia y poder de reserva de la Corona en la Constitución», en AAVV, *Estudios de Derecho público en homenaje a Juan José Ruiz-Rico*, Tecnos, Madrid, vol. I, 1997.
Torres del Moral, A.: «La monarquía parlamentaria como forma política del Estado español», en P. Lucas Verdú (ed.), *La Corona y la monarquía parlamentaria en la Constitución de 1978*, Universidad Complutense, Madrid, 1983.
— *Estado de Derecho y democracia de partidos*, Servicio de Publicaciones de la Facultad de Derecho, Universidad Complutense, Madrid, 1991.
— «La Corona», *RDP*, n.º 36, 1992.
— *El Príncipe de Asturias (su estatuto jurídico)*, Congreso de los Diputados, Madrid, 1997.
— «Cuarenta años de monarquía parlamentaria (Balance)», *Revista de Derecho Político*, n.º 101, enero-abril 2018, pp. 33-64.
Torres del Moral, A., y Gómez Sánchez, A. (coord.): *Estudios sobre la monarquía*, UNED, Madrid, 1995.

LECCIÓN 4

LAS CORTES GENERALES

SUMARIO: I. *Introducción.* II. *Los sistemas de representación parlamentaria.* III. *La representación política.* IV. *Las Cortes Generales en la Constitución Española.* V. *Organización y funcionamiento de las Cámaras.* 1. Las prerrogativas parlamentarias. 2. Los grupos parlamentarios. 3. Órganos de las Cámaras. 4. El Pleno. 5. Las Comisiones. 6. Las Diputaciones Permanentes. VI. *Bibliografía.*

I. INTRODUCCIÓN

El concepto de democracia tiene como inexcusable referencia el de representación. Ciertamente, es en torno a las exigencias representativas como surge el parlamentarismo, desde los antecedentes más remotos que podamos indagar históricamente, hasta los propios revolucionarios americanos y franceses, que traen a la ciencia política la modernidad del derecho parlamentario ligado al concepto de soberanía popular.

Es el principio de la representación política el que justifica y exige el desarrollo del derecho parlamentario, en la medida en que pone de manifiesto la necesidad de crear una institución de acogida de la actividad que tiene que llevar a cabo la función representativa. Es el pueblo el que contiene la soberanía popular y la ejerce a través de sus representantes que, elegidos periódicamente, la ejercen en nombre de este.

Es, pues, la garantía de que los representantes han de ejercer su función representativa, la que crea el derecho parlamentario, pero girando en torno a esa exigencia fundamental de que el vínculo que une al representante y al representado se mantenga y, por tanto, la función parlamentaria ha de atenerse a este principio.

De ahí derivan una serie de principios constitucionales que deben cumplirse para no alterar la verdadera función representativa. Desde el pluralismo político, garante de que toda fuerza política ha de ser respetada, con independencia de que sea o no mayoritaria, hasta el más concreto principio de independencia del Parlamento respecto de su organización y funcionamiento, sin interferencias del poder ejecutivo, que viene a justificar los *interna corporis actis*, y su capacidad de autonormación reglamentaria.

II. LOS SISTEMAS DE REPRESENTACIÓN PARLAMENTARIA

La Constitución ha acogido el sistema representativo en su artículo 1.2 al reconocer que la soberanía nacional reside en el pueblo español, del que emanan los poderes del Estado.

Otra cuestión será la forma en que se ejerce el parlamentarismo en relación con la institución parlamentaria y sus posibilidades. En nuestro sistema constitucional se ha reconocido el bicameralismo, respondiendo así a nuestra tradición histórica, pero ciertamente, el debate acerca de la conveniencia del monocameralismo o bicameralismo, dista de estar resuelto en función de algunos parámetros que sería importante considerar.

El origen del bicameralismo asoma al derecho parlamentario desde Inglaterra y algunos países de Centroeuropa, donde el Senado sirve de cámara de representación a la nobleza en contraposición con la otra cámara, que representa al pueblo llano.

La Constitución de los EEUU de América recoge este modelo como una exigencia de freno mutuo entre las dos cámaras y cambia la significación elitista de la cámara alta. El bicameralismo ha sido la opción del constituyente español frente a otras posibilidades de representación política como el monocameralismo. Cabe preguntarse por la idoneidad de un sistema parlamentario en el que la cámara alta se ha venido manifestando con escasa efectividad política, y donde los trámites en la aprobación de las leyes pueden retrasar ese proceso, sin que significativamente parezca ser útil esta institución.

Somos un bicameralismo imperfecto, con preeminencia del Congreso sobre el Senado que se dejar ver en que solo el Congreso convalida o deroga los decretos leyes, o prorroga el estado de alarma, e incluso puede levantar por mayoría absoluta el veto del Senado a un proyecto o proposición de ley.

Quienes defienden el bicameralismo hacen mención de alguno o todos estos argumentos. En primer lugar, por la necesaria relectura de los textos legislativos, que permite una reflexión más reposada. En segundo lugar, porque el hecho de que las leyes vayan al Senado antes de su aprobación definitiva, puede facilitar una mejora técnica o una negociación política que amplíe la legitimidad de la ley al tener un plazo mayor para la negociación. Son estos argumentos como se ve de muy débil contenido. Antes bien, el único argumento que tendría solidez para justificar el Senado sería el que lo dotase de competencias para la intervención en los conflictos derivados de los intereses entre las CCAA y el Estado, y es justamente esta una competencia de la que hoy carece.

Esto ha derivado hacia un estado de opinión, coincidente con la mayoría de la doctrina, hacia la reformulación del Senado como una verdadera cámara de representación territorial y, en su caso, la transformación de esta institución en profundidad o su pura abolición y la entrada del monocameralismo.

Los inconvenientes del bicameralismo superan cada vez más a las ventajas. En su momento, se consideró la conveniencia de un sistema bicameral en nuestra Constitución, en parte por la propia inercia de la Ley para la Reforma Política de 1976 y, seguramente, también por la necesidad de contar con una Cámara de representación que asumiera las funciones derivadas del desarrollo del Título VIII CE en cuanto a la distribución territorial del Estado y la necesidad de armonizar las consecuencias derivadas de ella.

Sin embargo, el tiempo no ha ratificado esa funcionalidad, escasa, del Senado en nuestro ordenamiento. No ha cumplido su función de equilibrio del poder territorial, ni tampoco se justifica ante la valoración en la tramitación de los proyectos de ley, implicando la mayoría de las veces un retraso en los procesos de tramitación.

Esta escasa efectividad ha llevado a una recurrente valoración de su supresión o cambio de regulación constitucional, limitando su funcionamiento a una cámara de representación territorial, con presencia de las CCAA y eliminándola como cámara de segunda lectura.

III. LA REPRESENTACIÓN POLÍTICA

Se entiende por representación la acción por la que se sustituye la voluntad de la persona que confiere un poder a otra, para que actúe en su nombre. La representación política resulta de la voluntad que se trasfiere por medio del voto, de la ciudadanía a la clase política para que dirija en su nombre una nación, una Comunidad Autónoma, o cualquier otra institución del Estado determinada por la ley. Por tal razón, el representante debe aproximarse en la medida de lo posible a la voluntad popular, buscando la correspondencia entre el pueblo y la actuación política.

Esto no siempre ocurre y es, además, técnicamente difícil esa correspondencia en la medida en que, si bien es cierto que la ciudadanía elige a los representantes en función de su ideología y de los programas contenidos en los partidos políticos, el poder político exige en el ejercicio de la actividad política, la conciliación de intereses entre las diferentes fuerzas representativas y entre las circunstancias sobrevenidas durante el tiempo que dura el mandato representativo.

El contenido del derecho de representación política ha tenido una amplia consideración por parte del Tribunal Constitucional. Hay un importante número de sentencias en relación con el mismo, que han sentado doctrina respecto de la relación entre el representante y el representado en el plano de la actuación política.

El Tribunal ha considerado que la representación política se sustenta en los siguientes elementos:

— La representación constituye un binomio entre la persona que representa y el pueblo representado.

— Tal binomio no puede ser interferido por los partidos políticos que, si bien son instituciones llamadas a la participación política, no deben mediatizar en modo alguno esa relación de las personas representantes y el pueblo.

El derecho de participación es «de los ciudadanos» y no de los partidos, por lo que estos no pueden suplantar la acción de la ciudadanía. Tal afirmación convierte en inconstitucional la remoción del cargo representativo, por los partidos, de aquellos representantes que sean expulsados de ellos.

Por tanto, el derecho de los partidos políticos a expulsar a sus militantes por conductas contrarias al ideario del partido, no comprende en modo alguno el de recuperar para el partido el escaño o cargo de representación política. Muy tempranamente, la STC 5/1983 resuelve un recurso de amparo interpuesto por un concejal del Ayuntamiento de Andújar (Jaén) que, tras ser expulsado del Partido

Socialista, fue también cesado en su cargo representativo de concejal, situación que preveía el artículo 11.7 de la entonces vigente Ley de Elecciones Locales, y que fue declarado inconstitucional en esta sentencia. Dice el fundamento jurídico 4 que «la permanencia de los representantes depende de la voluntad de los electores que la expresan a través de elecciones periódicas, como es propio de un Estado Democrático de Derecho, y no de la voluntad de un partido político». Solamente los electores pueden remover de un cargo electivo a sus representantes.

Esta sentencia abre una línea jurisprudencial que pondera a favor de los representantes y en detrimento de los partidos políticos un concepto de la representación política. La sentencia contiene un voto particular, cuya posición, de haberse impuesto a la mayoría, habría tenido efectos distintos y, probablemente, de mayor salud democrática a largo plazo. Considera el voto particular que la norma declarada inconstitucional no está viciada de inconstitucionalidad. Para ello parte de la consideración de que el sistema constitucional está basado en un Estado de partidos, cuyo papel es incompatible con una interpretación tan extensiva del artículo 23 CE. De ahí, que a diferencia de las candidaturas independientes, las que pertenecen a las listas cerradas y bloqueadas de los partidos políticos, deben tener en cuenta «aparte de sus aptitudes personales, su pertenencia al partido, conociendo tanto este como el candidato las consecuencias que ello podría acarrear en caso de que se dejase de pertenecer a él» (FJ 4). La sentencia sin duda opta por primar la importancia del derecho de representación del representante individual sobre el de los partidos políticos, y, por ello, ignora en buena parte cuál es el papel de los partidos en la configuración del sistema político en las instituciones.

Esta opción del Tribunal ha tenido, como veremos, importantes consecuencias en el transfuguismo político del que han hecho causa muchos representantes que, prevaliéndose de tal posibilidad, han cambiado su opción política produciendo auténticos fraudes al electorado. Se ha realizado sin solvencia política alguna y en total irresponsabilidad, porque el sistema no prevé ningún tipo de responsabilidad política entre el electorado y el representante político, que no sea el voto de castigo en el siguiente proceso electoral.

Esta doctrina se ratifica en la STC 10/1983. En ella se profundiza en los argumentos de la anterior, llegándose a algunas afirmaciones que pueden ser excesivamente teóricas. En el fundamento jurídico 4 se dice que «los recurrentes han actuado en derecho propio, en el que va implícito el de todos los vecinos de Madrid como representados, lo que ha de ser tenido en cuenta a la hora de proveer sobre ese restablecimiento». El derecho a participar corresponde a los ciudadanos y no a los partidos porque los representantes elegidos lo son de los ciudadanos y no de los partidos. Por ello, «la titularidad de los cargos y oficios públicos solo es legítima cuando puede ser referida, de manera mediata o inmediata, a un acto concreto de expresión de la voluntad popular» (FJ 2). Y, nuevamente en el fundamento jurídico 4, se afirma: «Una vez elegidos, los representantes no lo son solo de quienes los votaron, sino de todo el cuerpo electoral, y titulares, por tanto, de una función pública a la que no pueden poner término las decisiones de entidades que no son órganos del Estado en el sentido más amplio del término».

El voto particular, al que se adhiere un tercer magistrado, amplía también su argumentación que ahora se extiende a una mayor consideración del papel de los partidos políticos en la configuración de la democracia, según la cual destituir de un cargo a quien ha sido expulsado de ese partido, habiendo sido en su momento propuesto en una lista electoral bajo esas siglas, debe reputarse plenamente constitucional.

Las SSTC 16, 20, 28 y 29/1983 confirman la jurisprudencia sentada en las anteriores. Finalmente, los partidos políticos no han sido capaces de alcanzar un consenso en materia de transfuguismo político. El *Acuerdo sobre un Código de conducta política en relación con el transfuguismo en las Corporaciones Locales*, de 7 de julio de 1998, firmado por los principales partidos del Estado, no ha tenido prácticamente efectividad.

Sentados estos criterios de relación entre la soberanía popular y su representación, la jurisprudencia que le sigue es congruente con este principio. Así, la STC 101/1983, sobre el acatamiento de la Constitución mediante el juramento o promesa como condición para ostentar la representación política, exigido a los parlamentarios de la coalición Herri Batasuna, se solventa con la reafirmación de que la condición de representante solo se pierde por la sanción popular, pero nunca por un trámite procedimental. Esta jurisprudencia tendrá continuidad en las SSTC 119/1990 y 74/1991: en la primera, el Tribunal se reafirma en que la soberanía pertenece a los electores, sean cuales sean los intereses u opiniones que los mueven, y cuya voluntad es la voluntad general. En la segunda, estima el amparo de los senadores que prometieron el cargo con diferente fórmula de la exigida por el Reglamento del Senado, y la Sentencia les confiere directamente la condición de senadores, dando plena validez a la fórmula utilizada por ellos mismos.

Ciertamente que las primeras resoluciones del Tribunal se matizan de forma importante en posteriores recursos de amparo en los que se retoman algunos argumentos de los votos particulares, y se define con cierta nitidez la función de los partidos políticos en el sistema constitucional, pero estas matizaciones en ningún momento han llegado a modificar la jurisprudencia constante en la reafirmación del contenido esencial de la representación política como una polaridad localizada en la relación representante-representado.

Expresamente y con toda claridad se observa en la STC 361/2006, de 18 de diciembre, que conoce de una demanda de amparo que interponen conjuntamente la interesada y el representante del Grupo parlamentario socialista en el Parlamento del País Vasco. A la objeción de falta de legitimación del Grupo parlamentario opone el Tribunal que «se asume así a nivel jurídico, una realidad política y parlamentaria indiscutible, que es la de que dichos grupos parlamentarios han venido desarrollando una actividad fundamental para el funcionamiento de los trabajos de las Cámaras legislativas, que no podrían darse en la actualidad sin su existencia, y que, contra lo que sucedía en el pasado en unos Parlamentos que se basaban en las prerrogativas del parlamentario individual, les atribuyen los reglamentos de aquellas. Como proyección en las Asambleas de las distintas agrupaciones que se han enfrentado en los procesos electorales, los grupos representan un papel de gran importancia, aglutinando y dando forma a las diferentes corrientes políticas presentes en las Cámaras. Es perfectamente congruente con esta realidad, el que, en el plano jurídico, se les permita, a través de sus portavoces, representar los intereses de sus miembros». En este caso, el portavoz había previamente advertido al Presidente de la

Mesa de las irregularidades en la votación, al no haber permitido el cómputo del voto de la también recurrente en amparo, por un problema técnico. El Tribunal estima el amparo y anula la votación recurrida, pero limitando sus efectos a meramente declarativos, a fin de no tener que repetir la votación, habida cuenta de que han transcurrido además casi dos años, lo que priva de utilidad totalmente al pronunciamiento. Es importante el voto particular de esta sentencia, que se opone a la legitimación activa del Grupo parlamentario. Considera el discrepante que el voto «es un derecho personal y no delegable de cada diputado en tanto que titular del escaño, no de los grupos parlamentarios en los que estos se integran, de modo que el Grupo parlamentario ningún derecho tiene, ni siquiera expectativa, a que todos sus integrantes voten en un determinado sentido para expresar así su rechazo colectivo».

IV. LAS CORTES GENERALES EN LA CONSTITUCIÓN ESPAÑOLA

En el Título III de la Constitución se regulan las Cortes Generales. El artículo 66 CE indica que las Cortes Generales representan al pueblo español y están formadas por el Congreso de los Diputados y el Senado.

La Constitución Española establece así un sistema parlamentario bicameral, que consta de ambas cámaras. El Congreso está formado por un número de parlamentarios entre 300 y 400, según lo previsto en el artículo 68.1 CE (actualmente, son 350), que representan al pueblo español. Son elegidos por sufragio universal, libre, igual, directo y secreto. La circunscripción electoral es la provincia. La ley atribuirá una representación mínima inicial por provincia, y distribuirá el resto de diputados en función de la población.

El Senado es la Cámara Alta y está compuesto de un número variable de senadores y es la cámara de representación territorial. Su composición es de cuatro senadores por provincia peninsular elegidos igualmente por sufragio universal, libre, igual, directo y secreto. En las provincias insulares, cada isla o agrupación de ellas, con Cabildo o Consejo Insular, constituirá una circunscripción a efectos de elección de senadores, correspondiendo tres a cada una de las islas mayores, Gran Canaria, Mallorca o Tenerife, y uno a cada una de las siguientes islas o agrupaciones: Ibiza-Formentera, Menorca, Fuerteventura, Gomera, Hierro, Lanzarote y La Palma. En las poblaciones de Ceuta y Melilla se elegirán dos senadores por cada una de ellas. Además, las CCAA designarán un senador por cada una de ellas y otro más por cada millón de habitantes de su respectivo territorio.

En el apartado 2 del artículo 66 CE se regulan la naturaleza y funciones de las Cámaras. Las Cortes Generales ejercen la potestad legislativa del Estado, aprueban su presupuesto, controlan la acción del Gobierno y tienen las demás competencias que les atribuya la Constitución.

V. ORGANIZACIÓN Y FUNCIONAMIENTO DE LAS CÁMARAS

Las Cortes tienen un funcionamiento regulado en la Constitución y en los Reglamentos del Congreso y del Senado, que se establecen por cada una de estas instituciones, por el principio de la autonomía parlamentaria. El artículo 72.1 CE indica que las Cámaras crean sus propios Reglamentos, aprueban sus presupuestos y regulan el Estatuto del personal a su servicio. Esa norma jurídica se denomina Reglamento y deberán ser sometidos a votación y aprobación por mayoría absoluta de los miembros de la Cámara respectiva.

Esta autonomía parlamentaria en el ámbito normativo es una consecuencia directa de la naturaleza de las Cámaras, representantes de la soberanía popular, que no deben estar sometidas más que a la fuerza normativa de la Constitución.

La naturaleza jurídica de los reglamentos parlamentarios es de difícil delimitación, habida cuenta de que no se pueden analizar con los esquemas propios de la teoría de las fuentes. No están jerárquicamente por debajo de las leyes, como ocurre en los reglamentos de desarrollo de las leyes, ni tampoco están por encima, dado que se trata de materias específicamente relacionadas con la tramitación de la vida y actos parlamentarios. Son una especie de *tertium genus*, que se sitúan después de la Constitución, con obligado respeto a esta, y donde los actos parlamentarios que sobrepasen las actuaciones exclusivamente internas y tengan efectos a terceros, han de someterse al respectivo marco normativo.

Así lo ha entendido el Tribunal Constitucional al analizar las consecuencias de la aplicación de los Reglamentos Parlamentarios en situaciones de defensa de los derechos fundamentales de los parlamentarios (SSTC 119/1990, 206/1992 y 44/1995).

El artículo 73 CE regula los períodos de sesiones, de manera que las Cámaras se reunirán anualmente en dos periodos ordinarios de sesiones: el primero de septiembre a diciembre y el segundo de febrero a junio.

Las Cámaras podrán reunirse en sesiones extraordinarias a petición del Gobierno, de la Diputación Permanente o de la mayoría absoluta de los miembros de cualquiera de las Cámaras. Las sesiones extraordinarias deberán convocarse sobre un orden del día determinado y terminarán una vez agotado este.

Ambas Cámaras funcionan en Pleno o en Comisiones. En cada una de ellas habrá una Diputación Permanente donde estarán representados todos los grupos parlamentarios en función de su representación numérica en el Pleno.

En cuanto a las votaciones, el artículo 79 CE exige que, para adoptar acuerdos, las Cámaras han de estar reunidas reglamentariamente y con asistencia de la mayoría de sus miembros. Los acuerdos para ser válidos deberán ser aprobados por la mayoría de los miembros presentes sin perjuicio de las mayorías especiales que establezcan la Constitución o las leyes orgánicas y las que para la elección de las personas establezcan los Reglamentos de las Cámaras.

1. Las prerrogativas parlamentarias

La Constitución garantiza un estatus específico a los parlamentarios, que viene determinado y pretende justificarse en el papel representativo que estos llevan a cabo en el Parlamento. Estas garantías son la inviolabilidad, la inmunidad y el aforamiento. Se conocen estas garantías como prerrogativas parlamentarias y se regulan en el artículo 71 CE.

La inviolabilidad se predica de la libertad de expresión de que goza el parlamentario para expresar sus opiniones en el ejercicio de su función representativa. Se justifica históricamente por la posibilidad de que en los tiempos iniciales del sistema representativo, el monarca pudiera privar de libertad al representante para evitar que llevara a cabo su función. La garantía de la inviolabilidad permitiría en este caso que este se expresase con la mayor libertad y sin temor a represalias, tanto en la manifestación de sus opiniones, como en el ejercicio del voto.

La inmunidad es la imposibilidad de detener a un representante salvo en casos de flagrante delito. Igualmente, no podrán ser inculpados ni procesados sin obtener la autorización previa de la Cámara respectiva. Esta autorización, cuya solicitud por parte del órgano judicial se conoce como suplicatorio, es potestativa en su concesión por parte del Congreso o, en su caso, del Senado. Siempre deberá razonarse su denegación.

Las justificaciones de la inmunidad parlamentaria, han de ser reformuladas a la luz de las democracias modernas, en las que posibles coacciones de otras instituciones sobre la posición política del parlamentario en relación han desaparecido. La división de poderes en un Estado de derecho moderno no se puede conceptuar como tal división del poder, sino mejor como una diferenciación de los poderes vía atribución constitucional, en la que cada institución ha de someterse a las funciones que la Constitución le atribuye. Pensar hoy que el Poder Judicial puede secuestrar al legislativo, para la interdicción de sus funciones, es una pura elucubración teórica carente de sentido. Sin embargo, mantener privilegios tales como la prohibición del procesamiento de un senador o diputado, a través de la inmunidad, en casos en los que se dirime una demanda de particulares, es cuando menos escasamente conciliable es con el derecho constitucional a la igualdad.

Finalmente, el aforamiento es la competencia del Tribunal Supremo para el enjuiciamiento de las causas penales seguidas contra diputados y senadores.

Estas prerrogativas tienen una justificación histórica, difícil de entender en el constitucionalismo actual. En primer lugar porque en ninguna de las tres prerrogativas señaladas se puede considerar en la actualidad que se afronte un peligro real de obstaculización de la labor parlamentaria. Es evidente que la libertad de expresión tiene una clara salvaguardia en el artículo 20 CE, y no es muy realista considerar que algún parlamentario pueda ser violentado en el uso de su libertad de expresión. En segundo lugar, por lo que se refiere a la necesidad de que la detención de un parlamentario lo sea solamente en caso de delito flagrante, y en todos los demás casos sea exigible un suplicatorio a la Cámara respectiva, obstructivo de todo tipo de proceso, parece una clara exorbitación de la función parlamentaria. Si esta prerrogativa pudo tener históricamente una justificación en relación con las posibilidades de secuestro de algunos parlamentarios, al objeto de evitar algunas votaciones o decisiones políticas, privando de libertad a esas personas, hoy no tiene la menor posibilidad de ocurrir un supuesto de estas características. Igual consideración ofrece el argumento del respeto al principio de la división de poderes, que pretende justificar las prerrogativas parlamentarias en función de un necesario respeto al Parlamento, absteniéndose los jueces de actuar contra los parlamentarios, salvo con determinadas actuaciones procedimentales. Se podría decir mejor lo contrario: que el respeto a la división de poderes exige la actuación de jueces y tribunales en condiciones de igualdad para todas las personas y nunca con diferenciaciones injustificadas por razón de un estatus personal.

La LO 3/1985, de 29 de mayo, amplió las prerrogativas parlamentarias del artículo 71.2 CE a los supuestos de las causas civiles de la LO 1/1982, de 5 de mayo, de protección civil del derecho al honor, a la intimidad personal y familiar y a la propia imagen. Se estableció que «Iniciado un proceso civil en aplicación de la presente ley, no podrá seguirse contra un diputado o senador sin la previa autorización del Congreso de los diputados o del senado. La previa autorización será tramitada por el procedimiento previsto para los suplicatorios». En la Exposición de Motivos de la ley se justificaba esta figura «por el peligro de que estos se vean constantemente amenazados por la iniciación de procesos civiles que menoscaben su necesaria libertad para el ejercicio de sus funciones».

Naturalmente, el Tribunal Constitucional estimó inconstitucional y nula esta norma. En un recurso de amparo se dictó la STC 243/1988 y se planteó la autocuestión de inconstitucionalidad: el Tribunal consideró, en la STC 9/1990, que en modo alguno era compatible con la Constitución un privilegio de tal naturaleza, que impedía el ejercicio de un derecho fundamental en estas situaciones.

En todo caso, la jurisprudencia del Tribunal Constitucional ha matizado de manera importante el uso y abuso por parte de las Cámaras de estas prerrogativas parlamentarias. Las SSTC 90/1985, 92/1985 y 125/1988, que conocen recursos de amparo interpuestos contra los autos de sobreseimiento libre de actuaciones del Tribunal Supremo, por no haber concedido el Senado un suplicatorio contra un senador por un posible delito de injurias graves, anulan estos autos y estiman los amparos interpuestos, mandando retrotraer las actuaciones al momento de la solicitud de tramitación del suplicatorio en el Senado.

Las Sentencias consideran que la denegación del suplicatorio para juzgar al senador incurre en inconstitucionalidad por no satisfacer el derecho a la tutela judicial efectiva a la que todos tienen derecho, si no se motivan suficientemente las razones de esa denegación. En sí misma la inmunidad parlamentaria es constitucionalmente adecuada, y el suplicatorio en este sentido también lo es, pero debe motivarse la razón de la denegación de ese suplicatorio, siendo inconstitucional si se hace de forma arbitraria. Además, esta motivación ha de tener en cuenta el tipo de delito de que se trate y el posible contenido político que podría justificar la denegación del suplicatorio, así como si se trata de la imputación de un delito común, en cuyo caso la protección al parlamentario deja indefensos los intereses o derechos del justiciable.

Esta jurisprudencia se afianza en sentencias posteriores, como la STC 206/1992, que desarrolla de manera más exhaustiva esta doctrina, y considera que la denegación del suplicatorio debe contener, además, una motivación coherente con la finalidad de la prerrogativa parlamentaria, sin que quepa eludir el cumplimiento del derecho a la tutela judicial reconocida en el artículo 24 CE.

En la STC 71/2021, de 18 de marzo, se analiza la posible vulneración del derecho de participación y representación política (art. 23 CE), en relación con la prerrogativa de la inmunidad (art. 71.2 CE), y del derecho a un proceso con todas las garantías (art. 24.2 CE). Los recurrentes sostienen que la Sala Segunda del Tribunal Supremo lleva a cabo en dichas resoluciones una interpretación restrictiva de la prerrogativa de la inmunidad parlamentaria, según la cual solo procede solicitar autorización a la cámara para continuar un proceso penal contra alguno de sus miembros cuando se encuentre en la fase de instrucción o en la fase intermedia, que no se ajusta a la naturaleza propia de la prerrogativa, en tanto que garantía material frente a una actuación judicial susceptible de afectar a la libertad del representante político. El proceso penal debe ser entendido como un *iter* con diversas fases que culmina con el dictado de una sentencia firme, lo que permite concluir, en opinión de los recurrentes, que el ámbito de aplicación de la prerrogativa de la inmunidad se extiende durante todo el proceso penal, protegiendo así a aquellos diputados y senadores proclamados electos con posterioridad a su procesamiento, incluso en los supuestos en los que el proceso se encuentre ya en la fase de juicio oral.

2. Los grupos parlamentarios

Los grupos parlamentarios están formados por los parlamentarios que pertenecen a la misma formación política, a excepción del grupo mixto que está formado por electos de distintos partidos minoritarios que no llegan numéricamente a constituir un grupo propio. Las exigencias numéricas para la constitución del grupo parlamentario son, en el Congreso, haber obtenido en las elecciones legislativas al menos quince diputados, haber obtenido el 5 por 100 de los votos en el conjunto del Estado y, al menos, cinco diputados, o el 15 por 100 de los votos en las circunscripciones en las que hayan concurrido y cinco diputados. En el Senado para la constitución de un grupo parlamentario se precisan diez senadores y, dentro de esos grupos, se pueden crear grupos territoriales con un mínimo de tres miembros.

Las funciones de los grupos parlamentarios son importantes en relación con la actividad de las cámaras, dado que el funcionamiento se estructura en función de los grupos. A su cargo está la presentación de las enmiendas a los proyectos, interpelaciones, preguntas, proposiciones de ley, comparecencias, y participación en los debates.

3. Órganos de las Cámaras

La Presidencia de la Cámara es la máxima autoridad en el Congreso y en el Senado. Representa a la institución.

Cada Cámara elige su Presidencia, por mayoría absoluta de los votos en primera votación y, si no la hubiere, por votación entre quienes hubieren alcanzado las dos mayores votaciones o empatado con el mayor número de votos, y obtuviera la mayoría en esta segunda votación.

Sus funciones son, además de las de representación, dirigir los trabajos parlamentarios, ejercer la disciplina en el interior de la Cámara y aplicar e interpretar el Reglamento.

La Mesa es el órgano rector de la cámara y tiene una representación colegiada. Es elegida en cada cámara. La Mesa del Congreso se compone del presidente, cuatro vicepresidentes y cuatro secretarios. En el Senado, por el presidente, dos vicepresidentes y cuatro secretarios.

La Junta de Portavoces es un órgano formado por los presidentes de las Cámaras y los portavoces de los Grupos Parlamentarios y tiene como función la de preparar y coordinar los trabajos. Para ello ha de poner en contacto a los órganos de gobierno constituidos en la Cámara con los Grupos Parlamentarios, facilitar los acuerdos entre ellos, mediando la Presidencia entre los distintos grupos, y hacer de lugar de encuentro entre la mayoría del gobierno y la oposición.

Se suele reunir una vez por semana, pero no está reglamentado su funcionamiento.

4. El Pleno

Lo constituye la totalidad de los miembros electos que componen cada una de las Cámaras, debidamente convocados, bajo la Presidencia. Esta Presidencia puede ser sustituida por las Vicepresidencias.

La convocatoria del Pleno del Congreso se puede hacer a iniciativa de la Presidencia o a petición de dos grupos o una quinta parte de los miembros de la Cámara. El Pleno podrá delegar en las Comisiones Legislativas Permanentes la aprobación de proyectos o proposiciones de ley, pero podrá recabar para sí en cualquier momento esa competencia y retomar el debate objeto de esa delegación.

5. Las Comisiones

Las constituyen los miembros designados por los Grupos Parlamentarios para realizar funciones de preparación de actividad para el Pleno. Se forman en función de la importancia numérica de cada grupo, y pueden ser permanentes o no permanentes en función de que se creen para toda la legislatura o para una actividad concreta.

6. Las Diputaciones Permanentes

En cada Cámara se constituye una Diputación Permanente formada por 21 miembros que representará a los Grupos Parlamentarios en función de su proporción numérica. Garantizan la continuidad o permanencia parlamentaria durante los periodos de inactividad de las Cámaras.

Tienen funciones limitadas según las circunstancias en las que se reúnan, ya sean vacaciones parlamentarias, disolución de las Cámaras u otras.

Según el artículo 57 del reglamento del Congreso, «Corresponde a la Diputación Permanente velar por los poderes de la Cámara cuando esta no esté reunida». Y diferencia, por un lado, en los casos de disolución o expiración del mandato del Congreso de los Diputados, cuyas funciones son: *a*) Asumir todas las facultades que en relación con los Decretos-leyes atribuye al Congreso de los

Diputados el artículo 86 de la Constitución. Y *b*) Ejercer las competencias que respecto de los estados de alarma, excepción y sitio atribuye a la Cámara el artículo 116 de la Constitución. Y, en segundo lugar, en los lapsos de tiempo entre períodos de sesiones, ejercitar la iniciativa prevista en el artículo 73.2 de la Constitución.

VI. BIBLIOGRAFÍA

ABELLÁN GARCÍA, A. M.: *El estatuto de los parlamentarios y los derechos fundamentales*, Tecnos, Madrid, 1992.

ALONSO DE ANTONIO, A. L.: *La Diputación Permanente de las Cortes en la historia constitucional española*, Congreso de los Diputados, Madrid, 1991.

ALONSO GARCÍA, N.: *Retos jurídico-políticos de las funciones parlamentarias y los novedosos instrumentos de participación en la democracia del siglo XXI*, Dykinson, Madrid, 2019.

ASTARLOA HUARTE-MENDICOA, I.: *El Parlamento moderno. Importancia, descrédito y cambio*, Iustel-Fundación Alfonso Martín Escudero, Madrid, 2017.

BALAGUER CALLEJÓN, F.: «El control de los actos parlamentarios», en VVAA, *Los actos del Parlamento*, Parlamento Vasco, Vitoria, 1999.

— (coord.): *Introducción al Derecho Constitucional*, 6.ª ed., Tecnos, Madrid, 2017.

— (coord.): *Manual de Derecho Constitucional*, tomos I y II, 12.ª ed., Tecnos, Madrid, 2017.

BASTERRA MONTSERRAT, D.: *Las comisiones con delegación legislativa plena*, Comares, Granada, 1997.

BELDA PÉREZ-PEDRERO, E.: *La Presidencia del Congreso de los Diputados*, Congreso, Madrid, 2008.

CAAMAÑO, F.: *El mandato parlamentario*, Congreso de los Diputados, Madrid, 1991.

CAZORLA PRIETO, L. M.: *Las Cortes Generales, ¿Parlamento contemporáneo?*, Cívitas, Madrid, 1985.

CHUECA RODRÍGUEZ, R. L.: *La regla y el principio de la mayoría*, CEC, Madrid, 1993.

DA SILVA OCHOA, J. C. (coord.): *Las comisiones parlamentarias*, Vitoria, 1994.

DELGADO RAMOS, D.: «El control parlamentario del gobierno en funciones. Comentario a la STC 124/2018, de 14 de noviembre», *Parlamento y Constitución. Anuario*, n.º 20, 2019, pp. 175-190.

GARCÍA LÓPEZ, E.: *Inmunidad parlamentaria y Estado de partidos*, Tecnos, Madrid, 1989.

GARCÍA GUERRERO, J. L.: *Democracia representativa de partidos y grupos parlamentarios*, Congreso de los Diputados, Madrid, 1996.

GARCÍA MARTÍNEZ, M. A.: *El procedimiento legislativo*, Congreso de los Diputados, Madrid, 1987.

GARCÍA MORILLO, J.: *El control parlamentario del Gobierno en el ordenamiento español*, Congreso de los Diputados, Madrid, 1985.

GARCÍA-ESCUDERO MÁRQUEZ, P.: *La iniciativa legislativa del Gobierno*, Marcial Pons, Madrid, 2000.

GARRORENA MORALES, A.: *El Parlamento y sus transformaciones actuales*, Tecnos, Madrid, 1990.

GERPE LANDÍN, M.: «La inmunidad parlamentaria y la doctrina del Tribunal Constitucional», *Revista Jurídica de Catalunya*, n.º 1, 1994.

GIMÉNEZ GLÜCK, D.: *El gobierno hiperminoritario (y su relación con el Parlamento)*, Tirant lo Blanch, Valencia, 2019.

GIMÉNEZ SÁNCHEZ, I. M.: *Las competencias presupuestarias del Parlamento*, CEPC, Madrid, 2008.

GÓMEZ LUGO, Y.: *Los procedimientos legislativos especiales en las Cortes Generales*, Congreso de los Diputados, Madrid, 2008.

GUILLÉN LÓPEZ, E.: *La continuidad parlamentaria: Las Diputaciones Permanentes*, Cívitas, Madrid, 2002.

GUTIÉRREZ RODRÍGUEZ, F. J.: *El debate sobre la reforma del Senado*, Madrid, 2004.

LÓPEZ AGUILAR, J. F.: *La oposición parlamentaria y el orden constitucional*, CEC, Madrid, 1988.

— *Minoría y oposición en el parlamentarismo: Una aproximación comparativa*, Congreso de los Diputados, Madrid, 1991.

LUCAS MURILLO DE LA CUEVA, P.: *El estatuto de los parlamentarios (problemas generales)*, Parlamento Vasco, Vitoria, 1991.

— «Sobre las inmunidades parlamentarias», *REP*, n.º 69, 1990.

MARTÍNEZ SANTA MARÍA, P.: «Facultades de la Mesa respecto de la calificación de los escritos de disconformidad del Gobierno a la tramitación de proposiciones de ley», *Revista de las Cortes Generales*, n.º 106, primer semestre (2019), pp. 333-335.
MOLAS, I., y PITARCH, I. E.: *Las Cortes Generales en el sistema parlamentario de gobierno*, Tecnos, Madrid, 1987.
MORALES ARROYO, J. M.: *Los grupos parlamentarios en las Cortes Generales*, CEC, Madrid, 1990.
PÉREZ-SERRANO JÁUREGUI, N.: *Los grupos parlamentarios*, Tecnos, Madrid, 1989.
PINIÉS RUIZ, F. J. DE (2020): «Acerca de la "palmaria y evidente" inconstitucionalidad de los escritos de índole parlamentaria: Comentario a las Sentencias del Tribunal Constitucional 115/2019, de 16 de octubre, y 128/2019, de 11 de noviembre. Recursos de amparo núms. 3846-2018 y 2114-2018. (*BOE* núms. 279 y 304, de 20 de noviembre y 19 de diciembre de 2019)», *Revista de las Cortes Generales* (108), pp. 409-427. https://doi.org/10.33426/rcg/2020/108/1499
REBOLLO DELGADO, L.: *La Junta de Portavoces*, UNED, Madrid, 1998.
REDONDO GARCÍA, M. C.: *El derecho de enmienda en los procedimientos legislativos de las Cortes Generales*, Congreso de los Diputados, Madrid, 2001.
SANTAOLALLA LÓPEZ, F.: *El Parlamento y sus instrumentos de información*, Madrid, 1987.
SOLÉ TURA, J., y APARICIO PÉREZ M. A.: *Las Cortes Generales en el sistema constitucional*, Tecnos, Madrid, 2.ª ed., 1988.
SOLOZÁBAL ECHAVARRÍA, J. J.: *Repensar el Senado. Estudios sobre la reforma*, Senado, Madrid, 2008.
TORRES BONET, M.: *Las Comisiones de Investigación, instrumento de control parlamentario del Gobierno*, Congreso de los Diputados, Madrid, 1998.
TORRES MURO, I.: *Los órganos de Gobierno de las Cámaras legislativas: Presidente, Mesa y Junta de Portavoces en el Derecho Parlamentario español*, Congreso de los Diputados, Madrid, 1987.
VISIEDO MAZÓN, F. J.: *La reforma del Senado. Territorialización del Senado. Comisión General de las Comunidades Autónomas*, Senado, Madrid, 1997.
VVAA: *Las Cortes Generales*, 3 vols., Instituto de Estudios Fiscales, Madrid, 1987.
— *Parlamento y comunicación (nuevos retos)*, Tecnos, Madrid, 2005.

LECCIÓN 5

EL GOBIERNO

SUMARIO: I. *El Gobierno en la Constitución Española.* II. *Funciones del Gobierno.* 1. Funciones de la Presidencia del Gobierno. 2. Funciones de las Vicepresidencias. 3. Funciones del Consejo de Ministros. III. *El estatus de los miembros del Gobierno.* IV. *Relación entre el Gobierno y las Cortes Generales.* 1. La moción de censura. 2. La cuestión de confianza. V. *Otras instituciones de control del Parlamento al Gobierno.* 1. Las preguntas, interpelaciones y mociones. 2. Resoluciones y proposiciones no de ley. 3. Las Comisiones de Investigación. VI. *Cese del Gobierno.* VII. *Bibliografía.*

I. EL GOBIERNO EN LA CONSTITUCIÓN ESPAÑOLA

La Constitución Española no define el concepto de Gobierno, sino que en el artículo 97 se limita a describir sus funciones: el Gobierno dirige la política interior y exterior, la Administración civil y militar y la defensa del Estado; ejerce la función ejecutiva y la potestad reglamentaria de acuerdo con la Constitución y las leyes.

El artículo 98 CE regula su composición: el presidente, los vicepresidentes en su caso, los ministros, y los demás miembros que establezca la ley. El presidente dirige la acción del Gobierno y coordina las funciones de los demás miembros del mismo, sin perjuicio de la competencia y responsabilidad directa de estos en su gestión.

El estatuto de los ministros y sus incompatibilidades mandata a una ley, pero deja establecido que no podrán ejercer otras funciones públicas que las propias del cargo, ni actividad profesional o mercantil alguna, pudiendo realizar las representativas derivadas del mandato parlamentario.

El presidente del Gobierno es investido por el Congreso de los Diputados que deberá votarlo por mayoría absoluta en primera vuelta o, por mayoría simple, a las 48 horas de haberse producido la primera votación. La propuesta para la candidatura a presidente de Gobierno la hará el Rey después de realizar consultas con los grupos políticos que hayan obtenido representación parlamentaria. El candidato expondrá ante el Congreso de los Diputados el programa político del Gobierno que pretende formar y solicitará la confianza de la cámara. Los demás miembros del Gobierno serán nombrados por el Rey a propuesta del presidente elegido.

La regulación del Gobierno viene determinada de manera más exhaustiva por la Ley 50/1997, de 27 de noviembre, del Gobierno. En ella se regula el poder ejecutivo, en cumplimiento de la previsión establecida en el artículo 98 CE. Según su Exposición de Motivos, son tres los principios que inspiran esa ley: el primero es el de dirección presidencial en la medida en que corresponde al presidente del Gobierno la competencia para determinar las directrices políticas del Gobierno en cada uno de sus departamentos. El segundo principio es la responsabilidad del

Gobierno, colegiada y solidaria. Y el tercero, la autonomía de cada departamento ministerial para que su titular pueda cumplir sus funciones con responsabilidad en el ámbito de su gestión.

II. FUNCIONES DEL GOBIERNO

1. Funciones de la Presidencia del Gobierno

El presidente del Gobierno tiene una función de preeminencia porque además es él quien compone su Gobierno. Y tiene libertad para nombrar o no Vicepresidencias del Gobierno, así como para el número de estas que considere. Igual ocurre con los ministros sin cartera, en los que el nombramiento depende de la voluntad del presidente, y cuya consideración es igual a la del resto de los ministros.

El Gobierno dirige la política exterior e interior, la Administración civil y militar y la defensa del Estado. Representa al poder ejecutivo y ejerce la potestad reglamentaria.

Son funciones del presidente las reguladas en el artículo 2 de la Ley:

— Dirigir la acción del Gobierno.
— Coordinar las funciones de los diferentes ministerios.
— Representar al Gobierno. Establecer un programa político de Gobierno e impulsar su cumplimiento.
— Proponer al Rey, previa deliberación del Consejo de Ministros, la disolución del Congreso y del Senado.
— Plantear, previa deliberación del Consejo de Ministros, la cuestión de confianza ante el Congreso de los Diputados.
— Dirigir la política de defensa.
— Convocar, presidir y fijar el orden del día del Consejo de Ministros.
— Refrendar los actos del Rey y someterle a sanción las normas con rango de ley.
— Interponer el recurso de inconstitucionalidad ante el Tribunal Constitucional.
— La aprobación de la estructura orgánica de la Presidencia del Gobierno y de los departamentos ministeriales, mediante Real Decreto.
— Proponer al Rey el nombramiento y separación de los demás miembros del Gobierno.
— Resolver los conflictos de atribuciones que puedan generarse entre los demás miembros del Gobierno, e impartir instrucciones.
— Todas cuantas le atribuyan la Constitución y las leyes.

2. Funciones de las Vicepresidencias

Las que le sean encomendadas por el presidente, además de las propias de las carteras ministeriales que asuman y la de sustitución del presidente.

3. Funciones del Consejo de Ministros

El artículo 5 de la Ley del Gobierno describe estas funciones de manera amplia:

— Aprobar los proyectos de ley para su remisión al Congreso.
— Aprobar el proyecto de ley de los presupuestos generales del Estado.
— Aprobar los reales decretos leyes y los reales decretos legislativos.
— Acordar la negociación y firma de los tratados internacionales, y su remisión a las Cortes Generales.
— Declarar los estados de alarma y de excepción y proponer al Congreso de los Diputados la declaración del estado de sitio.
— Disponer la emisión de deuda pública y de contraer créditos autorizados por la ley.
— Aprobar los reglamentos de ejecución y desarrollo legislativo, previo dictamen del Consejo de Estado.
— Crear, suprimir y modificar las estructuras administrativas, adoptar planes programas y directrices en la Administración general del Estado.
— Ejercer cuantas funciones le atribuyan la Constitución y las leyes.

III. EL ESTATUS DE LOS MIEMBROS DEL GOBIERNO

El estatus de los miembros del Gobierno hace referencia fundamentalmente a su régimen de incompatibilidades.

El artículo 14 de la Ley del Gobierno regula el régimen de incompatibilidades, prohibiendo que los miembros del Gobierno ejerzan función alguna que no sea la del Ministerio o las propias del mandato representativo parlamentario en su caso.

En cuanto al funcionamiento del Consejo de Ministros, la ley exige el secreto de las deliberaciones y el levantamiento de un acta por el ministro de la Presidencia que asume la función de secretario.

IV. RELACIÓN ENTRE EL GOBIERNO Y LAS CORTES GENERALES

En un sistema político parlamentario, en el que las Cortes Generales representan al pueblo soberano, el Gobierno es el poder ejecutivo formado por la mayoría de ese Parlamento, perteneciente a una o más fuerzas políticas. El poder legislativo controla al ejecutivo y tiene la posibilidad de reaccionar ante un Gobierno que no responda a la voluntad de la mayoría parlamentaria. Esta posibilidad se da mediante dos mecanismos constitucionales, la moción de censura y la cuestión de confianza.

1. La moción de censura

El artículo 113 CE faculta al Congreso de los Diputados para exigir responsabilidad política al Gobierno mediante la adopción por mayoría absoluta de la moción de censura. La moción de censura se puede proponer por una décima parte de los Diputados. Han de transcurrir cinco días desde la presentación a la votación, si bien dentro de los dos días siguientes a la presentación del primer escrito, se podrán presentar mociones de censura alternativas.

En el escrito de presentación de la moción de censura se deberá incluir un candidato alternativo a presidente del Gobierno y será aprobada si es votada por la mayoría absoluta del Congreso. En tal caso, el Gobierno presentará su dimisión al Rey y el candidato incluido en la moción de censura quedará investido automáticamente como presidente y será nombrado por el Rey.

En el caso en que no se aprobara la moción de censura, los firmantes no podrán presentar otra durante el mismo período de sesiones.

2. La cuestión de confianza

El artículo 112 CE permite al presidente del Gobierno, previa deliberación del Consejo de Ministros, someterse a la confianza del Congreso de Diputados sobre su programa de Gobierno o sobre una declaración de política general.

A diferencia de la moción de censura, la votación por la que se otorgue la confianza exigirá solamente la mayoría simple de la Cámara.

Tanto en lo que se refiera a la moción de censura como a la cuestión de confianza, los efectos se prevén en el artículo 114 CE. Si se deniega la cuestión de confianza, el Gobierno presentará su dimisión al Rey y se pondrá en marcha el procedimiento previsto en el artículo 99 CE.

V. OTRAS INSTITUCIONES DE CONTROL DEL PARLAMENTO AL GOBIERNO

1. Las preguntas, interpelaciones y mociones

Se detallan en el artículo 111 CE y tienen periodicidad semanal. La pregunta es el cauce habitual de control y la puede efectuar cada parlamentario individualmente mediante la presentación de un escrito a la Mesa del Congreso o a la Presidencia del Senado. Las interpelaciones son preguntas que requieren un posterior pronunciamiento de la Cámara sobre cuestiones de política general, en las que el Gobierno debe posicionarse.

Las interpelaciones habrán de presentarse por escrito ante la Mesa del Congreso y versarán sobre los motivos o propósitos de la conducta del Ejecutivo en cuestiones de política general, bien del Gobierno o de algún Departamento Ministerial (art. 181.1 RC).

2. Resoluciones y proposiciones no de ley

La resolución es un acuerdo de la Cámara ante un tema concreto y la proposición no de ley es una propuesta de resolución a la Cámara también sobre un tema concreto.

3. Las Comisiones de Investigación

Están recogidas en el artículo 76 CE que dice que «El Congreso y el Senado, y, en su caso, ambas Cámaras conjuntamente, pueden nombrar Comisiones de Investigación sobre cualquier asunto de interés público. Sus conclusiones no serán vinculantes para los tribunales ni afectarán a resoluciones judiciales, sin perjuicio de que el resultado de la investigación sea comunicado al Ministerio Fiscal para el ejercicio, cuando proceda, de las acciones oportunas». Es al mismo tiempo una función de información y de control, pues con independencia de que se obtenga la información, la oposición mediante este mecanismo de control intenta un efecto de desgaste al Gobierno en la opinión pública. Justamente por esa razón, el Gobierno a veces se niega mediante la mayoría parlamentaria a la creación de esas Comisiones de Investigación, o minimiza sus efectos mediante los miembros que la constituyen y pertenecen a su grupo parlamentario.

VI. CESE DEL GOBIERNO

El artículo 101 CE regula el cese del Gobierno por las siguientes causas: la celebración de elecciones generales, la pérdida de confianza parlamentaria y la dimisión o fallecimiento de su presidente.

No obstante el cese, el Gobierno seguirá en funciones hasta la toma de posesión del nuevo presidente, si bien su actividad deberá contraerse a los meros asuntos de trámite y despacho ordinario, a menos que existan razones de urgencia e interés público para la adopción de otras medidas.

La reciente STC 124/2018 se pronuncia sobre la posibilidad de que el gobierno en funciones se someta al control del Congreso, controversia que se había suscitado al argumentar el Gobierno, que un gobierno en funciones no debía someterse al citado control y que ha zanjado el TC al resolver el conflicto entre el gobierno y el parlamento a favor de este, aunque matizando que el referido control debe realizarse «de acuerdo con el principio de lealtad institucional que ha de presidir las relaciones entre órganos constitucionales» (STC 124/2018).

VII. BIBLIOGRAFÍA

Acosta Sánchez, J.: *Gobierno y Administración en la Constitución*, IEF, Madrid, 1988.

Aguado Renedo, C.: *Problemas constitucionales del ejercicio de la potestad de gracia*, Cívitas, Madrid, 2001.

Aragón Reyes, M.: *Gobierno y Cortes*, Instituto de Estudios Económicos, Madrid, 1994.

— «El Gobierno en funciones, su ámbito competencial y su control parlamentario (comentario a la STC 124/2018, de 14 de noviembre)», *Revista española de derecho constitucional*, n.º 40, n.º 119, 2020, pp. 269-298.

BALAGUER CALLEJÓN, F. (coord.): *Introducción al Derecho Constitucional*, 6.ª ed., Tecnos, Madrid, 2017.

— (coord.): *Manual de Derecho Constitucional*, tomos I y II, 12.ª ed., Tecnos, Madrid, 2017.

BAR CENDÓN, A.: *El presidente del Gobierno en España. Encuadre constitucional y práctica política*, Cívitas, Madrid, 1983.

— *La disolución de las Cámaras legislativas en el ordenamiento constitucional español*, Congreso de los Diputados, Madrid, 1989.

BUSTOS GIBERT, R.: *La responsabilidad política del Gobierno. ¿Realidad o ficción?*, Colex, Madrid, 2001.

DELGADO RAMOS, D.: «El control parlamentario del gobierno en funciones. Comentario a la STC 124/2018, de 14 de noviembre», *Parlamento y Constitución. Anuario*, n.º 20, 2019, pp. 175-190.

FERNÁNDEZ-FONTECHA TORRES, M.: «Un gobierno en funciones, su responsabilidad. Comentario a la sentencia del tribunal constitucional 124/2018, de 14 de noviembre, en el conflicto entre órganos constitucionales 3102-2016 (*BOE* núm. 301, de 14 de diciembre de 2018)», *Revista de las Cortes Generales*, n.º 106, 2019, pp. 595-607.

GÓMEZ MONTORO, A., y ARAGÓN REYES, M. (coord.): *El Gobierno: problemas constitucionales*, CEPC, Madrid, 2005.

GUILLÉN LÓPEZ, E.: *El cese del Gobierno y el Gobierno en funciones en el ordenamiento constitucional español*, IAAP, Sevilla, 2002.

GONZÁLEZ HERNÁNDEZ, E.: *La responsabilidad penal del Gobierno*, CEPC, Madrid, 2002.

GARCÍA MORILLO, J.: *El control parlamentario del Gobierno en el ordenamiento español*, Cortes Generales, Madrid, 1985.

HERREROS LÓPEZ, J. M.: «El control parlamentario del Gobierno en funciones. Comentario de la STC 124/2018, de 14 de noviembre», *Actualidad administrativa*, n.º 6, 2019.

HOLGADO GONZÁLEZ, M.: *El programa de Gobierno y sus sistemas de control*, Tirant lo Blanch, Valencia, 2008.

JOVER GÓMEZ-FERRER, J. M.: «El Gobierno. Lecciones de una crisis», en Á. RECUERDA GIRELA, (coord.), *Antes de la próxima pandemia*, 2020, pp. 55-64.

LÓPEZ CALVO, J.: *Organización y funcionamiento del Gobierno*, Tecnos, Madrid, 1996.

LUCAS MURILLO DE LA CUEVA, P. (coord.): *Gobierno y Constitución*, Tirant lo Blanch, Valencia, 2005.

MARTÍNEZ ELIPE, L.: *Tratado de Derecho Parlamentario*, vol. II, Parlamento e Información, Aranzadi, Pamplona, 2002.

MARTÍN-RETORTILLO BAQUER, S.: *Administración y Constitución*, Instituto de Estudios de Administración Local, Madrid, 1981.

MATEOS Y DE CABO, O. I.: *El presidente del Gobierno en España:* status *y funciones*, La Ley, Madrid, 2006.

MELLADO PRADO, P.: *La responsabilidad política del Gobierno en el ordenamiento español*, Congreso de los Diputados, Madrid, 1988.

MOLERO ALONSO, D.: *Las interpelaciones parlamentarias*, Congreso de los Diputados, Madrid, 2005.

MONTERO GIBERT, J. R., y GARCÍA MORILLO, J.: *El control parlamentario*, Tecnos, Madrid, 1984.

NARANJO DE LA CRUZ, R.: «Las causas de cese del Gobierno en el ordenamiento constitucional español», *Cuestiones Constitucionales*, enero-junio de 2001.

PAU I VALL, F. (coord.): *Parlamento y control del Gobierno*, Aranzadi, 1998.

PÉREZ FRANCESH, J. L.: *El Gobierno*, Tecnos, Madrid, 2.ª ed., 1996.

PORRAS RAMÍREZ, J. M.: «Función de dirección política y potestad reglamentaria del presidente del Gobierno», *RAP*, n.º 146, 1998.

PRESNO LINERA, M. A., y SARMIENTO, D. (eds.): *La coordinación de las relaciones entre el Gobierno y el Parlamento. Una mirada*, Ministerio de La Presidencia, Madrid, 2007.

REVENGA SÁNCHEZ, M.: *La formación del Gobierno en la Constitución española de 1978*, CEC, Madrid, 1988.

RUIZ TARRIAS, S.: *Los Presupuestos Generales del Estado en las relaciones entre el Gobierno y las Cortes Generales*, Cívitas, Madrid, 2007.

SÁNCHEZ DE DIOS, M.: *La moción de censura (Un estudio comparado)*, Congreso de los Diputados, Madrid, 1992.

SANTAOLALLA LÓPEZ, F.: *El Parlamento y sus instrumentos de información*, Madrid, 1987.
SEIJAS VILLADANGOS, E.: *Responsabilidad jurídica del Gobierno y defensa de la Constitución*, Universidad de León, León, 2003.
VÍRGALA FORURIA, E.: *La moción de censura en la Constitución de 1978*, CEC, Madrid, 1988.

LECCIÓN 6

EL PODER JUDICIAL

SUMARIO: I. *El Poder Judicial en la Constitución Española.* II. *Caracterización del Poder Judicial. Elementos que lo integran.* III. *Órganos de gobierno del Poder Judicial. El Consejo General del Poder Judicial.* IV. *El Poder Judicial en las CCAA.* V. *El Ministerio Fiscal.* VI. *El Jurado.* VII. *Bibliografía.*

I. EL PODER JUDICIAL EN LA CONSTITUCIÓN ESPAÑOLA

El reconocimiento por parte de la Constitución de un Poder Judicial independiente responde a una exigencia democrática, respecto del régimen anterior que consideraba a los jueces parte de la Administración del Estado, con el nombre de administración de justicia.

La Constitución ha querido reafirmar la independencia del Poder Judicial, declarando la independencia de este respecto de los otros dos poderes del Estado, y regulándolo en un título diferenciado, el Título VI, rubricado «Del Poder Judicial».

El artículo 117 CE dice que la justicia emana del pueblo y se administra en nombre del Rey por jueces y magistrados integrantes del Poder Judicial, independientes, inamovibles, responsables y sometidos únicamente al imperio de la ley.

Ha de destacarse la importancia del origen y legitimación de la justicia, en la invocación que la norma hace al pueblo, y entender, por tanto, que el Poder Judicial tiene su inmediata razón de ser en esa legitimación popular, sin que quepa la posibilidad de justificar la aplicación del derecho fuera de esta referencia. Ello con independencia de que la justicia se administre en nombre del rey, lo que debe entenderse, desde el punto de vista de las funciones de la Corona, como una de las formalidades de la constitucionalización de la monarquía.

Es en este sentido en el que la doctrina ha calificado al poder judicial como un poder difuso, en la medida en que no hay un órgano concreto en el que se polarice ese poder, sino que el poder está en la función jurisdiccional, y en la medida en que este consiste en la aplicación de la ley, que emana de la voluntad popular, puede decirse que el Poder Judicial emana del pueblo y que se ejercita de manera difusa, en cada acto que realizan los jueces y tribunales en la aplicación de la ley. Además, la independencia del Poder Judicial se personaliza en los órganos jurisdiccionales, el juez y el magistrado, que han de impartir esta justicia con sujeción al imperio de la ley.

II. CARACTERIZACIÓN DEL PODER JUDICIAL. ELEMENTOS QUE LO INTEGRAN

Los principios que inspiran la justicia impartida por el Poder Judicial son fundamentalmente la independencia y la inamovilidad de los jueces en el ejercicio de sus funciones, garantías del cumplimiento de las mismas.

De este modo, el estatuto de los jueces y tribunales lo constituyen varios elementos. En primer lugar la inamovilidad: los jueces no podrán ser separados de sus funciones. El artículo 117 CE, en su apartado segundo, dice que «los jueces y magistrados no podrán ser separados, suspendidos, trasladados ni jubilados, sino por algunas de las causas y con las garantías previstas en la ley».

En segundo lugar, la función jurisdiccional, que viene reconocida en la Constitución de manera exclusiva y excluyente, por lo que solamente los jueces y tribunales pueden ejercitarla. Además, no es solamente juzgar, sino también la ejecución de las resoluciones por ellos dictadas.

La Constitución ha unificado la función jurisdiccional que, en el régimen anterior, aparecía diseminada en algunos casos fuera del Ministerio de Justicia, como en su día ocurrió con la jurisdicción laboral o social, que dependió en algún momento del Ministerio de Trabajo. Ahora se ordena esta función jurisdiccional bajo el principio de unidad, como aparece en el apartado cinco del referido artículo 117 CE. Este principio se constituye en la base de la organización y funcionamiento de los tribunales, con la sola salvedad de la jurisdicción militar en el ámbito exclusivamente castrense o en los supuestos excepcionales de estado de sitio.

Se prohíben los tribunales de excepción, que en el franquismo supusieron una concesión importante a la arbitrariedad judicial, como el Tribunal de Orden Público, cuya sola denominación produce rechazo desde los más elementales principios democráticos.

La relación entre el derecho a la tutela judicial efectiva y el Poder Judicial ha tenido como consecuencia que se relacionen los artículos 24 y 117 CE. El apartado dos del artículo 24 reconoce un núcleo importante de derechos relacionados con el proceso que son de obligado cumplimiento por los jueces.

En primer lugar, el derecho al juez ordinario predeterminado por la ley, que obliga a regular, desde la ley procesal, las normas de reparto de los asuntos que llegan a los tribunales, para que no se produzcan arbitrariedades en esta materia.

En segundo lugar, el derecho a la asistencia letrada, que exige que cuando se asista a una declaración policial o judicial, se pueda contar con el asesoramiento adecuado, pudiendo mantenerlo durante toda la tramitación del proceso. Este precepto, en relación con el artículo 119 CE, que regula la exigencia de la justicia gratuita en los casos en los que la ley lo prevea y, en todo caso, respecto de quienes acrediten insuficiencia de recursos para litigar, ha llevado al legislador a regular la justicia gratuita mediante ley. Esta regulación se contiene, primeramente, en los artículos 20.2 y 440.2 de la LO 6/1985, del Poder Judicial, que remite para su desarrollo a una ley ordinaria, que es, en la actualidad, la Ley 1/1996, de 10 de enero, de asistencia jurídica gratuita.

Los criterios para el reconocimiento del derecho a la asistencia jurídica gratuita se refieren a la situación económica de los litigantes, que será evaluada, al objeto de evitar abusos, por un órgano administrativo, la Comisión de Asistencia Jurídica Gratuita, ubicada en cada capital de provincia, presidida por un miembro del Ministerio Fiscal, y los decanos de los Colegios de Procuradores y Abogados, un abogado del Estado y un funcionario del Ministerio de Justicia que actuará como secretario. En las CCAA que tengan competencias atribuidas en esta materia, esta Comisión podrá regularse de forma parcialmente diferente, integrándose, en todo caso, miembros de estas Administraciones Públicas.

La Ley prevé la revocación del derecho en aquellos casos de falseamiento, ocultación de datos o declaración errónea, si se demuestra que estos factores han sido determinantes para la concesión del derecho. Esta revocación puede ser impugnada ante el secretario de la Comisión de Asistencia Jurídica Gratuita, que lo elevará al juez o tribunal competente o, en su caso, al juez decano, que citará a las partes a comparecencia y posteriormente dictará un auto, revocando o confirmando la resolución impugnada.

Con este reconocimiento a la función judicial se cierra el círculo del Estado de Derecho, de los tres poderes del Estado. A diferencia de los otros dos poderes, el Poder Judicial no responde al principio democrático del sufragio, sino que es un poder técnico, que consiste en la aplicación de las leyes creadas por la representación popular.

El ejercicio de la función jurisdiccional por parte del Poder Judicial es exclusivo y excluyente. Solamente pueden llevarla a cabo los jueces y magistrados, según se establece en el artículo 117.3 donde se dice que «el ejercicio de la potestad jurisdiccional en todo tipo de procesos, juzgando y haciendo ejecutar lo juzgado, corresponde exclusivamente a los juzgados y tribunales determinados por las leyes, según las normas de competencia y procedimiento que las mismas establezcan».

Para llevar a cabo la función jurisdiccional es necesario que los jueces sean personas independientes. De ahí las garantías que la Constitución atribuye a la función jurisdiccional de manera que los jueces y magistrados no podrán ser separados, suspendidos, trasladados o jubilados sino por algunas de las causas y con las garantías previstas por la ley. Con ese reconocimiento, establecido en el apartado segundo del artículo 117 CE, se garantiza el ejercicio recto de la función, sin presiones por parte de los demás poderes.

Otro elemento de caracterización del Poder Judicial en la Constitución, lo constituye la exigencia de publicidad de las resoluciones judiciales. El artículo 120 CE en su apartado primero exige que «las actuaciones judiciales sean públicas, con las excepciones que prevean las leyes de procedimiento».

Al principio de publicidad se suman, en el apartado segundo de este artículo, los principios de oralidad, que debe ser el criterio general en todos los procedimientos, sobre todo en materia criminal, y el de motivación de las sentencias.

La justificación de la exigencia de estos tres principios constitucionales se encuentra en el origen mismo de la legitimación del Poder Judicial, que no es de origen popular, lo que exige un proceso de racionalización de las resoluciones judiciales que sea conocido por la sociedad y, a la vez, permita a esta un enjuiciamiento y una crítica de estas resoluciones.

La exigencia de publicidad es ínsita al Estado Social. No se entiende ninguna actuación de los poderes públicos que no esté sujeta a la publicidad, para que pueda ser enjuiciada por la ciudadanía, por la opinión pública y por los medios de comunicación, cuya función es la de crear ese estado de opinión. Difícilmente se podría llevar a cabo ese control sin la publicidad de las resoluciones judiciales, que permite un enjuiciamiento acerca de algunos casos judiciales que, en ocasiones, tienen repercusiones políticas de alcance.

Ciertamente, a veces los medios de comunicación pueden efectuar juicios de valor paralelos a los procesos judiciales, de manera que el enjuiciamiento que se produce ante la opinión pública pueda tener consecuencias de futuro irreparables, pero este problema no puede ser un obstáculo a la necesidad de que se conozca la actividad jurisdiccional.

Por otra parte, las resoluciones judiciales constituyen interpretaciones de las normas jurídicas que los jueces explicitan en sus razonamientos, los cuales deben ser conocidos por la opinión pública porque así se efectúa un control social del derecho, se muestran los sesgos de los operadores jurídicos, la propia obsolescencia de las normas, su adecuación al paso del tiempo y cualquier otro aspecto del derecho en su fase de aplicación.

La oralidad del proceso se relaciona sobre todo con otro principio, el de la inmediación, que exige el conocimiento directo del asunto por parte del juez, que debe tener todos los elementos posibles de caracterización del asunto sobre el que ha de resolver, sin intermediaciones que le hagan perder algún aspecto importante de este.

Finalmente, la motivación de las sentencias constituye una exigencia ineludible del control social del derecho, al que hemos hecho referencia respecto de la publicidad. En la motivación de una resolución judicial, el órgano jurisdiccional explicita las razones que le inducen a la aceptación o rechazo de las pretensiones de la demanda y pone manifiesto la racionalidad de su resolución.

III. ÓRGANOS DE GOBIERNO DEL PODER JUDICIAL. EL CONSEJO GENERAL DEL PODER JUDICIAL

Esta independencia que hemos resaltado acerca del Poder Judicial exige, sin embargo, algunas matizaciones importantes. La independencia judicial se predica respecto de la figura del juez, constitucionalmente considerado como libre e independiente y con absoluta sujeción a la ley en el ejercicio de la función jurisdiccional. En cambio, en lo que respecta al conjunto del Poder Judicial, no se puede hablar de un autogobierno absoluto en la medida en que el Ministerio de Justicia mantiene una competencia funcional importante en materia administrativa.

El Consejo General del Poder Judicial es el órgano de gobierno de los jueces. El artículo 122 CE establece que una ley orgánica regulará la constitución, funcionamiento y gobierno de los juzgados y tribunales, así como el estatuto jurídico de los jueces y magistrados de carrera, que formarán un cuerpo único, y del personal al servicio de la Administración de Justicia.

En el apartado segundo se define como el órgano de gobierno del Poder Judicial. No debe identificarse, por tanto, el órgano de gobierno con el propio Poder Judicial, pues este reside en cada juez o tribunal cada vez que ejercita la función jurisdiccional, no en una institución concreta: se trata de un poder residenciado en cada miembro del Poder Judicial.

La composición del Consejo viene predeterminada por el artículo 122.3 CE que dice que estará integrado por el presidente del Tribunal Supremo, que lo presidirá, y por veinte miembros nombrados por el rey por un período de cinco años. De estos, doce entre jueces y magistrados de todas las categorías judiciales, en los términos que establezca la ley orgánica, cuatro a propuesta del Congreso de los Diputados y cuatro a propuesta del Senado, elegidos en ambos casos por la mayoría de tres quintos de sus miembros, entre abogados y otros juristas, todos ellos de reconocida competencia y con más de quince años de ejercicio en su profesión.

El Consejo General del Poder Judicial, en cuanto órgano de gobierno de los jueces, no es un poder, es solamente un órgano de gobierno, pues el Poder Judicial reside en los jueces y tribunales, en cuanto imparten justicia. Esta matización es importante, al ser patente que el Consejo no ejerce funciones jurisdiccionales, sino solamente administrativas. Es un órgano separado del poder ejecutivo, que está integrado solamente por juristas, entre ellos jueces y magistrados, pero también profesionales juristas de reconocido prestigio, que responde a las necesarias garantías de independencia y autogobierno.

Dicho esto, es necesario comprender los límites de ese pretendido autogobierno de los jueces, en la medida en que está supeditado al ejecutivo a través de las políticas del Gobierno, por medio del Ministerio de Justicia, que orienta, determina y decide, en última instancia, en materia de presupuestos, plantillas, personal, plantas judiciales y administración, sin perjuicio, además de las competencias que en materia de administración de justicia han recibido las CCAA.

La primera ley que desarrolló al Consejo General del Poder Judicial fue la LO 1/1980, de 10 de enero, del Consejo General del Poder Judicial. En ella se regulaba la composición y funciones del Consejo, que en principio se constituyó con veinte vocales, de los que doce, serían miembros de la carrera judicial. Se creó un sistema de elección de estos miembros por los propios jueces, y el resto serían elegidos, cuatro por el Congreso y otros cuatro por el Senado, entre abogados y juristas de reconocida competencia y con más de quince años en el ejercicio de su profesión.

Posteriormente, la LO 6/1985, de 1 de julio, del Poder Judicial, estableció un sistema de elección del Consejo en el que los veinte miembros eran elegidos por el Congreso y el Senado. Tal sistema dio lugar a las SSTC 45/1986 y 106/1986, donde se determinaron la naturaleza y funciones del Consejo respecto de posiciones doctrinales que consideraban a este como el representante del Poder Judicial. El Tribunal Constitucional valida, desde el punto de vista de la Constitución, este sistema de designación por las Cámaras de la totalidad de los miembros del Consejo, pero advierte de que existen formas más democráticas de hacerlo.

La LOPJ ha sido reformada en numerosas ocasiones. La reforma operada por la LO 4/2013, de 28 de junio, modificó la regulación interna del Consejo, el sistema de elección y estatus de sus miembros, y las competencias internas de estos dentro del Consejo.

Sobre las atribuciones del Consejo, se regularon tres aspectos fundamentales. En primer lugar, algunos incumbentes a la política exterior que se reflejaban en la actividad judicial y que debían coordinarse entre el Consejo y el Ministerio de

Asuntos Exteriores. En segundo lugar las limitaciones en materia reglamentaria, reducida al ámbito interno del Consejo y, finalmente, la autonomía del Consejo que, a la hora de elaborar su presupuesto, debía conciliarse con la LO 2/2012, de 27 de abril, de autonomía presupuestaria y sostenibilidad financiera.

Sobre el sistema de elección, se modificó el anterior, permitiendo que las propuestas de las candidaturas de los miembros de la carrera judicial, se pudieran realizar a través de avales obtenidos de asociaciones de jueces o de los propios jueces o magistrados.

Por otra parte se intentó solucionar el problema de bloqueo que producía la anterior regulación, en la que, al exigirse la mayoría de los tres quintos de las Cámaras para elegir a los veinte miembros, era necesario un acuerdo entre los dos partidos mayoritarios con presencia parlamentaria suficiente, y su falta prorrogaba en el tiempo el mandato de los Vocales.

En la reforma legal se estableció la imposibilidad de la prórroga del mandato, permitiendo que los nombrados por una de las Cámaras pudieran constituirse junto con los anteriormente designados por la otra Cámara, sin esperar el nombramiento de los nuevos por la que se ha retrasado.

Se permitió también la existencia del ejercicio de vocal a tiempo parcial, compaginando su cargo con la función jurisdiccional o, en su caso, con la profesional. Solamente los miembros de la Comisión Permanente deberían serlo a tiempo completo.

Posteriormente, se ha aprobado la Ley Orgánica 7/2015, de 21 de julio, por la que nuevamente se modifica la Ley Orgánica 6/1985, de 1 de julio, del Poder Judicial. Se trata de una reforma en profundidad que afecta una parte importante de la anterior ley. El Preámbulo señala la necesidad de afrontar todos estos aspectos:

1. Eliminación de privilegios en el ámbito de la jurisdicción militar.
2. La protección de datos en el ámbito de la actuación judicial.
3. Modificar algunos aspectos de las competencias definidas en la LO 1/2004, ampliando las competencias de esos juzgados, a los derechos de intimidad, honor e imagen de la mujer, revelación de secretos e injurias. Igualmente, recabar la competencia de esos juzgados especializados para los quebrantamientos de condena.
4. Homologación de las resoluciones judiciales para un mejor cumplimiento del artículo 24 CE.
5. Homologación entre la responsabilidad de los jueces y el resto de empleados públicos.
6. Modificaciones de la composición del Consejo, que aumenta el número de miembros de la Comisión Permanente de cinco a siete.
7. Los secretarios judiciales pasan a llamarse cuerpo de letrados de la Administración de Justicia. Son directores de la oficina judicial, con competencias en mediación, tramitación y resolución en procesos monitorios.

En lo que se refiere a la protección de datos, un nuevo artículo, el 236 bis exige el sometimiento de los datos que se conozcan en los juzgados a lo regulado en la LO 15/1999, de 13 de diciembre, de Protección de Datos de Carácter Personal.

Con respecto a la responsabilidad de los jueces y magistrados por errores producidos en el ejercicio de sus funciones, existía una normativa específica para la responsabilidad de la Administración de Justicia que ahora se unifica con la normativa general de responsabilidad del Estado. El artículo 296 se modifica así: «1. Los daños y perjuicios causados por los jueces y magistrados en el ejercicio de sus funciones darán lugar, en su caso, a responsabilidad del Estado por error judicial o por funcionamiento anormal de la Administración de Justicia sin que en ningún caso puedan los perjudicados dirigirse directamente contra aquellos. 2. Si los daños y perjuicios provinieren de dolo o culpa grave del juez o magistrado, la Administración General del Estado, una vez satisfecha la indemnización al perjudicado, podrá exigir, por vía administrativa a través del procedimiento reglamentariamente establecido, al juez o magistrado responsable el reembolso de lo pagado, sin perjuicio de la responsabilidad disciplinaria en que este pudiera incurrir, de acuerdo con lo dispuesto en esta ley».

Se modifica el artículo 212.2 por la disposición final cuarta, punto nueve, que dice ahora: «se permitirá a cualquier interesado el acceso al texto de las sentencias o a determinados extremos de las mismas. Este acceso solo podrá llevarse a cabo previa disociación de los datos de carácter personal que los mismos contuvieran y con pleno respeto al derecho a la intimidad, a los derechos de las personas que requieren un especial deber de tutela, a la garantía del anonimato de los perjudicados, cuando proceda, así como, con carácter general, para evitar que las sentencias puedan ser usadas con fines contrarios a la leyes».

IV. EL PODER JUDICIAL EN LAS CCAA

En principio, la caracterización del Poder Judicial es ajena a todo fraccionamiento, por lo que la distribución territorial del poder, parecería alejada del mismo. Sin embargo, la regulación en algunos Estatutos de Autonomía de cuestiones relacionadas con la Administración de Justicia, hace necesaria la diferenciación de algunos de estos conceptos.

La propia Constitución, en su artículo 152, al regular la materia estatutaria, prevé que además de una asamblea legislativa, y un Consejo de Gobierno con funciones ejecutivas, se pueda considerar «un Tribunal Superior de Justicia, sin perjuicio de la jurisdicción que corresponde al Tribunal Supremo (que) culminará la organización judicial en el ámbito territorial de la Comunidad Autónoma. En los Estatutos de las Comunidades Autónomas podrán establecerse los supuestos y las formas de participación de aquellas en la organización de las demarcaciones judiciales del territorio. Todo ello de conformidad con lo previsto en la Ley Orgánica del Poder Judicial y dentro de la unidad e independencia de este».

El Tribunal Constitucional ha resuelto acerca de este supuesto en las SSTC 56/1990 y 62/1990, en las que fija su doctrina al respecto, afirmando que los Tribunales Superiores de Justicia no son órganos de las CCAA, sino los órganos jurisdiccionales superiores de cada Comunidad Autónoma. En este sentido, las CCAA pueden asumir competencias en materia de justicia, siempre que vayan referidas a la Administración de Justicia, lo que se ha llamado «Administración

Judicial» o «Administración de la Administración de Justicia», en referencia a todos aquellos aspectos no jurisdiccionales de la Justicia, como medios materiales o personal administrativo.

V. EL MINISTERIO FISCAL

Aunque el Ministerio Fiscal no forma parte del Poder Judicial, el artículo 124 CE lo regula en el mismo Título VI y atribuye a esta institución relieve constitucional. Lo define la Constitución por sus funciones, que sin perjuicio de las que se encomienden a otros órganos, son las de promoción de la justicia en defensa de la legalidad, de los derechos de los ciudadanos y del interés público tutelado por la ley, de oficio o a instancia de los interesados.

El Ministerio Fiscal se articula a través de los principios de unidad de actuación, de dependencia jerárquica, de legalidad y de imparcialidad.

La Constitución exige la regulación por ley de un Estatuto del Ministerio Fiscal, que ha tenido lugar por la Ley 50/1981, de 30 de diciembre, que sigue hoy vigente, tras sucesivas modificaciones.

En dicha ley se articulan estos principios y se explicitan las posiciones de esta figura, que si bien no es Poder Judicial, tampoco pertenece a la Administración del Estado, exigiendo su independencia un estatus específico, que justifica la regulación constitucional.

Sin embargo, la independencia del Ministerio Fiscal, en la medida en que en su cúspide depende del Fiscal General del Estado, que es nombrado por el Rey a propuesta del Gobierno y oído el Consejo General del Poder Judicial, lo convierte de facto en una figura de clara referencia del Poder Ejecutivo.

VI. EL JURADO

La institución del Jurado ha sido una de las más reivindicadas por las fuerzas democráticas en el proceso de la transición política. El Jurado coadyuva al entendimiento de la justicia democrática y a subsanar el déficit de legitimidad de que adolece el Poder Judicial, en la medida en que no es un poder elegido directa ni indirectamente por el pueblo, sino un conjunto de jueces con un estatus funcionarial que aplican las leyes, que sí han sido aprobadas por la voluntad popular. Esta situación supone una relativa quiebra de legitimidad, dado que la aplicación de las leyes en un sistema constitucional valorativo exige, por parte de jueces y tribunales, la adhesión a esos valores y no la mera aplicación automática de las leyes.

La opción del constituyente por un modelo de Poder Judicial circunscrito a la figura del juez, depositario a título individual de ese poder, sin posibilidad de articular colectivamente un poder del Estado, sino entendiendo este como actualización en la función judicial, ha tenido como consecuencia obligada la regulación de un Consejo General del Poder Judicial limitado a funciones administrativas y carente de poder real.

El poder en cuanto ejercicio de la función jurisdiccional, que se concreta en la actuación, pero no tiene corporeidad permanente en una institución, produce la percepción social de una fragmentación y multiplicidad de cada actuación judicial, pero no de ese poder en su conjunto.

En este contexto, el Jurado aparece en el sistema judicial como un factor de legitimación del Poder Judicial.

El artículo 125 CE establece que «los ciudadanos podrán ejercer la acción popular y participar en la Administración de la Justicia mediante la institución del Jurado, en la forma y con respecto a aquellos procesos penales que la ley determine, así como en los procesos consuetudinarios y tradicionales».

El Jurado se ha regulado por la LO 5/1995, del Tribunal del Jurado. En ella se regula un tipo de Jurado, como un órgano no permanente sino sujeto a un caso concreto, que tendrá competencia para el enjuiciamiento de los delitos atribuidos a su conocimiento y fallo por la ley.

La composición del Jurado será de nueve miembros y un magistrado integrante de la Audiencia Provincial que lo presidirá. Su función es la de dirimir un veredicto, declarando probado o no probado el hecho justiciable que el magistrado-ponente haya determinado como tal, así como aquellos otros hechos que decida incluir en su veredicto y no impliquen variación sustancial de aquel.

Los miembros del Jurado actuarán conforme a los principios de independencia, responsabilidad y sumisión a la ley a los que se refiere el artículo 117 CE. El nombramiento de miembro del Jurado es al mismo tiempo un derecho y un deber, en la medida en que salvo las causas previstas, no puede excusarse su actuación.

Las funciones se retribuirán e indemnizarán en la cuantía que reglamentariamente se determine.

Son requisitos para ser elegido miembro del Jurado, el de ser mayor de edad, encontrarse en el pleno ejercicio de los derechos políticos, saber leer y escribir, vivir en el municipio donde se haya cometido el delito, y no tener impedimento físico que incapacite.

No podrán ser miembros del Jurado los condenados por delito doloso, los procesados o acusados respecto de los cuales se haya aperturado juicio y los suspendidos en un procedimiento penal, en su empleo o cargo público, mientras dure la suspensión.

Hay igualmente un cuadro de incompatibilidades para ser miembro de un Jurado y otro de prohibiciones, en función de ser o no cargo público, determinadas profesiones o pertenencia a determinadas instituciones. Existen también unas causas para la excusa de actuación ante el Jurado.

La ley prevé un procedimiento de designación del Jurado con garantías para las partes y para su disolución una vez cumplida la función a la que han sido llamados. Regula asimismo el proceso y votación en la causa y el contenido de las actas de las sesiones que se celebren en relación al proceso.

VII. BIBLIOGRAFÍA

ÁLVAREZ CONDE, E.: «El ámbito competencial del Consejo General del Poder Judicial», en *Revista del Centro de Estudios Constitucionales*, n.º 17, 1993.

BALAGUER CALLEJÓN, F. (coord.): *Introducción al Derecho Constitucional*, 6.ª ed., Tecnos, Madrid, 2017.

— (coord.): *Manual de Derecho Constitucional*, tomos I y II, 12.ª ed., Tecnos, Madrid, 2017.

BALAGUER CALLEJÓN, M. L.: *Interpretación de la Constitución por la jurisdicción ordinaria*, Cívitas, Madrid. 1990.

CÁMARA VILLAR, G.: «Justicia y política en la España democrática», en VVAA (coord. LÓPEZ GUERRA, L.), *Estudios de Derecho Constitucional*, Tirant lo Blanch, Valencia, 2001, pp. 393 ss.

DÍEZ-PICAZO, L. M.: *El régimen constitucional del Poder Judicial*, Cívitas, Madrid, 1991.

GRANADOS, F.: *El Ministerio Fiscal (del presente al futuro)*, Tecnos, Madrid, 1989.

HERNÁNDEZ MARTÍN, V.: *Independencia del juez y desorganización judicial*, Cívitas, Madrid, 1992.

HUERTAS CONTRERAS, M.: *La configuración política del Poder Judicial en España*, Universidad de Granada, Granada, 1995.

LÓPEZ AGUILAR, J. F.: *Justicia y Estado autonómico*, Cívitas, Madrid, 1994.

LÓPEZ GUERRA, L.:«Estado Autonómico y Tribunal Superior de Justicia», en VVAA (coord. LÓPEZ GUERRA, L.), *Estudios de Derecho Constitucional*, Tirant lo Blanch, Valencia, 2001, pp. 459 ss.

MARCHENA GÓMEZ, M.: *El Ministerio Fiscal (su pasado y su futuro)*, Marcial Pons, Madrid, 1992.

MARTÍNEZ DALMAU, R.: *Aspectos constitucionales del Ministerio Fiscal*, Tirant lo Blanch, Valencia, 1999.

MARTÍNEZ RUANO, P.: «El Poder Judicial», *Manual de derecho constitucional*, 2020, pp. 319-331.

MOVILLA, C., y ANDRÉS, P.: *El Poder Judicial*, Tecnos, Madrid, 1986.

NAVAS SÁNCHEZ, M. M.: *Poder Judicial y sistema de fuentes. La potestad normativa del Consejo General del Poder Judicial*, Cívitas, Madrid, 2002.

PORRAS RAMÍREZ, J. M.: «Fundamento, naturaleza, extensión y límites de la potestad reglamentaria del Consejo General del Poder Judicial», *REP*, n.º 87, 1995.

REQUEJO PAGÉS, J. L.: *Jurisdicción e independencia del juez*, CEC, Madrid, 1989.

SÁNCHEZ BARRILAO, J. F.: *Las funciones no jurisdiccionales de los jueces en garantías de derechos*, Cívitas, Madrid, 2002.

TEROL BECERRA, M.: *El Consejo General del Poder Judicial*, CEC, Madrid, 1993.

VVAA (coord. ARNALDO ALCUBILLA, E., e IGLESIAS, S.): *El Pacto de Estado para la Reforma de la Justicia*, CEPC, Madrid, 2002.

XIOL, J. A.; RODRÍGUEZ ZAPATA, J., y GONZÁLEZ RIVAS, J. J.: *El Consejo General del Poder Judicial en el Estado social y democrático de Derecho*, Poder Judicial, Madrid, 1986.

LECCIÓN 7

EL TRIBUNAL CONSTITUCIONAL

I. NATURALEZA Y FUNCIONES DE LA JUSTICIA CONSTITUCIONAL

La Constitución dedica al TC el Título IX, comprendiendo desde el artículo 159 a 165 CE, ambos inclusive. El desarrollo del Título IX de la Constitución se efectúa por la Ley Orgánica 2/1979, de 3 de octubre, del Tribunal Constitucional.

La Constitución Española no define en ningún momento la naturaleza del TC, sino que entra directamente a regular su composición y competencias. El artículo 159.1 de la Constitución establece que el TC se compone de doce miembros nombrados por el Rey: cuatro de ellos propuestos por el Congreso, cuatro por el Senado, dos por el Gobierno y dos por el Consejo General del Poder Judicial. Su nombramiento, pues, implica a los tres poderes del Estado, pero no en el mismo grado de participación, pues las Cortes proponen en total a ocho de los doce miembros. Además, el grado de consenso necesario para la propuesta en el legislativo es muy alto, porque la mayoría de tres quintos exige el acuerdo de la práctica totalidad de las fuerzas políticas con representación parlamentaria.

Para ser nombrado magistrado del Tribunal Constitucional es necesario ser jurista de reconocida competencia, pertenecer a determinadas categorías profesionales (magistrados y fiscales, profesores de Universidad, funcionarios públicos y abogados) y tener más de quince años de ejercicio profesional.

El sistema de renovación está constitucionalizado de tal modo que no permite que se produzcan cambios bruscos en la doctrina del Tribunal Constitucional, en la medida en que cada tres años se renovará un tercio de sus miembros, de modo que la integración de cuatro magistrados nuevos cada tres años no llevaría a una renovación total del Tribunal hasta transcurridos nueve años, lo que de entrada implica más de dos legislaturas parlamentarias. De este modo se mantiene también una mayor independencia del Tribunal respecto de las mayorías gobernantes.

El artículo 160 CE regula el nombramiento del presidente del Tribunal Constitucional por el Rey de entre sus miembros, a propuesta del Pleno del Tribunal, por un período de tres años. Por su parte, la LOTC, en su artículo 9, detalla el procedimiento de elección por el Pleno del presidente en votación secreta. Para la proposición del presidente al Rey será necesario que la persona elegida haya obtenido la mayoría absoluta, es decir, siete votos, por lo que, de no ser así, deberá repetirse la votación, en cuyo caso bastará con la mayoría simple. En caso de empate, se intentará una última votación, y, si no se produce el desempate, deberá ser elegido el de mayor antigüedad en el cargo y, caso de ser igual la antigüedad, el de mayor edad. El presidente sólo podrá ser reelegido una vez. En la LOTC está prevista la elección de un vicepresidente, que sustituirá al presidente en los casos de vacante, ausencia o cualquier otro motivo legal, y cuyo mandato será también de tres años.

En cuanto a la estructura del Tribunal, además del Pleno, que integra a la totalidad de los magistrados (y que es presidido por el presidente del Tribunal), el Tribunal está integrado por dos Salas, presididas por el presidente (la Sala primera) y por el vicepresidente del Tribunal (la Sala segunda). Las Salas están integradas por seis magistrados y se encargan de la resolución de los recursos de amparo. Además, tanto el Pleno como las Salas pueden constituir Secciones, que están presididas por el presidente respectivo e integran a otros dos magistrados. Las Secciones se ocupan de las decisiones sobre la admisibilidad o inadmisibilidad de los recursos de amparo. La reforma de la LO 2/1979, de 3 de octubre, por la LO 6/2007, de 24 de mayo, ha dotado, como veremos, de mayores funciones a las Secciones en materia de recursos de amparo.

Respecto de las competencias del TC, hay que tener en cuenta que la Constitución no contiene una enumeración cerrada. El artículo 161 CE, tras establecer algunas de esas competencias, remite a la propia Constitución y a las leyes orgánicas para las demás que se le puedan asignar al Tribunal. Ese ámbito competencial se ha visto alterado a través de las posibilidades que el legislador orgánico tiene, siempre dentro del respeto a la Constitución. Así, el recurso previo de inconstitucionalidad de las leyes orgánicas y de los Estatutos de Autonomía fue una competencia incorporada inicialmente a la LOTC, que se suprimió por la LO 4/1985, de 7 de junio, y que ahora ha sido recuperada en parte por la LO 12/2015, si bien solamente para el control previo de constitucionalidad de los Proyectos de Estatutos de Autonomía o de Reforma de Estatutos. Igualmente se incorporó una nueva competencia, la del conflicto en defensa de la autonomía local, por la LO 7/1999, de 21 de abril. Y finalmente, se ha atribuido otra nueva competencia en la LO 1/2010, de 19 de febrero, por la que se añade a la ley una nueva disposición adicional quinta, que le atribuye competencias sobre la materia fiscal en Álava, Guipúzcoa y Vizcaya.

En la actualidad, las competencias del Tribunal, además de las de orden interno, son las siguientes:

1) El recurso de inconstitucionalidad contra leyes y disposiciones normativas con fuerza de ley.

2) La cuestión de inconstitucionalidad contra normas con rango de ley.

3) El recurso de amparo por violación de los derechos y libertades referidos en el artículo 53 CE.

4) Los conflictos de competencias que enfrenten al Estado contra las Comunidades Autónomas o a estas entre sí.

5) Los conflictos de atribuciones entre órganos constitucionales.

6) El control preventivo de los tratados internacionales.

7) Las impugnaciones de disposiciones sin fuerza de ley y resoluciones de las Comunidades Autónomas reguladas en el Título V LOTC.

8) El conflicto en defensa de la autonomía local que planteen los municipios y provincias frente a las leyes del Estado o de una Comunidad Autónoma.

9) Las atribuidas en la reforma de la LO 1/2010, que adiciona a la LO 2/1979, una nueva disposición adicional quinta, por la que le atribuye la competencia en el conocimiento de los recursos interpuestos contra las normas forales fiscales de los territorios de Álava, Guipúzcoa y Vizcaya, dictadas en el ejercicio de sus competencias exclusivas garantizadas por la disposición adicional 1.ª de la Constitución y reconocidas en el artículo 41.2.*a*) del Estatuto de Autonomía para el País Vasco. Esta competencia comprende también las cuestiones de inconstitucionalidad que se puedan presentar sobre esas normas por parte de la jurisdicción ordinaria.

10) La competencia en el control previo de constitucionalidad contra Proyectos de Estatutos de Autonomía o Reforma de Estatutos.

La LOTC ha tenido varias reformas. La primera lo fue por la LO 8/1984, de 26 de diciembre, que modificó el recurso de amparo constitucional contra las violaciones del derecho de objeción de conciencia. La segunda por la LO 4/1985, de 7 de junio, que suprimió el recurso previo de inconstitucionalidad contra proyectos de leyes orgánicas y de los EEAA. La tercera reforma por la LO 6/1988, de 9 de junio, que modificó el régimen del recurso de amparo, en lo que respectaba a los requisitos de su admisión a trámite, dando competencias a las Secciones para verificar los requisitos de admisibilidad de las demandas. La LO 7/1999, de 21 de abril, creó el conflicto para la defensa de la autonomía local; la LO 1/2000, de 7 de enero, reguló un nuevo plazo para el recurso de inconstitucionalidad en los casos en que hubiera intervenido la Comisión Bilateral de Cooperación entre el Estado y cada una de las CCAA; la LO 6/2007, de 24 de mayo, en la que se llevó a cabo una importante reforma de todo su contenido; la LO 12/2105, de 22 de septiembre, para el establecimiento del recurso previo de inconstitucionalidad para los Proyectos de Ley Orgánica de Estatuto de Autonomía o de su modificación: a través de esta reforma legislativa, se vuelve a introducir el recurso previo de inconstitucionalidad que figuró originariamente en la LO 2/1979, de 3 de octubre, del Tribunal Constitucional, si bien entonces el recurso previo se estableció para recurrir cualquier Ley Orgánica, y ahora se reduce a la materia autonómica de los EEAA. Finalmente, la LO 15/2015, de 16 de octubre, de reforma de la Ley Orgánica 2/1979, de 3 de octubre, del Tribunal Constitucional, para la ejecución de las resoluciones del Tribunal Constitucional como garantía del Estado de Derecho: esta última reforma ha resultado polémica, en la medida en que puede politizar una institución, que de por sí se ve obligada a resolver asuntos que desbordan el contenido propio de las funciones jurisdiccionales.

II. EL RECURSO DE INCONSTITUCIONALIDAD

En lo que al control de constitucionalidad de las leyes se refiere, las normas objeto de control están enumeradas en el artículo 27.2 LOTC y son las siguientes:

a) Los Estatutos de Autonomía y las demás leyes orgánicas.

b) Las demás leyes, disposiciones normativas y actos del Estado con fuerza de ley. En el caso de los decretos legislativos, la competencia del Tribunal se entiende sin perjuicio de lo previsto en el número 6 del artículo 82 de la Constitución.

c) Los tratados internacionales.

d) Los Reglamentos de las Cámaras y de las Cortes Generales.

e) Las leyes, actos y disposiciones normativas con fuerza de ley de las Comunidades Autónomas, con la misma salvedad formulada en el apartado *b*) respecto a los casos de delegación legislativa.

f) Los reglamentos de las Asambleas legislativas de las Comunidades Autónomas.

El recurso de inconstitucionalidad está en el origen mismo de la justicia constitucional. Como recurso, su naturaleza jurídica es la propia de un recurso jurisdiccional, con las notas inherentes a todo proceso, es decir, se inicia con una demanda y concluye usualmente con una sentencia.

Pero su dimensión política le confiere además una peculiar eficacia como medio de pacificación de las controversias entre la minoría política y la mayoría parlamentaria. De acuerdo con el artículo 162.1.*a*) CE, el recurso de inconstitucionalidad se puede interponer por el presidente del Gobierno, el Defensor del Pueblo, cincuenta diputados, cincuenta senadores, los órganos colegiados ejecutivos de las Comunidades Autónomas y, en su caso, las Asambleas de las mismas. Tienen legitimación activa para la interposición de un recurso de inconstitucionalidad según la Constitución:

1. Órganos unipersonales: presidente del Gobierno y Defensor del Pueblo.
2. Fracciones de órganos. Un número de cincuenta diputados del Congreso o cincuenta senadores.
3. Órganos pluripersonales. Son los Consejos Ejecutivos y las Asambleas legislativas de las CCAA en el ejercicio de sus respectivos intereses.

El planteamiento del recurso de inconstitucionalidad no tiene, en general, efectos suspensivos, por lo que la vigencia de la norma se mantiene hasta tanto recaiga la decisión del TC. Sin embargo, hay un supuesto en el que es posible la suspensión de la vigencia de la norma, como es el de aquellos recursos que se plantean por el Gobierno contra las leyes y las normas con valor de ley de las Comunidades Autónomas con invocación expresa del artículo 161.2 CE. De acuerdo con lo dispuesto en ese precepto, «El Gobierno podrá impugnar ante el Tribunal Constitucional las disposiciones y resoluciones adoptadas por los órganos de las Comunidades Autónomas. La impugnación producirá la suspensión de la disposición o resolución recurrida, pero el Tribunal, en su caso, deberá ratificarla o levantarla en un plazo no superior a cinco meses».

El procedimiento del recurso de inconstitucionalidad se inicia mediante demanda ante el Tribunal Constitucional, que deberá formularse, en el plazo de tres meses a partir de la publicación de la ley, disposición o acto con fuerza de ley impugnado.

Son objeto de control de constitucionalidad en los recursos de inconstitucionalidad, en primer lugar, las leyes estatales. El artículo 27.2 LOTC siguiendo lo establecido en el artículo 161.1.*a*) de la Constitución delimita las normas objeto del control de constitucionalidad: leyes y disposiciones normativas con rango de ley, decretos-leyes y decretos legislativos.

III. LA CUESTIÓN DE INCONSTITUCIONALIDAD

En el artículo 163 CE se determina que «cuando un órgano jurisdiccional considere, en algún proceso, que una norma con rango de ley, aplicable al caso, de cuya validez dependa el fallo, pueda ser contraria a la Constitución, planteará la cuestión ante el Tribunal Constitucional en los supuestos, en la forma y con los efectos que establezca la ley, que en ningún caso serán suspensivos». La Constitución ha recogido la figura de la cuestión de inconstitucionalidad de forma separada a los demás procesos constitucionales. Con la cuestión de inconstitucionalidad se pretende una forma de colaboración entre la justicia ordinaria y la justicia constitucional, en la depuración de aquellas leyes que puedan ser contrarias a la Constitución y que el juez por sí mismo no puede dejar de aplicar, porque está sujeto a la ley. Sin embargo, también está sujeto a la Constitución y, en ese sentido, hay ocasiones en que la ley y la Constitución pueden entrar en contradicción, sin que el juez esté facultado para optar directamente por el texto constitucional obviando la aplicación de la ley.

La regulación legal de la cuestión de inconstitucionalidad se lleva a cabo en los artículos 35 a 37 LOTC. Esta regulación ha demostrado ser insuficiente, porque en solo tres artículos se ha pretendido ordenar un procedimiento complicado y difícil, sin antecedentes en nuestro ordenamiento jurídico. Ello ha comportado críticas importantes en la doctrina que, desde el principio, vio la necesidad de una reforma legislativa de la LOTC. En la LO 6/2007, de 24 de mayo, se solventan algunos de los problemas de la regulación inicial.

La legitimación activa para la interposición de una cuestión de inconstitucionalidad corresponde solamente a los órganos jurisdiccionales, aunque la LOTC ha establecido la posibilidad de que las partes en el proceso puedan instar al juez para que la promueva. El artículo 35.2 LOTC dice que: «El órgano sólo podrá plantear la cuestión una vez concluso el procedimiento y dentro del plazo para dictar sentencia, o la resolución jurisdiccional que procediese, y deberá concretar la ley o norma con fuerza de ley cuya constitucionalidad se cuestiona, el precepto constitucional que se supone infringido y especificar en qué medida la decisión del proceso depende de la validez de la norma en cuestión. Antes de adoptar mediante auto la decisión definitiva, el órgano judicial oirá a las partes y al Ministerio Fiscal para que en el plazo común e improrrogable de diez días puedan alegar lo que deseen sobre la pertinencia de plantear la cuestión de inconstitucionalidad o sobre el fondo de esta; seguidamente y sin más trámite, el juez resolverá en el plazo de tres días. Dicho auto no será susceptible de recurso de ninguna clase. No obstante, la cuestión de inconstitucionalidad podrá ser intentada de nuevo en las sucesivas instancias o grados en tanto no se llegue a sentencia firme».

Se suspenden las actuaciones tras el planteamiento de la cuestión, hasta que se pronuncie el TC sobre la admisión de esta. Una vez admitida a trámite, el proceso judicial permanecerá suspendido hasta que se resuelva definitivamente la cuestión. La regulación anterior no preveía la suspensión, sino que obligaba a plantear la cuestión, «una vez concluso el procedimiento y dentro del plazo para dictar sentencia».

El artículo 37, en su nueva regulación, da entrada a las partes del proceso judicial en la cuestión de inconstitucionalidad de esta forma: «Publicada en el *Boletín Oficial del Estado* la admisión a trámite de la cuestión de inconstitucionalidad, quienes sean parte en el procedimiento judicial podrán personarse ante el Tribunal Constitucional dentro de los quince días siguientes a su publicación, para formular alegaciones, en el plazo de otros quince días». Es una escueta regulación, a través, además, del *BOE*, a unas partes, cuyos domicilios constan en el procedimiento y que pueden ser directamente requeridas pero, al menos, confiere la posibilidad de que estas puedan defenderse en un proceso que les afecta directamente.

El artículo 35.1 LOTC exige tres requisitos para que se pueda plantear una cuestión de inconstitucionalidad: que se trate de una norma con rango de ley, que sea determinante para el fallo y que pueda ser contraria a la Constitución. El órgano judicial debe establecer una motivación clara de las causas de inconstitucionalidad invocadas y de la relevancia que para la decisión del caso tiene la ley cuestionada, hasta el punto de que una de las causas de inadmisión de la cuestión es precisamente la falta de motivación, por parte del juez, del auto por el que eleva la cuestión. Es de resaltar, por tanto, la excepcionalidad de este proceso, ya que la cuestión de inconstitucionalidad no puede ser un instrumento en manos del juez «para obtener pronunciamientos innecesarios o indiferentes para la decisión del proceso» (STC 17/1981, FJ 1).

IV. LA AUTOCUESTIÓN O CUESTIÓN INTERNA DE INCONSTITUCIONALIDAD

El artículo 55.2 LOTC establecía que «en el supuesto de que se estime el recurso de amparo porque la ley aplicada lesiona derechos fundamentales o libertades públicas, la Sala elevará la cuestión al Pleno, que podrá declarar la inconstitucionalidad de dicha ley en nueva sentencia con los efectos ordinarios previstos en los artículos 38 y siguientes. La cuestión se sustanciará por el procedimiento establecido en los artículos 37 y concordantes». Se trata de lo que la doctrina denomina «autocuestión» o «cuestión interna de inconstitucionalidad» y, a veces, también «cuestión sucesiva». El TC, sin embargo, siempre ha utilizado la denominación de «cuestión de inconstitucionalidad», como si se tratara de cualquier cuestión presentada por la jurisdicción ordinaria. En la reforma tampoco habla el legislador de autocuestión o cuestión interna, limitándose a cambiar la redacción anterior por esta: «En el supuesto de que el recurso de amparo debiera ser estimado porque, a juicio de la Sala o, en su caso, la Sección, la ley aplicada lesione los derechos fundamentales o libertades públicas, se elevará la cuestión al Pleno con suspensión del plazo para dictar sentencia, de conformidad con lo prevenido en los artículos 35 y siguientes».

Es una posibilidad que resulta de la interposición de un recurso de amparo, por lo que sistemáticamente aparece regulada como uno de los efectos de las sentencias dictadas en los procesos de amparo. Tras los efectos habituales de estas sentencias, el artículo 55.2 LOTC preveía otro efecto más, cuando la vulneración del derecho se produce por la aplicación de una ley: la elevación al Pleno del TC de una cuestión «que podrá declarar la inconstitucionalidad de dicha ley en nueva sentencia con los efectos ordinarios previstos en el artículo 38 y siguientes». Ahora nada se dice de los efectos de la sentencia dictada en la cuestión interna, pero la remisión al artículo 35 y siguientes, puede ser suficiente para entender que estamos ya ante una cuestión más de inconstitucionalidad con todos los efectos inherentes a este proceso.

Se trata de un procedimiento que se inicia de oficio por la Sala del Tribunal Constitucional que ha estimado el amparo, pero no se desprendía con claridad, de la redacción del artículo 55.2 LOTC, si el planteamiento de la autocuestión tenía carácter facultativo u obligatorio, en la medida en que no contenía un mandato imperativo o una naturaleza potestativa, sino justamente imprecisa, en cuanto que decía «elevará», con lo que podía entenderse tanto la obligación inexcusable de plantear la autocuestión, como la posibilidad de no hacerlo.

V. EL RECURSO DE AMPARO

El párrafo *b*) del artículo 161.1 de la Constitución atribuye al TC la jurisdicción para conocer el recurso de amparo, en los términos que el artículo 53, apartado 2, reconoce: «Cualquier ciudadano podrá recabar la tutela de las libertades y derechos reconocidos en el artículo 14 y la Sección 1.ª del Capítulo II ante los Tribunales ordinarios por un procedimiento basado en los principios de preferencia y sumariedad y, en su caso, a través del recurso de amparo ante el Tribunal Constitucional». Los casos y formas establecidos en la ley se regulan en la LOTC (arts. 41 ss.) y en algunas otras leyes orgánicas que, con posterioridad, han regulado el recurso de amparo por la misma naturaleza de los derechos en ellas contenidos.

Están legitimados por el artículo 162.1.*b*) de la Constitución «toda persona natural o jurídica que invoque un interés legítimo, así como el Defensor del Pueblo y el Ministerio Fiscal». En cuanto a la legitimación pasiva, los artículos 41 y siguientes de la LOTC, por los que se regula el recurso de amparo, hablan en todo momento de una defensa de los derechos fundamentales frente a los poderes públicos, ya sea frente a los actos, vías de hecho y otras situaciones del Poder Ejecutivo, del Poder Legislativo o del Poder Judicial.

El recurso de amparo se puede interponer ante el TC en relación con la vulneración de los derechos constitucionales reconocidos en los artículos 14 a 29 CE, además de por la lesión del derecho a la objeción de conciencia del artículo 30 CE. De acuerdo con el artículo 41.2 LOTC, el recurso de amparo constitucional protege a todos los ciudadanos frente a las violaciones de esos derechos y libertades originadas por disposiciones, actos jurídicos o simple vía de hecho de los poderes públicos del Estado, las Comunidades Autónomas y demás entes públicos de carácter territorial, corporativo o institucional, así como de sus funcionarios o agentes.

Los artículos 48 y siguientes de la LOTC regulan el procedimiento por el que se ha de tramitar el recurso de amparo. A diferencia de los procesos de inconstitucionalidad, el conocimiento de los recursos de amparo viene atribuido por el artículo 11.1 LOTC a las Salas del Tribunal y, después de la última reforma, a las Secciones. El artículo 50 regula el procedimiento de la tramitación del recurso de amparo: es la Sección la que dicta la providencia de admisión a trámite después de comprobar los siguientes requisitos:

1) que se cumplan las exigencias de los artículos 41, 46 y 49;

2) que el contenido del recurso justifique una decisión sobre el fondo del asunto, que ha de constatarse en función de la especial trascendencia de este, vista desde la interpretación de la Constitución, de su aplicación o eficacia general, y todo ello para la determinación y el alcance de los derechos fundamentales. Aquí la redacción incurre en una confusión de conceptos, que probablemente no sea la más acertada: interpretación, aplicación y eficacia de la Constitución, referida a los derechos fundamentales, es una cuestión relativamente compleja que deja en manos del Tribunal la posibilidad de inadmisión con un amplio margen de decisión.

Respecto de la lesión cuya reparación se pretende, esta ha de ser real, concreta, efectiva y cierta. El TC ha rehusado entrar a conocer acerca de situaciones meramente cautelares, temidas, potenciales o futuras (STC 27/1997, de 11 de febrero).

En cuanto a los efectos de las sentencias dictadas en recurso de amparo, el artículo 54 exige que, tanto las Secciones como las Salas, limitarán su función a concretar la violación de los derechos fundamentales lesionados «y se abstendrán de cualquier otra consideración sobre la actuación de los órganos jurisdiccionales».

VI. LOS CONFLICTOS INSTITUCIONALES Y COMPETENCIALES

El artículo 161.1.*c*) de la Constitución española recoge las competencias del TC en materia de conflictos de competencias entre el Estado y las CCAA, y de estas entre sí.

El Título IV LOTC (arts. 59 a 75) regula los conflictos constitucionales. En primer lugar, los conflictos de competencias, en desarrollo de la previsión constitucional del artículo 161.1.*c*), y, en segundo lugar, los conflictos entre órganos constitucionales del Estado.

Se produce una ampliación material en la LOTC respecto de los conflictos entre órganos constitucionales del Estado, no previstos inicialmente en la Constitución.

Las posibilidades de plantear un conflicto constitucional se presentan entre:

— El Estado y una CA.
— Dos o más CCAA entre sí.
— Cualesquiera órganos constitucionales entre sí.

En cuanto a la primera posibilidad, los conflictos entre el Estado y una CA se podrán plantear por parte del Gobierno o de los órganos ejecutivos de las CCAA.

1. Los conflictos institucionales

La doctrina ha señalado los requisitos necesarios para poder hablar de conflictos entre órganos constitucionales. Son necesarios los siguientes elementos:

— Un requisito subjetivo consistente en la legitimación activa o pasiva, que se concreta en la capacidad para ser parte.
— Un requisito objetivo, constituido por la materia del conflicto.
— Un requisito de forma, consistente en la formulación previa del requerimiento al órgano supuestamente incompetente, efectuado en plazo.
— Un requisito finalista, que se concreta en la reivindicación de la competencia para el órgano que requiere la competencia.

El artículo 59 LOTC fija los órganos constitucionales legitimados activa y pasivamente para interponer los conflictos interorgánicos: está legitimado el Gobierno con relación al Congreso de los Diputados, al Senado o al Consejo General del Poder Judicial y cualquiera de estos órganos entre sí. La LO 2/1982, de 12 de mayo, del Tribunal de Cuentas, ha extendido a este órgano constitucional la legitimación para interponer el conflicto entre órganos constitucionales en su artículo 8, que dice: «Los conflictos que se susciten sobre las competencias o atribuciones del Tribunal de Cuentas serán resueltos por el Tribunal Constitucional».

Los conflictos entre órganos constitucionales del Estado se refieren a la eventual usurpación de competencias de otro órgano constitucional, en atribuciones que considera propias. Se requiere una previa notificación al órgano que se supone indebidamente atribuido, para que revoque su decisión, en el plazo de un mes desde que se produce esta, y con el plazo de otro mes a partir de la petición de revocación. Transcurridos estos plazos sin que se haya efectuado la revocación, el órgano que se considera competente podrá acudir al TC en el plazo de un mes a contar desde el transcurso del mes. El TC resolverá mediante sentencia donde expresará «a qué órgano corresponden las atribuciones constitucionales controvertidas y declarará nulos los actos ejecutados por invasión de atribuciones y resolverá, en su caso, lo que procediere sobre las situaciones jurídicas producidas al amparo de los mismos».

Para que exista legitimación son necesarios dos requisitos: primero, que venga reconocida en el artículo 59.3 LOTC y, segundo, que, en el caso concreto en el que se va a ejercitar la acción, exista un nexo causal entre el órgano actor y las atribuciones defendidas. Este segundo aspecto, que exige el TC en la legitimación activa, está más cerca de lo que constituye el objeto mismo del proceso que de un requisito de configuración formal como debe entenderse el mismo objeto del proceso. En definitiva, esto es precisamente lo que se cuestiona: si la competencia corresponde o no al órgano que pretende ejercitarla.

Sin embargo, esta fue la construcción técnica por la que el TC desestimó, en la STC 45/1986, el conflicto presentado por el CGPJ contra las Decisiones del Congreso de los Diputados de 28 de marzo y 20 de junio de 1985 y del Senado de 13 de junio del mismo año, sobre el Proyecto de Ley Orgánica del Poder Judicial que, en el artículo 119 y en su disposición adicional 1.ª, legislaban acerca del nombramiento de los miembros del Consejo y de la potestad reglamentaria del Gobierno en relación con el CGPJ.

La exigencia legal de que venga adoptado el Acuerdo por los respectivos plenos de los órganos constitucionales que promueven el conflicto, contenida en el artículo 73.1 LOTC, junto a la necesidad ineludible de acordar el requerimiento, permite distinguir varios aspectos de la legitimación. La titularidad pertenece al órgano; la decisión la adopta a través de su Plenario, la defiende y representa un técnico (letrado o abogado del Estado) y, en cuanto a la legitimación pasiva, la contestación al requerimiento no exige Plenario, sino contestación de la Mesa o presidente.

El escrito de requerimiento adoptado por el órgano que recaba la competencia ha de ser motivado. Su motivación ha de ir dirigida a la demostración con argumentos jurídicos de que la competencia corresponde al órgano que la requiere. Por su parte, la contestación ha de mantenerse asimismo dentro de los límites del requerimiento, y como una contestación ordenada y pacífica a los argumentos jurídicos utilizados en él.

Transcurrido el plazo de un mes desde el requerimiento sin que se haya producido contestación por parte del órgano requerido, o contestado negativamente el requerimiento, queda expedita la vía jurisdiccional ante el TC para interponer el conflicto entre órganos constitucionales del Estado. A diferencia del artículo 63.5 LOTC, que regula los conflictos positivos de competencias, o de los artículos 68.3 y 72.1, en el caso de los conflictos negativos de competencias, el apartado 2 del artículo 73 no establecía plazo para la interposición de la demanda ante el TC: decía solamente que «presentará escrito en el que se especificarán los preceptos que considera vulnerados y formulará las alegaciones que considere oportunas».

2. Conflictos de competencia

El párrafo *c*) del apartado 1 del artículo 161 de la Constitución atribuye al TC la competencia para el conocimiento de los conflictos de competencia entre el Estado y las CCAA, o de los de estas entre sí.

La LOTC, en desarrollo de este precepto constitucional, los regula en los artículos 60 y siguientes, distinguiendo entre conflictos positivos o negativos de competencia. Los primeros son aquellos que se suscitan entre el Estado y las CCAA cuando ambos consideran que determinada disposición o resolución invade competencias que les corresponden.

Los conflictos negativos de competencia, por el contrario, se refieren a aquellas situaciones en las que el Estado o alguna Comunidad Autónoma no se consideran competentes para dictar resoluciones o disposiciones, que consideran competencia de otra Comunidad Autónoma o, en su caso, del Estado.

3. Los conflictos positivos de competencia

Los conflictos positivos de competencia se regulan en los artículos 62 y siguientes de la LOTC. El artículo 62 establece que cuando el Gobierno considere que una disposición o resolución de una Comunidad Autónoma no respeta el orden de competencias establecido en la Constitución, en los Estatutos de Autonomía o en las leyes orgánicas correspondientes, podrá formalizar directamente ante el Tribunal Constitucional, en el plazo de dos meses, el conflicto de competencia, o hacer uso del previo requerimiento, sin perjuicio de las posibilidades que le asisten de la invocación del artículo 161.2 CE.

Por su parte, las CCAA, a través de sus órganos ejecutivos correspondientes, cuando consideren que el Estado u otra Comunidad Autónoma no respetan el orden de competencias establecido en la Constitución, en los Estatutos de Autonomía o en las leyes correspondientes, siempre que afecte a su propio ámbito, podrán requerir a esos entes para que dejen sin efecto las disposiciones o actos dictados por ellos.

La legitimación activa para interponer el conflicto de competencia corresponde al Estado, en el caso de que considere que la competencia es suya frente a aquella Comunidad Autónoma que la haya ejercitado mediante el dictado de alguna disposición o norma. En el caso de que sea el Estado el que supuestamente ha invadido las competencias, la legitimación activa corresponde a aquella o aquellas Comunidades Autónomas supuestamente invadidas en sus competencias.

La legitimación pasiva, por su parte, corresponde a los órganos ejecutivos del Estado o de las Comunidades Autónomas, en cuanto que han dictado una disposición normativa o realizado un acto capaz de producir una supuesta invasión de competencias. En algunas ocasiones el TC ha permitido a algunas instituciones actuar como coadyuvantes en el proceso (STC 25/1983). Esta figura no tiene un acomodo constitucional propiamente dicho, pero puede entenderse a la luz de la LO 6/1985, de 1 de julio, del Poder Judicial, y de la Ley 29/1998, de 13 de julio, reguladora de la Jurisdicción Contencioso Administrativa. La figura del coadyuvante, como su propio nombre indica, va unida a la del demandante y sigue la suerte procesal de este en cuanto que su posición queda condicionada en todos los trámites procesales, recursos, desistimientos o eventuales transacciones.

El objeto del conflicto consiste en la reivindicación de la titularidad de las competencias. Los demandantes en un conflicto de competencia intentan que el TC declare su titularidad para dictar las disposiciones o efectuar los actos cuya titularidad se han atribuido el Estado o las CCAA.

Constituyen el objeto de un conflicto de competencia tanto las resoluciones dictadas por los órganos del Estado o Comunidades Autónomas, como las disposiciones y actos. Cuando el conflicto lo interpone el Gobierno, el trámite conciliatorio o de requerimiento, es potestativo, pero cuando el conflicto lo interpone una CCAA el trámite de requerimiento al Gobierno es obligatorio. Esto produce una situación de desigualdad de las partes en el proceso, en la medida en que a una de ellas se le exige un requisito para la admisibilidad de la demanda y a la otra no se le exige.

En el escrito de interposición tienen que concretarse los preceptos impugnados y motivar las razones de la supuesta inconstitucionalidad (STC 36/1996, de 10 de febrero, FJ 1).

4. Los conflictos negativos de competencia

Los conflictos negativos de competencia se recogen en los artículos 68 y siguientes de la LOTC, que regulan el procedimiento de conflicto ante el TC, cuando un órgano del Estado decline su competencia para resolver cualquier pretensión deducida ante él por personas físicas o jurídicas. Igualmente cabe plantear conflicto negativo de competencia cuando la solicitud se haya presentado ante una Comunidad Autónoma y esta haya declinado su competencia por entender que corresponde al Estado o a otra Comunidad Autónoma.

Se requiere para la presentación del conflicto que un órgano de la Administración estatal «decline su competencia para resolver cualquier pretensión deducida ante el mismo por persona física o jurídica», por entender que la competencia corresponde a una CA, o, viceversa, que una CA decline su competencia en idéntico caso, porque entienda que corresponde al Estado o a otra CA (art. 68 LOTC).

También cabe el conflicto negativo de competencia cuando el Gobierno requiera a una CCAA para que ejercite las atribuciones propias de la competencia que a la Comunidad atribuya su Estatuto o una ley orgánica de delegación o transferencia.

La legitimación activa la tienen tanto el Estado como los particulares que, habiendo solicitado un pronunciamiento, no vean satisfecha su pretensión por una inhibición de la Administración del Estado o de las CCAA. De modo que, a diferencia del conflicto positivo de competencia, en el negativo se prevé, además, el supuesto de que la incoación del proceso sea resultado de la actuación de un particular, persona física o jurídica, que no haya obtenido una resolución de la Administración por negativa basada en la declinación de la competencia para resolver.

No cabe, sin embargo, legitimación activa de las CCAA en los conflictos negativos.

La legitimación pasiva corresponde al Gobierno y a las CCAA. Dice el artículo 69 LOTC que, una vez recibida la solicitud de planteamiento de conflicto, el TC dará traslado del auto, declarando el conflicto, a todas las Administraciones implicadas, así como a cualesquiera otras que el Tribunal considere competentes.

Se inicia el procedimiento por un escrito al que deberá acompañar la documentación acreditativa de haber agotado los trámites a que se refiere el artículo 68, por los que tanto la Administración central como la autonómica se consideren incompetentes para resolver acerca de la petición del particular. El plazo es de un mes a contar desde la resolución expresa del Estado o CCAA o desde que se deba entender la negativa por silencio administrativo.

La sentencia que el TC dicte en estos procesos contendrá la declaración de cuál es la Administración competente. En el caso de que el conflicto lo promueva el Gobierno contra una CA para que ejercite las atribuciones que le corresponden, podrá contener uno de estos dos pronunciamientos: la declaración de que el requerimiento es procedente con la determinación de un plazo para que la CA ejercite la atribución requerida, o la declaración de que el requerimiento es improcedente.

5. El conflicto en defensa de la autonomía local

La LO 7/1999, de 21 de abril, regula el procedimiento de impugnación de normas del Estado con rango de ley o las disposiciones con rango de ley de las CCAA que lesionen la autonomía local constitucionalmente garantizada. Su regulación modifica el artículo 75 y adiciona al artículo 59 LOTC un segundo párrafo que incluye este proceso, y que dice «El Tribunal Constitucional entenderá también de los conflictos en defensa de la autonomía local». Igualmente modifica el artículo 38.2 y, en las disposiciones adicionales tercera y cuarta, regula algunas condiciones respecto del ejercicio del derecho por los sujetos legitimados.

El tipo de proceso por el que se podía regular la defensa constitucional de la autonomía local fue objeto de un tratamiento doctrinal que debía conciliar esta regulación con el contenido constitucionalmente delimitado en el artículo 162.1.*a*) CE, por el que el número de sujetos legitimados para la interposición del recurso de inconstitucionalidad estaba cerrado por la propia Constitución y, además, por el artículo 161.1.*a*) que impedía, a juicio de algunos, la ampliación del número de procesos.

Se le ha denominado conflicto *sui generis* y es, desde luego, un conflicto atípico. A diferencia de los conflictos de competencias, su objeto de control son las normas con rango de ley del Estado y de las CCAA, lo que parece apuntar a un recurso de inconstitucionalidad encubierto.

Así, en lo que se refiere a la legitimación activa para la interposición del conflicto, es importante la restricción de los sujetos legitimados, que exige los siguientes requisitos: para que lo pueda interponer un solo municipio o provincia, estos han de ser destinatarios únicos de la ley. En la generalidad de los casos, la interposición del conflicto requiere una de estas dos situaciones: la primera es la voluntad conjunta de un número de municipios que supongan, al menos, un séptimo de los existentes en el ámbito territorial de aplicación de la disposición con rango de ley y representen, como mínimo, un sexto de la población oficial del ámbito territorial correspondiente. La segunda requiere un número de provincias que supongan, al menos, la mitad de las existentes en el ámbito territorial de aplicación de la disposición con rango de ley y que representen, como mínimo, la mitad de la población oficial.

El objeto del conflicto lo constituyen las normas del estado con rango de ley o las disposiciones con rango de ley de las CCAA que lesionen la autonomía local constitucionalmente garantizada.

Una vez configurada la voluntad de los sujetos legitimados, todavía hay otro óbice procesal al planteamiento del conflicto que consiste en la solicitud de un dictamen del órgano consultivo correspondiente de la CA que proceda en función del ámbito territorial del conflicto. En las CCAA que no dispongan de este órgano consultivo, o cuando el ámbito de la ley exceda del territorio de una CA, el dictamen corresponderá al Consejo de Estado. No tiene carácter vinculante sino solamente preceptivo, y el plazo para su solicitud es de tres meses a partir de la publicación de la ley objeto del procedimiento de conflicto.

A partir de la emisión del dictamen, el plazo para la interposición del conflicto ante el Tribunal Constitucional es de un mes. Una vez interpuesto el conflicto, el TC podrá acordar mediante auto motivado su inadmisión, bien por falta de legitimación, por otros requisitos exigibles o no subsanables, o por notoriamente infundado. Si se admite a trámite, el TC dará traslado en un plazo de diez días a los órganos legislativos y ejecutivos de la Comunidad Autónoma de la ley objeto de conflicto y, en todo caso, a los órganos legislativo y ejecutivo del Estado.

El párrafo 4 del artículo 75 quinquies parece referirse a la prueba cuando prescribe que el Tribunal podrá solicitar a las partes cuantas informaciones, aclaraciones o precisiones juzgue necesarias para su decisión. Pero en realidad esta prueba no podrá referirse a hechos o situaciones de hecho, si tenemos en cuenta que estamos ante un juicio abstracto de contraste entre la norma legal y la norma constitucional. Las precisiones, aclaraciones o informaciones deberán estar, en todo caso, en función de ese juicio abstracto de constitucionalidad entre las normas, si bien es posible en el trámite de prueba que se puedan presentar documentos o pericias en torno a aspectos de oposición que se hayan formulado de contrario, respecto de plazos, falta de legitimación o cualquier otra excepción procesal que deba dirimirse en sentencia.

Otra gran deficiencia que presenta la regulación del conflicto en defensa de la autonomía local es la exigencia de volver a dictar sentencia de inconstitucionalidad, cuando se ha estimado la lesión de la autonomía local.

La primera sentencia se pronunciará solamente acerca de la lesión o no de la autonomía local. En todo caso se determinará a quién corresponde la competencia controvertida y se resolverá lo que proceda acerca de las cuestiones de hecho o de derecho creadas por la aplicación de la ley ahora lesiva de la autonomía local. Pero en ese primer pronunciamiento del Tribunal Constitucional no se declarará la inconstitucionalidad de la ley, que requiere una segunda sentencia exclusivamente para la declaración de inconstitucionalidad. Y para ello el legislador se remite a los artículos 37 y 38 LOTC que regulan, respectivamente, la tramitación de la cuestión de inconstitucionalidad y los efectos de las sentencias dictadas en los procedimientos de inconstitucionalidad.

Ahora bien, el apartado 6 del artículo 75 quinquies no obliga a este segundo pronunciamiento, sino que lo prevé para el caso de que el Tribunal decida plantearse la cuestión, de modo que parece que esta segunda sentencia no tiene que producirse necesariamente aunque se haya estimado lesión de la autonomía local.

VII. EL CONTROL PREVENTIVO DE CONSTITUCIONALIDAD DE NORMAS EN ESPAÑA

La Ley Orgánica del Tribunal Constitucional, en su redacción inicial, regulaba el recurso previo de inconstitucionalidad contra leyes orgánicas y Estatutos de Autonomía. Este recurso previo de inconstitucionalidad, establecido en el artículo 79 LOTC, fue suprimido por la Ley Orgánica 4/1985, de 7 de junio. Se trataba de un recurso establecido legalmente, dentro de la ampliación de competencias que permite el artículo 161.1.*d*) de la Constitución, y, por tanto, al haber sido establecido en la ley orgánica, y no en la Constitución, podía suprimirse por otra ley orgánica. El recurso previo de inconstitucionalidad de las leyes orgánicas se mostró en nuestro ordenamiento especialmente disfuncional, porque en la práctica sirvió para que la oposición dilatara la tramitación de proyectos de ley, con el mero hecho de la presentación del recurso. No obstante, la LO 12/2015, de 22 de septiembre, de modificación de la Ley Orgánica 2/1979, de 3 de octubre, del Tribunal Constitucional, para el establecimiento del recurso previo de inconstitucionalidad para los Proyectos de Ley Orgánica del Estatuto de Autonomía o su modificación, ha restablecido nuevamente esta modalidad de recurso de inconstitucionalidad, si bien referida solamente a los Estatutos de Autonomía.

De acuerdo con lo previsto en el artículo 95.1 CE, la celebración de un tratado internacional que contenga estipulaciones contrarias a la Constitución exigirá la previa revisión constitucional. En su apartado 2, este mismo precepto contempla la posibilidad de que el Gobierno o cualquiera de las Cámaras pueda requerir al Tribunal Constitucional para que declare si existe o no esa contradicción.

Hay que tener en cuenta que, de acuerdo con lo previsto en el artículo 96.1 CE, los tratados internacionales válidamente celebrados, una vez publicados oficialmente en España, formarán parte del ordenamiento interno. Sus disposiciones solo podrán ser derogadas, modificadas o suspendidas en la forma prevista en los propios tratados o de acuerdo con las normas generales del Derecho internacional. Esta rigidez de los tratados supone un serio inconveniente a efectos de realizar un control de los mismos por parte del Tribunal Constitucional, ya que el Estado no puede excepcionar el cumplimiento de los tratados por motivos de índole interna. Una declaración de inconstitucionalidad que afectara a un tratado internacional plantearía, desde esa perspectiva, un problema de responsabilidad al Estado, pues este carece de capacidad para modificar unilateralmente el tratado, que no podría cumplirse por ser inconstitucional.

De ahí que, junto al control represivo de los tratados, previsto con carácter general en la LOTC [arts. 2.1.*e*) y 27.2.*c*)] por la vía del recurso y la cuestión de inconstitucionalidad, la LOTC, dando cumplimiento a la previsión del artículo 95 CE, haya regulado, en su Título VI, el control preventivo de los tratados internacionales. Así, en su artículo 78 establece que el Gobierno o las Cámaras podrán requerir el Tribunal Constitucional para que se pronuncie acerca de la existencia o no de contradicción entre el tratado y la Constitución.

La decisión del Tribunal Constitucional no es formalmente una sentencia, sino una declaración, pero tiene los efectos propios de una sentencia, de acuerdo con la interpretación realizada por el propio TC en la Declaración de 1 de julio de 1992 (FJ 1), en la que afirma que «Mediante la vía prevista en su artículo 95.2, la Norma fundamental atribuye al Tribunal Constitucional la doble tarea de preservar la Constitución y de garantizar, al tiempo, la seguridad y estabilidad de los compromisos a contraer por España en el orden internacional. Como intérprete supremo de la Constitución, el Tribunal es llamado a pronunciarse sobre la posible contradicción entre ella y un tratado cuyo texto, ya definitivamente fijado, no haya recibido aún el consentimiento del Estado (art. 78.1 LOTC). Si la duda de constitucionalidad se llega a confirmar, el tratado no podrá ser objeto de ratificación sin la previa revisión constitucional (art. 95.1 de la Norma Fundamental). De este modo, la Constitución ve garantizada, a través del procedimiento previsto en el Título X, su primacía, adquiriendo también el tratado, en la parte del mismo que fue objeto de examen, una estabilidad jurídica plena, por el carácter vinculante de la declaración del Tribunal (art. 78 LOTC), como corresponde al sentido de este examen preventivo».

VIII. LAS SENTENCIAS DEL TRIBUNAL CONSTITUCIONAL

Las sentencias del Tribunal Constitucional no se diferencian de las demás sentencias dictadas por los jueces y tribunales ordinarios, y están sometidas a las mismas exigencias que estas. Les alcanza, por tanto, el artículo 120 CE, en virtud del cual serán siempre motivadas y se pronunciarán en audiencia pública. Estas exigencias no se recogen directamente en la LOTC, que se limita a establecer los efectos de las sentencias, pero sí por remisión del artículo 80 de la propia LOTC al artículo 248.3 LOPJ, que recoge las exigencias de las sentencias en su aspecto formal.

El artículo 164 CE determina que «Las sentencias del Tribunal Constitucional se publicarán en el *Boletín Oficial del Estado* con los votos particulares si los hubiere. Tienen el valor de cosa juzgada a partir del día siguiente de su publicación y no cabe recurso alguno contra ellas». La opción del constituyente por el valor de la cosa juzgada para las sentencias dictadas en los procesos de inconstitucionalidad responde al principio de seguridad jurídica.

Ahora bien, cuando se dice que las sentencias dictadas en estos procesos tienen valor de cosa juzgada, se hace referencia a una institución procesal que, en su configuración tradicional, puede tener dificultades de inserción en algunos procesos constitucionales. Así ocurre con la extensión del efecto de cosa juzgada a terceros que no han sido parte en el proceso. Esta extensión se justifica, sin embargo, por las razones de interés público que se dan en los procesos constitucionales.

Los efectos *erga omnes*, es decir frente a todos, están previstos en el artículo 164.1 CE, solo para las sentencias «que declaren la inconstitucionalidad de una ley o de una norma con fuerza de ley y todas las que no se limiten a la estimación subjetiva de un derecho». Hay que tener en cuenta, sin embargo, que las sentencias dictadas por el Tribunal Constitucional se diferencian del resto de las sentencias en que tienen una finalidad adicional al interés subjetivo de las partes: se trata de la dimensión objetiva de los procesos constitucionales. Tanto en las cuestiones y recursos de inconstitucionalidad como en los conflictos de competencia, y aun en el amparo, el Tribunal Constitucional tiene un interés que trasciende al caso del proceso: la depuración del ordenamiento, y la garantía de la supremacía de la Constitución.

En cuanto a los efectos, el artículo 40.Uno LOTC establece que «Las sentencias declaratorias de la inconstitucionalidad de Leyes, disposiciones o actos con fuerza de Ley no permitirán revisar procesos fenecidos mediante sentencia con fuerza de cosa juzgada en los que se haya hecho aplicación de las Leyes, disposiciones o actos inconstitucionales, salvo en el caso de los procesos penales o contencioso-administrativos referentes a un procedimiento sancionador en que, como consecuencia de la nulidad de la norma aplicada, resulte una reducción de la pena o de la sanción o una exclusión, exención o limitación de la responsabilidad».

IX. BIBLIOGRAFÍA

BACHOF, O.: *Jueces y Constitución*, Cívitas, Madrid, 1985.

BALAGUER CALLEJÓN, F.: «Tribunal Constitucional, Poder Legislativo y Poder Constituyente», *Revista Jurídica de Castilla-La Mancha*, n.os 3 y 4, 1988.

— (coord.); CÁMARA VILLAR, G., y MEDINA REY, L. F.: *La nueva ley orgánica del Tribunal Constitucional*, Tecnos, Madrid, 2008.

— (coord.): *Introducción al Derecho Constitucional*, 6.ª ed., Tecnos, Madrid, 2017.

— (coord.): *Manual de Derecho Constitucional*, tomos I y II, 12.ª ed., Tecnos, Madrid, 2017.

BALAGUER CALLEJÓN, M. L.: *Interpretación de la Constitución y ordenamiento jurídico*, Tecnos, Madrid, 1997.

— *El recurso de inconstitucionalidad*, CEPC, Madrid, 2001.

CABELLO FERNÁNDEZ, M. D.: *El conflicto en defensa de la autonomía local*, Cívitas, Madrid, 2003.

CÁMARA VILLAR, G.: *Votos particulares y derechos fundamentales en la práctica del Tribunal Constitucional español*, Ministerio de Justicia, Madrid, 1993.

CASCAJO, J. L., y GIMENO SENDRA, V.: *El recurso de amparo*, Tecnos, Madrid, 1985.

CORZO SOUSA, E.: *La cuestión de inconstitucionalidad*, CEPC, Madrid, 1998.

CRUZ VILLALÓN, P.: *La formación del sistema europeo del control de constitucionalidad*, CEC, Madrid, 1987.

EZQUIAGA GANUZAS, F. J.: *El voto particular*, CEC, Madrid, 1990.

FIGUERUELO BURRIEZA: *El recurso de amparo: estado de la cuestión*, Biblioteca Nueva, Madrid, 2001.

GARCÍA PELAYO, M.: «El *status* del Tribunal Constitucional», en *Obras completas*, CEC, Madrid, 1991.

GARCÍA ROCA, F. J.: *El conflicto entre órganos constitucionales*, Tecnos, Madrid, 1987.

GARRORENA MORALES, A.: «La sentencia constitucional», *RDP*, n. ° 11, 1981.

KELSEN, H.: *¿Quién debe ser el defensor de la Constitución?*, Tecnos, Madrid, 1995.

LÓPEZ GARRIDO, D.: «El Tribunal Constitucional», en D. LÓPEZ GARRIDO (dir.), *Lecciones de derecho constitucional de España y de la Unión Europea*, vol. 1, 2018, pp. 821-836.

MARTÍNEZ GARCÍA, A.: *El recurso de inconstitucionalidad*, Trivium, Madrid, 1992.

MIERES MIERES, L. J.: *El incidente de inconstitucionalidad*, Cívitas, Madrid, 1998.

MONTILLA MARTOS, J. A.: *Minoría Política y Tribunal Constitucional*, Trotta, Madrid, 2002.

NARANJO DE LA CRUZ, R: *El proceso constitucional para la protección de la autonomía local en España y Alemania*, INAP, Madrid, 2003.

PÉREZ ROYO, J.: *Tribunal Constitucional y división de poderes*, Tecnos, Madrid, 1988.

PÉREZ TREMPS, P.: *Tribunal Constitucional y Poder Judicial*, CEC, Madrid, 1985.

PIBERNAT DOMÉNECH, X.: «La sentencia constitucional como fuente del Derecho», *RDP*, n.º 24, 1987.

PORRAS RAMÍREZ, J. M.ª: *El conflicto en defensa de la autonomía local*, Cívitas, Madrid, 2001.

RIBAS MAURA, A.: *La cuestión de inconstitucionalidad*, Cívitas, Madrid, 1991.

RUBIO LLORENTE, F., y JIMÉNEZ CAMPO, J.: *Estudios sobre jurisdicción constitucional*, McGraw-Hill, Madrid, 1998.

TEROL BECERRA, M. J.: *Los conflictos de competencia entre el Estado y las Comunidades Autónomas*, Universidad de Sevilla, Sevilla, 1988.

— *Los conflictos positivos de competencia*, Tirant lo Blanch, Valencia, 1993.

URÍAS MARTÍNEZ, J. P.: *La cuestión interna de inconstitucionalidad*, McGraw-Hill, Madrid, 1996.

VVAA: *El Tribunal Constitucional*, DGCE, Madrid, 1981.

— *Tribunales constitucionales europeos y derechos fundamentales*, CEC, Madrid, 1984.

— *Los procesos constitucionales*, CEC, Madrid, 1992.

— *Jurisdicción y procesos constitucionales*, McGraw-Hill, Madrid, 1997.

LECCIÓN 8

EL ESTADO AUTONÓMICO

SUMARIO: I. *La distribución territorial del Estado*. II. *El hecho diferencial*. III. *Competencias del Estado y competencias de las Comunidades Autónomas.* IV. *El contenido de los Estatutos de Autonomía.* V. *Bibliografía.*

I. LA DISTRIBUCIÓN TERRITORIAL DEL ESTADO

El Título VIII de la Constitución hace referencia a la organización territorial del Estado.

Esta organización será, según el artículo 137 CE, la de municipios, provincias y «las Comunidades Autónomas que se constituyan». Este inciso se justifica porque al aprobarse la Constitución no se previó el mapa autonómico actual, sino que se atendió fundamentalmente a las llamadas Comunidades históricas, que eran entonces Cataluña, País Vasco y Galicia. Como se verá, la autonomía de estas nacionalidades tuvo un efecto contaminante en el conjunto del Estado, hasta derivar a la situación actual.

Aunque en un primer momento el constituyente consideró que solo los territorios históricos podrían estar interesados en el ejercicio del derecho a constituirse como Comunidades Autónomas, lo cierto es que todas las regiones del Estado, eligieron constituirse en tales, contribuyendo así a un diseño que fue tendiendo a la homologación de manera que, en estos momentos, la regulación constitucional acerca de las exigencias de igualdad para los territorios, y para las personas que en ellos se integran, es una realidad también estatutaria, por haberse homologado al alza el techo competencial de todas y cada una de ellas.

Las notas que han caracterizado ese modelo de Estado autonómico son, justamente, las que han condicionado el resultado actual de la distribución territorial del poder. Un modelo, en primer lugar, con falta de perspectiva histórica, en la medida en que el ensayo que tiene lugar en la II República no sobrepasó una situación preliminar que no tuvo oportunidad material de realizarse. Por ello, en segundo lugar, es un modelo abierto, pendiente profuturo de ir progresivamente avanzando en autonomía. De esas dos notas condicionantes se derivan dos consecuencias importantes: la primera y más importante, es el condicionamiento jurisprudencial que opera en este desarrollo la justicia constitucional, y la segunda es la universalización del modelo, inicialmente diferenciado en dos vías de acceso y que se unifica al punto de que, en la situación actual, algunas de las comunidades autónomas inicialmente no susceptibles de acceso a la autonomía, han adquirido un desarrollo mayor que algunas otras de las denominadas comunidades históricas.

Las circunstancias históricas solo fueron determinantes en la creación constitucional del modelo de ordenamiento autonómico, pero no en su posterior desarrollo. Un precedente histórico que deviene de la Constitución de la II República reaparece como reivindicación histórica en tres territorios, se refleja expresamente en la Constitución y permite un acceso futuro a un variable grado de configuración autonómica. Por estas razones históricas, el constituyente optó por un modelo abierto y la razón de que las autonomías se reconocieran constitucionalmente de forma tan inacabada y abierta, ha determinado en buena medida que todavía no haya una posición clara respecto de cómo se ha de entender la distribución territorial del Estado y la posibilidad de que esta forma que la Constitución diseña tenga más o menos similitud con otras formas comparadas o históricas. Lo que empieza plasmándose en la Constitución como una reivindicación histórica de algunos territorios acaba, después de las reformas estatutarias de 1994, con una uniformidad que ha llevado a considerar que estamos ante una verdadera mutación constitucional. Uniformidad que, después de las reformas estatutarias de algunas CCAA, ha podido verse nuevamente alterada por la asunción de nuevas competencias en algunas de ellas.

Esta extensión del mapa autonómico es, al tiempo, un factor de igualdad y consecuencia de la necesidad de evitar agravios comparativos. Finalmente, las CCAA, al margen de sus respectivos hechos diferenciales, han conseguido una igualación competencial y eso, sin duda, es debido a la fuerza centrípeta que ocasiona la tendencia a la igualación. Cada vez que alguna de las llamadas comunidades históricas introduce un elemento de reivindicación, el resto de las CCAA que se han construido después se suma a la reivindicación de esa o se manifiesta en contra de la cesión competencial, basándose en la exigencia igualitaria.

Todas estas circunstancias han facilitado la influencia de la jurisdicción constitucional, que ha tutelado el proceso de desarrollo del mapa autonómico mediante un control cuasipolítico, en la medida en que ha tenido que ir delimitando una a una las competencias entre CCAA y Estado, que apenas venían diseñadas en el texto constitucional. De este modo, se configura una distribución perfilada por un control jurisprudencial que, en algunas resoluciones, roza la oportunidad política. El Tribunal, en ocasiones, ha condicionado el desarrollo futuro de las autonomías, obligando al legislador a opciones que no permitían margen alguno.

También es cierto que cualquiera que hubiese sido la opción legislativa, el Tribunal Constitucional estaba llamado a esa función, por la propia naturaleza del Tribunal y, sobre todo, por el margen de apertura de las normas constitucionales en general y del Título VIII en particular. No había prácticamente otra opción ante la desconstitucionalización del Estado autonómico, que permite precisamente que se pueda acceder en diferentes condiciones a diversos grados de desarrollo autonómico. Esto no solo no lesiona la Constitución, sino que está expresamente previsto en ella.

La Constitución ha pretendido que la igualdad quede también garantizada en un Estado compuesto, y que la pertenencia a una u otra Comunidad Autónoma no implique una desigualdad que ha llamado básica. A nadie se oculta, sin embargo, la dificultad que conlleva hablar de igualdad en un contexto en el que se reivindica precisamente la diferencia. Como quiera que, además, el Estado de las

Autonomías surge especialmente abierto a soluciones de futuro, la consecución de esta igualdad está en función de la evolución que ha seguido el Estado autonómico, y de la específica jurisprudencia del Tribunal Constitucional en la fijación de su doctrina. De ahí la importancia que adquieren conceptos tales como centralismo, autonomía, diferenciación y otros en los que, por encima de su contenido semántico, hay ahora que ponerlos en relación con el sentido en que vienen formulados desde el mismo texto constitucional.

En este sentido interesa sobre todo analizar previamente los preceptos en los que el constituyente regula esta exigencia de igualdad. Así, el artículo 2 habla del principio de solidaridad, concebida como una relación de integración de las diversas instancias estatales en una única, y que estaría llamada al cumplimiento de los valores constitucionales y de los intereses del conjunto estatal. En general la doctrina la ha concebido como un límite a las competencias.

Del artículo 2 CE se desprende que el Estado se estructura combinando el principio de unidad y el derecho de autonomía. Si bien no tienen el mismo estatus porque la unidad es un principio, es el presupuesto del reconocimiento del derecho a la autonomía. Y su relación es de tensión. Para favorecer esa relación están los principios de igualdad y de solidaridad que son mediadores internos entre la unidad y la autonomía.

II. EL HECHO DIFERENCIAL

La relación entre el artículo 14 CE y las exigencias de igualdad derivadas del estatus territorial (arts. 138.2, 139.1 y 149.1.1.ª) no puede ser considerada sobre la base del establecimiento de una especie de derecho fundamental de los territorios a la igualdad. Esto privaría de sentido al artículo 2 CE y su garantía del derecho a la autonomía territorial. Se ha dicho, y parece claramente insoslayable, que la Constitución pretende un equilibrio entre los principios de unidad y autonomía, de solidaridad y de diversidad. Es en esa posibilidad de diferenciación de las CCAA en cada uno de sus respectivos ordenamientos, donde se puede introducir la posibilidad de que cada una tenga su propia identidad. De ahí surge lo que se ha llamado el «hecho diferencial», con el que algunas CCAA han pretendido distinguirse y justificar su propio proceso identitario.

Aunque la Constitución exija la igualdad de trato de todos los ciudadanos, hay que tener en cuenta que la existencia misma de las Comunidades Autónomas responde a diferenciaciones queridas y reivindicadas por los territorios. En el origen de esa reivindicación está la diferencia que se desea mantener y que hace diferentes a esos pueblos. Esto exige construir teóricamente la diferencia para sostener que se impone al derecho a un trato diferente. Y la construcción teórica tiene su importante base en hechos diferenciales, aunque no sea fácil es definir qué son en sí esos hechos diferenciales y cómo pueden servir de motivo para construir realidades diferenciadas y autonómicas. Algunos hechos diferenciales son fácilmente detectables, como la lengua o el derecho histórico. Otros lo son menos y cabe, en fin, construir una autonomía sin ningún hecho diferencial, dado que la Constitución no exige esa consideración histórica previa, sino sencillamente la expresión de una voluntad de ese territorio, capaz de iniciar un proceso que culmine con la aprobación de un estatuto.

Lo que pueda ser el hecho diferencial en relación con el derecho fundamental a la igualdad tiene que ver en parte con las reivindicaciones de las autonomías llamadas históricas, que basan en buena parte el hecho diferencial precisamente en ese hecho histórico, pero también con ciertas posiciones culturales, lingüísticas y propiamente jurídicas. De ahí la indeterminación misma a que apunta su propia naturaleza, definida como un hecho, cuya abstracción ha sido de difícil determinación por los propios defensores.

El hecho diferencial corre el riesgo de convertirse en una justificación de la autonomía de un territorio, razón sin la que parecería carecer de sentido la autonomía misma, y, al mismo tiempo de perder completamente la importancia, en función de conceptos que pueden superponerse a él. En este sentido, puede ser un hecho diferencial la foralidad, como origen de un tratamiento capaz de justificar el hecho mismo de la diferencia justificada de trato en función de un territorio, y también puede ser una mera consecuencia de otros hechos definidos como diferenciales en su momento, y que tienen como consecuencia, y no como origen mismo, la autonomía. En cualquier caso, lo que subyace al concepto de hecho diferencial, en lugar de al concepto de autonomía, no es tanto su contenido jurídico como político, en el sentido de considerar que basta la afirmación en principio de un territorio acerca de su peculiaridad (lengua, foralidad), para que se constituya en eje de su reivindicación. De ahí que la Constitución señale esa exigencia de igualdad en dos preceptos que pretenden equilibrar la posición igualitaria de base de todas las CCAA que en su día se pudieran constituir: los artículos 138 CE y 139 CE.

Respecto del primero, en el apartado 1 se dice que «el Estado garantiza la realización efectiva del principio de solidaridad consagrado en el artículo 2 de la Constitución, velando por el establecimiento de un equilibrio económico, adecuado y justo entre las diversas partes del territorio español, y atendiendo en particular a las circunstancias del hecho insular». Con este precepto, el Estado asume el compromiso de no crear desigualdades entre las diferentes comunidades autónomas, lo que se complementa con el apartado segundo, que exige que las diferencias entre los Estatutos de las distintas Comunidades Autónomas no puedan implicar en ningún caso privilegios económicos o sociales.

El artículo 139 CE proclama la igualdad de derechos y obligaciones en cualquier parte del territorio español, así como la libertad de circulación y establecimiento de las personas y la libre circulación de bienes en todo el territorio español.

La igualdad de los ciudadanos, desde el punto de vista del territorio, se regula constitucionalmente tanto en lo que se refiere a la igualación interterritorial, como intraterritorial. En este sentido, en referencia a la igualdad de los ciudadanos dentro de cada CA, es el artículo 139.1 CE el que cumple esa función igualadora. La redacción es ambigua y permite diferentes lecturas, pero hay un consenso generalizado en la doctrina respecto a que cuando se dice que «todos los ciudadanos tienen los mismos derechos y obligaciones en cualquier parte del territorio español», se hace referencia a los ciudadanos de cada Comunidad Autónoma y no a los de una en relación a otras.

Pero también la planificación económica del artículo 131.1 CE tiene importantes consecuencias para la ciudadanía. Ahora bien, con esas condiciones no se garantiza la igualdad de los ciudadanos en el territorio español, ni tampoco la igualdad de los ciudadanos dentro de cada CA, que son exigencias también reguladas en la Constitución. En el primer caso con el artículo 139, que dice que todos los ciudadanos tienen los mismos derechos y deberes en cualquier parte del territorio español. Ahora bien, esa igualdad puede referirse a la relación intercomunitaria, es decir, a la evitación de la discriminación entre ciudadanos de diferentes CCAA o a la interdicción de la discriminación de individuos dentro de una CA. En cualquier caso, el artículo 139 CE, debería contener la prohibición de la discriminación en ambas dimensiones, es decir, no cabe pensar en una desigualdad de los territorios, ni tampoco de las personas de un mismo territorio por causas de vecindad o cualquier otro factor, sino que la igualdad ha de entenderse como uno de los valores superiores del ordenamiento proclamados en el artículo 1.1 CE.

Ahora bien, es cierto que se ha de intentar la conciliación del principio de autonomía del artículo 2 CE con los principios de igualdad y solidaridad. Aunque se entiende que estos principios sean difícilmente conciliables en la medida en que las exigencias autonómicas, en cuanto tales manifestaciones identitarias, suponen en sí mismas una diferenciación y es justamente esa identidad la que produce las diferencias. Evidentemente, desde la diferencia es difícil la igualdad. Por más que el Estado pudiera erigirse en un factor de equilibrio territorial, las exigencias de la vida política condicionan de manera evidente esta desigualdad, no solamente por la propia dinámica política de cada Comunidad, cuyo desarrollo será diferente en cada una de ellas, sino porque con frecuencia la configuración política nacional exige el concurso de fuerzas políticas de implantación territorial, lo que tiene como consecuencia inevitable la desigualdad. La exigencia de mayorías parlamentarias para el gobierno del Estado, a veces exige la negociación con partidos políticos de implantación autonómica, que puede llegar a ser una verdadera claudicación de los intereses del Estado, a favor de Comunidades Autónomas que tienen en ese momento la adecuada fuerza política en el Parlamento estatal.

La consecuencia, por tanto, del desarrollo autonómico es necesariamente desigual en cuanto depende de la fuerza de cada Comunidad para la defensa de sus intereses, no solamente en su territorio, sino que también en buena parte por su capacidad de condicionamiento del Gobierno central a través de partidos políticos nacionalistas. Habida cuenta de que estos partidos políticos se suelen dar en las Comunidades Autónomas históricas, es también claro que existe una descompensación acumulativa en este sentido.

III. COMPETENCIAS DEL ESTADO Y COMPETENCIAS DE LAS COMUNIDADES AUTÓNOMAS

La Constitución ha sido minuciosa al determinar las competencias que pueden ostentar las CCAA en relación con las que el Estado ha de mantener para cumplir esos objetivos de igualdad y solidaridad. Las atribuidas expresamente a las CCAA vienen reguladas en el artículo 148 CE y hacen referencia, en primer lugar, a sus propias instituciones y, después, a las materias de vivienda, ganadería, cultura, pesca, patrimonio, deporte, asistencia social y, atendiendo a la cláusula de supletoriedad, a las que no están atribuidas al Estado. Si el artículo 139 CE garantiza que dentro de una Comunidad Autónoma todos tienen derecho a la igualdad, el artículo 149.1.1.ª CE ha sido considerado por la doctrina como la proyección del esquema organizativo de la estructura políticamente plural del Estado en la doctrina de los derechos fundamentales.

Las CCAA responden en su reivindicación a un elemento de diferenciación cuya conciliación con la igualdad exige un esfuerzo mayor que el que resultaría de otros aspectos de la igualdad. En el mismo texto constitucional hay diferentes formulaciones en este sentido. En principio, los límites del 149.1.1.ª CE están en relación con los artículos 53 y 81 CE. En cuanto a la exigencia de ley, la CA deberá utilizar esa exigencia legal y, en cuanto a la ley orgánica, tendrá que respetar competencialmente la materia de ley orgánica. En lo demás, según sus competencias, la CA legislará en igualdad de condiciones que el Estado, es decir, dentro de sus propias competencias. Pero de la lectura misma del artículo 149.1.1.ª CE se desprende la dificultad de la igualación de las condiciones a que se refiere la norma. No es claramente un título competencial, pero tiene funciones de homologación del Estado vía legislativa, mediante bases, y por cualquier otra forma por la que el Estado conforme cierta homogeneidad, que no se enfrente a una posición de injerencia en la autonomía de las CCAA. Hay, por consiguiente, un margen muy amplio a la consideración de las diferentes opciones que tiene el Estado para efectuar esa conformación en función de la materia de que se trate. Nada obsta a que una de esas funciones sea también la de utilización como criterio hermenéutico para el reparto competencial. Hasta tal punto esto puede ser así, que uno de los criterios de desarrollo de los derechos fundamentales en las diferentes CCAA, está determinado por el uso que el Estado haga de este precepto. Una adecuada planificación de las bases para la igualdad en materia de prestaciones sociales, tenderá a una mayor uniformidad de las CCAA en la materia. Por tanto, esta concepción del artículo 149.1.1.ª CE en su función competencial, permite discernir entre los diferentes derechos de reconocimiento constitucional, así como graduar la diferente intensidad con que son desarrollados por parte del Estado y, por tanto, la diferente afectación a las CCAA de ese nivel de desarrollo básico estatal. También hay una diferente consideración en torno a la naturaleza del artículo 149.1.1.ª CE que tiene que ver con la cuestión competencial, pero no como título, sino como reserva que el Estado mantiene respecto de ciertas materias.

Asimismo sirve de criterio hermenéutico para el reparto competencial, si bien el legislador no lo ha utilizado como un título competencial exclusivo hasta fechas muy recientes. En todo caso, el resto de las competencias se relacionan directamente con estas exigencias de igualdad. De este modo, recaba la competencia de la legislación mercantil, civil, penal, las bases de coordinación de la actividad económica, defensa de las Fuerzas Armadas, Administración de Justicia, legislación básica de las Administraciones Públicas, aprovechamiento hidráulico, materia fiscal y de seguridad en el orden público y, en general, competencias en las que la actuación exceda de una Comunidad Autónoma.

Hay por tanto que distinguir entre tres posibles situaciones en el ámbito competencial. En primer lugar, las competencias exclusivas de las CCAA, reguladas en el artículo 148 CE y que hacen referencia a sus propias instituciones, a su territorio, comprendiendo aquí riquezas naturales, actividades industriales, culturales y sanidad. En segundo lugar, las competencias exclusivas del Estado, que se regulan en el artículo 149 CE y que se refieren a la regulación de las condiciones básicas (art. 149.1.1.ª CE), nacionalidad, relaciones internacionales, legislación civil, penal, laboral y procesal, comercio exterior, referéndum, Hacienda General, legislación básica en materia de sanidad, pesca, medio ambiente, seguridad y régimen de las administraciones públicas. Y en tercer lugar, las competencias compartidas entre las CCAA y el Estado, ya que en la medida en que sobre una misma materia confluyen competencias del Estado y de las CCAA, ambas instituciones comparten la competencia, perteneciendo al Estado la de la regulación de las bases y a las CCAA la ejecución de las mismas.

El apartado 3 del artículo 149 CE contiene una cláusula de supletoriedad por la que en aquellas materias no atribuidas expresamente al Estado, las CCAA podrán detentar las competencias en virtud de sus respectivos Estatutos de Autonomía. En cualquier caso, el derecho estatal será supletorio del derecho de las CCAA. Y la cláusula de prevalencia al establecer la CE que la competencia sobre las materias que no se hayan asumido por los Estatutos de Autonomía corresponderá al Estado, cuyas normas prevalecerán, en caso de conflicto, sobre las de las Comunidades Autónomas en todo lo que no esté atribuido a la exclusiva competencia de estas.

Finalmente, el artículo 150 CE permite todavía la ampliación de las competencias de las CCAA a través de las leyes marco, las de delegación y las de armonización.

IV. EL CONTENIDO DE LOS ESTATUTOS DE AUTONOMÍA

Las posibilidades de descentralización del Estado se llevan a cabo en el Título VIII de la Constitución a través de un mecanismo de acceso a la autonomía, que se diseña en los artículos 143 a 148 CE, con la excepción de la situación prevista en el artículo 151 CE.

En el primer supuesto se contempla la posibilidad de que territorios próximos entre sí, con características sociales económicas e históricas comunes, puedan constituirse en Comunidades Autónomas, siguiendo un procedimiento de iniciativa autonómica. Este proceso sería autorizado por las Cortes Generales y, a partir de ahí, se elaboraría un Estatuto cuyo contenido mínimo es determinado por el artículo 147 CE.

El segundo supuesto, previamente considerado para las CCAA de implantación histórica, se diseña en el artículo 151 CE y consiste en la reducción de los plazos para la consecución de la autonomía y el establecimiento de una serie de instituciones paralelas a las del nivel central: Parlamento, Gobierno y Tribunal Superior de Justicia.

La consecuencia histórica de todo este diseño es hoy la de un mapa autonómico en el que, con independencia del sistema de acceso, todas las autonomías han desarrollado al máximo nivel sus competencias y han sido prácticamente igualadas en su contenido estatutario.

En cuanto al contenido la CE exige en el artículo 147 CE que los Estatutos de autonomía deberán contener:

a) La denominación de la Comunidad que mejor corresponda a su identidad histórica.

b) La delimitación de su territorio.

c) La denominación, organización y sede de las instituciones autónomas propias.

d) Las competencias asumidas dentro del marco establecido en la Constitución y las bases para el traspaso de los servicios correspondientes a las mismas.

El procedimiento de elaboración de los Estatutos de Autonomía se rige en esta segunda opción por lo previsto en el artículo 151.2 CE que prevé una inicial Asamblea, formada por los diputados y senadores de las circunscripciones comprendidas en el ámbito territorial que pretenda acceder al autogobierno, que se constituirán en una asamblea y elaborarán un proyecto de Estatuto de Autonomía aprobado por mayoría absoluta de los componentes de la misma. Este Proyecto se remitirá a la Comisión Constitucional del Congreso que, en un plazo de dos meses, lo examinará y determinará de común acuerdo con una delegación de la Asamblea, su redacción definitiva. Alcanzado el acuerdo, el texto se someterá a referéndum del cuerpo electoral de las provincias comprendidas en el ámbito territorial del proyectado estatuto. Una vez aprobado, será elevado a las Cortes Generales que, en sus respectivos Plenos, aprobarán y ordenarán su promulgación como Ley Orgánica.

V. BIBLIOGRAFÍA

AGUADO RENEDO, C.: «Artículo 152.2. La reforma de los estatutos de autonomía», en M. RODRÍGUEZ-PIÑERO Y BRAVO-FERRER (dir.), M. E. CASAS BAAMONDE (dir.), *et al.*, *Comentarios a la Constitución española*, vol. 2, tomo 2, 2018 (tomo II), pp. 1583-1591.

AJA, E.; TORNOS, J.; FONT, T.; ALBERTÍ, E., y PERULLES, J.: *El sistema jurídico de las Comunidades Autónomas*, Tecnos, Madrid, 1985.

ALBERTÍ, E.: *Autonomía política y unidad económica*, Cívitas, Madrid, 1995.

ARANDA ÁLVAREZ, E.: «El nuevo mapa de partidos. Efectos sobre el parlamentarismo de las Comunidades Autónomas», en *Informe comunidades autónomas*, n.º 2017, 2017, pp. 83-115.

BALAGUER CALLEJÓN, F.: *Las fuentes del Derecho*, 2 vols., Tecnos, Madrid, 1991-1992.

— (coord.); CÁMARA VILLAR, G.; MONTILLA MARTOS, J. A.; RODRÍGUEZ-VERGARA DÍAZ, A., y RUIZ-ROBLEDO, A.: *El nuevo Estatuto de Andalucía*, Tecnos, Madrid, 2007.

— (coord.): *Introducción al Derecho Constitucional*, 6.ª ed., Tecnos, Madrid, 2017.

— (coord.): *Manual de Derecho Constitucional*, tomos I y II, 12.ª ed., Tecnos, Madrid, 2017.

BALAGUER CALLEJÓN, M.ª L.: «Derecho de disolución e investidura automática en las Comunidades Autónomas», *RCG*, n.º 18, 1989.

BARCELÓ, M.: *Derechos y deberes constitucionales en el Estado Autonómico*, Cívitas, Madrid. 1991.

CRUZ VILLALÓN, P.: «La estructura del Estado o la curiosidad del jurista persa», *RFDUC*, n.º 4, 1982.

GARCÍA DE ENTERRÍA, E., y FERNÁNDEZ, T. R.: *Curso de Derecho administrativo*, 2 vols., 3.ª ed., Cívitas, Madrid, 1984.

GÓMEZ MONTORO, A.: *La reforma del Estado Autonómico*, CEPC, Madrid, 2007.
GONZÁLEZ ENCINAR, J. J.: *El Estado unitario-federal*, Tecnos, Madrid, 1984.
HERRERO DE MIÑÓN, M.: *Idea de los derechos históricos*, Espasa-Calpe, Madrid, 1991.
JÁUREGUI, G.: *La nación y el Estado nacional en el umbral del nuevo siglo*, CEC, Madrid, 1990.
LÓPEZ AGUILAR, J. F.: *Estado autonómico y hechos diferenciales*, CEPC, Madrid, 1998.
MARTÍN Y PÉREZ DE NANCLARES, J.: «La participación de las Comunidades Autónomas en la Unión Europea a vueltas con una cuestión recurrente a la espera de una adecuada regulación (constitucional)», en *Informe comunidades autónomas*, n.º 2017, 2017, pp. 41-81.
MONTILLA MARTOS, J. A.: *Las leyes orgánicas de transferencia o delegación*, Tecnos, Madrid, 1997.
MUÑOZ MACHADO, S.: *Derecho público de las Comunidades Autónomas*, 2 vols., Cívitas, Madrid, 1982-1984; 2.ª ed., Iustel, Madrid, 2007.
ORTEGA, L.: *Reforma Constitucional y Reforma Estatutaria*, Cívitas, Madrid, 2005.
ORTEGA ÁLVAREZ, L. (dir.): *La reforma del Estado Autonómico*, CEPC, Madrid, 2005.
PÉREZ ROYO, J.: *El nuevo modelo de financiación autonómica: un análisis exclusivamente constitucional*, McGraw-Hill, Madrid, 1997.
RODRÍGUEZ-VERGARA DÍAZ, A.: «Ciudadanía europea, derechos sociales y Estatutos de autonomía: tres propuestas de reforma», en J. M. VIDAL BELTRÁN y M. A. GARCÍA RUIPÉREZ, J., *La protección constitucional de la Autonomía*, Tecnos, Madrid, 1993.
RUIZ-RICO RUIZ, G. (coord.): *La reforma de los Estatutos de Autonomía: actas del IV Congreso de la Asociación de Constitucionalistas de España*, Tirant lo Blanch, 2006.
RUIZ ROBLEDO, A.: *El Estado Autonómico*, INAP-CEMCI, Granada, 1989.
TOMÁS Y VALIENTE, F.: *El reparto competencial en la jurisprudencia del Tribunal Constitucional*, Tecnos, Madrid, 1988.
TRUJILLO, G. (ed.): *Federalismo y regionalismo*, CEC, Madrid, 1979.
VIVER PI-SUNYER, C.: *Materias competenciales y Tribunal Constitucional*, Ariel, Barcelona, 1989.
VIVER PI-SUNYER, C.; BALAGUER CALLEJÓN, F., y TAJADURA TEJADA, J.: *La reforma de los Estatutos de Autonomía*, Centro de Estudios Políticos y Constitucionales, Madrid, 2005.
VVAA: *Manual de Derecho Constitucional*, 8.ª ed., Tecnos, Madrid, 2017.

LECCIÓN 9

EL SISTEMA CONSTITUCIONAL DE LOS DERECHOS Y LIBERTADES

SUMARIO: I. *El sistema constitucional de los derechos y libertades*. II. *Las garantías de las libertades y derechos fundamentales*. 1. Regulación legal y contenido esencial. 2. El Defensor del Pueblo. 3. El proceso de defensa de los derechos fundamentales. III. *Suspensión del ejercicio de los derechos fundamentales*. 1. Suspensión individual. 2. Suspensión colectiva. A) El estado de alarma. B) El estado de excepción. C) El estado de sitio. IV. *Bibliografía*.

I. EL SISTEMA CONSTITUCIONAL DE LOS DERECHOS Y LIBERTADES

Los derechos fundamentales son un conjunto de derechos que por su especial importancia se reconocen a todas las personas, con independencia de cualquier circunstancia. De ahí la denominación de Derechos Universales, Derechos Humanos y otras expresiones análogas con las que se les reconoce.

La aparición histórica de los derechos responde a la necesidad de que, por parte de los Estados, se pueda garantizar un contenido mínimo a las personas en relación con su situación en la sociedad. El reconocimiento de los derechos fundamentales coincide con el desarrollo del constitucionalismo que a partir del siglo XVIII y, sobre todo del XIX, se implanta como modelo político vinculado al sistema democrático de gobierno.

Las Constituciones de Francia y de EEUU reconocen, en sus respectivos textos, un capítulo dedicado a los derechos fundamentales, y, a partir de ahí, el constitucionalismo moderno incorpora estos contenidos, bien de manera sistematizada, bien a lo largo del texto constitucional.

Hay que decir, sin embargo, que hasta la mitad del siglo XX este reconocimiento ha sido meramente programático: se proclamaban los derechos fundamentales de igualdad y libertad pero, en el desarrollo constitucional y en la práctica política, administrativa y judicial no se integraban estos principios o valores constitucionales. Con motivo de las encarnizadas guerras mundiales que asolan Europa, en la primera mitad del siglo XX, se viene a percibir la necesidad de garantizar el cumplimiento de los derechos fundamentales por parte de los poderes públicos, como una parte de la propia exigencia de la normatividad constitucional. Si las constituciones se incumplían clamorosamente siendo exclusivamente textos programáticos, los derechos fundamentales sufrían el mismo destino.

A partir de las Constituciones alemana e italiana inmediatamente posteriores a la Segunda Guerra Mundial, los derechos fundamentales y la propia normatividad constitucional se garantizan, dentro del texto constitucional, con acciones procesales específicas y con la institución de una justicia constitucional que va a tener, como funciones principales el control de constitucionalidad de las leyes y la reparación de las lesiones a los derechos fundamentales.

Hay, pues, una evolución en los derechos fundamentales que atraviesa todo el pasado siglo, desde una configuración formal, pero sin contenido concreto, a una concepción garantista, que se orienta al reconocimiento y respeto, por parte del Estado, de un conjunto de derechos indisponibles para los poderes públicos, sin lo que no es posible un Estado democrático.

II. LAS GARANTÍAS DE LAS LIBERTADES Y DERECHOS FUNDAMENTALES

Nuestra Constitución se enmarca en un modelo muy garantista de los derechos fundamentales, dedicando un número importante de preceptos a su reconocimiento y garantías. A continuación del Título Preliminar, en el Título I se regulan los derechos y deberes fundamentales. Abarca dicho Título cinco capítulos y sus preceptos comprenden desde el artículo 10 al 55. En el artículo 10.1 CE se declaran la dignidad de la persona, los derechos inviolables que le son inherentes, el libre desarrollo de la personalidad, el respeto a la ley y a los derechos de los demás, como fundamento del orden político y de la paz social.

Al momento de aprobarse la Constitución, España no pertenecía a la Comunidad Europea, pero tenía suscrita la Declaración Universal de los Derechos Humanos y otros Tratados y Acuerdos Internacionales, que el artículo 10.2 erige como criterio interpretativo en relación a los derechos fundamentales reconocidos en el texto constitucional. Con esto se asegura el constituyente un acercamiento futuro al ámbito europeo, al que ya se estaba aproximando diplomáticamente, y cuya dificultad de entrada había sido el régimen dictatorial español.

Las garantías de los derechos fundamentales se regulan en el capítulo IV, que abarca los artículos 53 y 54. El primero consta de tres apartados en los que se garantizan constitucional, legal y jurisdiccionalmente los derechos.

La primera garantía de los derechos es la exigencia de vinculación de los poderes públicos: esto implica que los derechos fundamentales han de respetarse en cada actuación de estos poderes y en el funcionamiento de la Administración, que no podrá resolver ni tramitar un expediente administrativo al margen del contenido de cada uno de los derechos, en función de cada caso concreto.

La segunda es la exigencia de regulación a través de la ley y con respeto del contenido esencial de cada uno de esos derechos: en efecto, solo por ley que, en todo caso, deberá respetar su contenido esencial, se podrá regular el ejercicio de tales derechos y libertades, que se tutelarán de acuerdo con lo previsto en el artículo 161.1.*a*) CE.

La tercera es la garantía jurisdiccional, según la cual cualquier ciudadano podrá recabar la tutela de las libertades y derechos reconocidos en el artículo 14 y la sección 1.ª del capítulo II, ante los tribunales ordinarios y, en su caso, ante el Tribunal Constitucional.

Finalmente, una cuarta garantía se encuentra en el apartado 3 de este artículo 53 cuando obliga a los poderes públicos al reconocimiento, respeto y protección de los principios reconocidos en el capítulo III, los llamados principios rectores de la política social y económica, para que informen la legislación, la práctica judicial y la actuación de los poderes públicos. Estos principios solo podrán ser alegados ante la jurisdicción ordinaria de acuerdo con lo que dispongan las leyes que los desarrollen.

Se diferencia, así, entre derechos fundamentales de protección constitucional directa y derechos y principios que exigen una ley de desarrollo para su protección, diferencia que viene justificada por la importancia de cada derecho.

1. Regulación legal y contenido esencial

La exigencia de una norma jurídica con rango de ley para la regulación de los derechos fundamentales, tiene razón de ser en el nivel de importancia que el constitucionalismo europeo o continental ha atribuido a las materias de desarrollo de los derechos fundamentales constitucionalmente reconocidos. Esa importancia se ha conectado al principio de soberanía popular y a la necesidad de que sea el Parlamento quien apruebe las normas de regulación de estos derechos. No es, por otra parte, esa la única exigencia en relación con la importancia de los derechos, pues la reforma constitucional que ataña a estos igualmente se encuentra reforzada al mismo nivel de la Corona o de la revisión total de la Constitución. Se considera, por tanto, que ninguna norma que no responda al principio de la soberanía popular debe alterar o modificar los derechos que han sido considerados importantes por el constituyente.

Además de la exigencia del principio de legalidad, también hay otra de contenido material, pues la citada ley ha de respetar el contenido esencial del derecho: se introduce, así, un concepto, importado del derecho alemán, que sirvió a su dogmática jurídica para evitar que el desarrollo constitucional de los derechos fundamentales reconocidos en la Constitución de Weimar de 1919 les privara de contenido.

Nuestra doctrina ha considerado que el contenido esencial de un derecho fundamental hace referencia a aquellos caracteres sin los que ese derecho sería irreconocible. Con ocasión de un recurso de inconstitucionalidad contra el RDL 4/1977, que regula el derecho de huelga, el Tribunal Constitucional dictó la STC 11/1981, de 8 de abril, en la que analizó el contenido esencial del derecho de huelga y donde sentó una doctrina generalizable a todos los derechos fundamentales.

2. El Defensor del Pueblo

El artículo 54 CE regula una específica institución de defensa de los derechos fundamentales que es el Defensor del Pueblo. Se trata de una figura desconocida hasta el momento en el ordenamiento jurídico español, que se incorpora como una garantía de que los derechos fundamentales se cumplan materialmente en la vida de los ciudadanos. Su condición es la de Alto Comisionado de las Cortes Generales, que lo designan, y su función la de supervisar la Administración, dando cuenta a aquellas del grado de cumplimiento de estos derechos. Su regulación ha de hacerse por ley orgánica, lo que se llevó a cabo por la Ley Orgánica 3/1981, de 6 de abril, del Defensor del Pueblo.

Dicha norma concreta la elección de esta institución, con funciones de supervisión de la actividad de la Administración y el modo de dar cuenta de su actividad a las Cortes Generales. Su elección por estas, para un mandato de cinco años, se realiza por las tres quintas partes de los miembros del Congreso, con ratificación por esa misma mayoría cualificada en el Senado. Ejercerá sus funciones de manera completamente independiente, sin sujeción a mandato alguno. Tiene varias prerrogativas como la inviolabilidad durante el ejercicio de su cargo, inmunidad y aforamiento, para permitir justamente la independencia de su cargo y funciones. Contará con dos adjuntos, que serán nombrados por el propio defensor, de conformidad con las Cámaras.

La ley establece un procedimiento para la actuación del Defensor del Pueblo, quien podrá actuar de oficio o a instancia de parte, en relación con cualquier actividad de la Administración, debiendo esta facilitarle cuanta información sea necesaria. Finalmente, comunicará al interesado el resultado de la tramitación del asunto denunciado o, en su caso, propondrá al Parlamento las reformas legales necesarias en relación con el asunto objeto de tramitación. Igualmente, tendrá legitimación activa para la interposición de los recursos de inconstitucionalidad y de amparo, ante el Tribunal Constitucional.

3. El proceso de defensa de los derechos fundamentales

Como garantías específicas hay que considerar el recurso de amparo ordinario y el recurso de amparo constitucional. Este último se estudia dentro del análisis de las competencias del Tribunal Constitucional, por lo que aquí trataremos únicamente el procedimiento preferente y sumario de defensa de los derechos ante la jurisdicción ordinaria o amparo ordinario. Cuando el artículo 53.2 CE contempla este tipo de procedimiento para la tutela de los derechos recogidos en el artículo 14 y la sección 1.ª del capítulo II del Título I de la Constitución, se está dando entrada al reconocimiento constitucional de un proceso especial de difícil encaje en el Derecho procesal. A esa dificultad contribuyó la defectuosa Ley 62/1978, de 26 de diciembre, de Protección Jurisdiccional de los Derechos Fundamentales, que establecía la sumariedad como nota distintiva en los procesos de defensa de los derechos fundamentales de especial protección. Esta característica implica que el proceso tiene importantes limitaciones en su tramitación, aunque se ha discutido por la doctrina la falta de precisión de este término: se ha llamado la atención sobre la confusión habitual entre proceso «sumario» como «breve» o «rápido», en contraposición a los procesos llamados «plenarios», en los que no está limitado el objeto de cognición o en los que se contradice la pretensión con argumentos y hechos, que permiten de manera excluyente conseguir una resolución judicial favorable.

De una parte, para conseguir rapidez en el procedimiento, este ha de ser sumario y, de otra, la sumariedad implica limitación de medios de prueba, que puede a su vez limitar el derecho de defensa. Una parte importante de la doctrina procesalista considera que la sumariedad indica limitación del conocimiento del tribunal, por estar legalmente limitadas las alegaciones de las partes en el proceso y limitarse también, en ciertos casos, no solo el objeto de la prueba, sino incluso los medios de prueba admisibles. Además, y como consecuencia de ese limitado conocimiento, la sentencia que pone fin a la instancia de un proceso sumario no tiene fuerza de cosa juzgada material y constituye, por tanto, una tutela jurisdiccional de alguna manera provisional o interina, pues cabe promover ulteriormente un proceso ordinario, que será plenario, sobre el mismo asunto u objeto, sin vinculación a la sentencia recaída en el anterior proceso sumario. La limitación del conocimiento de los hechos a aquellos aspectos concretos que la acción procesal comprende, implica una limitación consciente de la realidad de todos los elementos que pueden intervenir en el proceso y que el juez rechaza, obligado por la norma, para eliminar los que no son pertinentes y decidir acerca de esa cuestión concreta, con abstracción de todos los demás hechos, que intervienen en el mismo caso, pero que no atañen a ese derecho, bien porque son de legalidad ordinaria, caso del procedimiento especial de tutela de los derechos fundamentales, bien porque son de la cuestión principal, caso de medidas provisionales adoptadas incidentalmente en el proceso. Este procedimiento, por tanto, no produce en su sentencia la totalidad de los efectos materiales de la cosa juzgada, como consecuencia de que el proceso sumario posee una cognición limitada a uno o a determinados aspectos de la relación jurídica material. La confusión terminológica entre, de una parte, la rapidez en la tramitación y, de otra, la sumariedad, puede traer causa del momento constituyente o de la propia doctrina procesal, pero en sí el término «sumario» produce cierta perplejidad desde el punto de vista de la defensa jurisdiccional de los derechos fundamentales. Y ello porque, siendo un proceso establecido para la defensa de los derechos fundamentales, es muy difícil entender que los medios de defensa estén limitados. Bastaría en teoría invocar el artículo 24 CE para que desapareciera esa limitación de medios probatorios. Hay, además, principios generales del Derecho que se decantan a favor de la mayor expansividad de los derechos fundamentales, pues todo contribuye a crear la convicción de que los derechos fundamentales han de ser prioritarios en un Estado social y democrático de Derecho. Por ello, hay una relación de fondo entre sumariedad y rapidez, que no es terminológica, sino real: se trata de que esta se justifique por la necesidad de restablecer el bien jurídico lesionado, mediante un proceso rápido. Esa rapidez es la que exige un proceso sumario, para que, aunque los medios de prueba se limiten, el proceso permita que la lesión de estos derechos cese cuanto antes.

Además de la rapidez, una segunda garantía en los procesos de lesión de los derechos fundamentales es que se produce una inversión de la carga de la prueba. En concreto, en el orden jurisdiccional social, el artículo 181.2 de la Ley 36/2011, de 10 de octubre, reguladora de la jurisdicción social, dice que «en el acto del juicio, una vez justificada la concurrencia de indicios de que se ha producido una violación del derecho fundamental o libertad pública, corresponderá al demandado la aportación de una justificación objetiva y razonable, suficientemente probada, de las medidas adoptadas y su proporcionalidad».

Tal graduación de la prueba invierte el principio general de la carga de la prueba (*onus probandi incumbit quid afirmat, non quid negat*), derivándola al demandado, lo que se ha considerado por la doctrina una prueba diabólica, en la medida en que exige probar que algo no se ha hecho: sería una prueba negativa de hechos imposible de efectuar, porque lo que no ha ocurrido no puede probarse. El TC, sin embargo, ha considerado perfectamente exigible a una de las partes en el proceso que, una vez constatados los hechos que inducen a pensar en una posible violación de un derecho fundamental, se pueda probar que existen otras razones que justifican esa acción, diferentes de la lesión del derecho, y que esta no es una prueba diabólica (SSTC 29 y 30/2002). En todo caso, se trata de una técnica difícil de llevar a cabo en la práctica, porque no se puede delimitar con claridad en qué consiste una prueba de indicios y cuándo se puede considerar que se ha realizado, por la parte actora en el procedimiento, un esfuerzo probatorio suficiente para considerar configurados los indicios que justifiquen la inversión de la carga de la prueba. La LO 3/2007, de 22 de marzo, para la igualdad entre mujeres y hombres, ha introducido el concepto de inversión de la carga de la prueba en aquellos procesos que lesionen el derecho de igualdad de las mujeres como consecuencia de un acoso laboral o sexual en el trabajo, o de una discriminación directa o indirecta. El artículo 13 de la ley dice que «de acuerdo con las leyes procesales en aquellos procesos en los que las alegaciones de la parte actora se fundamenten en actos discriminatorios, corresponde a la persona demandada probar la ausencia de discriminación en las medidas adoptadas y su proporcionalidad». El segundo párrafo de este artículo excepciona los procesos penales de esta inversión probatoria.

Las garantías jurisdiccionales de los derechos fundamentales a que obliga el artículo 53.2 de la Constitución se regularon inicialmente en la Ley 62/1978, de 26 de diciembre, por la que garantizaban los siguientes derechos: libertad de expresión, reunión y asociación; libertad y secreto de la correspondencia; libertad religiosa y de residencia; la garantía de la inviolabilidad del domicilio; la protección jurídica frente a las detenciones ilegales y, en general, frente a las sanciones impuestas en materia de orden público. La disposición final de la ley establecía que, en un plazo de dos meses, el Gobierno podría incorporar al ámbito de protección de esta ley los nuevos derechos constitucionalmente declarados que fueran susceptibles de protección jurisdiccional, lo que tuvo lugar por el Real Decreto Legislativo 342/1979, de 20 de febrero. Posteriormente, la LOTC, en el apartado 2 de su disposición transitoria 2.ª, estableció: «En tanto no sean desarrolladas las previsiones del artículo 53.2 de la Constitución para configurar el procedimiento de protección de los derechos fundamentales se entenderá que la vía judicial previa a la interposición del recurso de amparo será la contencioso-administrativa ordinaria o la configurada en la sección 2.ª de la Ley 62/1978, sobre protección jurisdiccional de los derechos fundamentales, a cuyos efectos el ámbito de la misma se entiende extendido a todos los derechos y libertades a que se refiere el expresado artículo 53.2 de la Constitución».

La tramitación de la mencionada ley fue paralela a la de la Constitución, pero no recogió el contenido del artículo 53 CE en su integridad y, pese a la ampliación de los derechos susceptibles de amparo en las normas referidas, no responde a las exigencias de un recurso de amparo en el contexto del desarrollo y defensa de los derechos fundamentales. Tampoco se puede decir que las modificaciones posteriores, habidas en los diferentes órdenes jurisdiccionales, hayan aumentado de forma significativa estas garantías, por lo que cabe considerar que estamos ante procedimientos de muy defectuosa calidad técnica en materia procesal. Por lo demás, las condiciones procesales de postulación de los derechos fundamentales no difieren de las del resto de los procesos. Son partes, en un procedimiento de esta naturaleza, las personas físicas o jurídicas a las que se haya producido la lesión de un derecho, si bien esta afirmación debe matizarse en cuanto al ejercicio de algunos derechos por parte de ciertas personas jurídicas. En cuanto a la legitimación activa, se plantea el problema de la posibilidad de que unos derechos considerados fundamentales puedan ser invocados en amparo por personas jurídicas y la jurisprudencia ha sido inicialmente vacilante, considerando a veces que las personas jurídicas no eran susceptibles de protección en materia de derechos fundamentales. Más tarde ha evolucionado a fórmulas más flexibles y, actualmente, se considera que los derechos fundamentales en algunos casos afectan a las personas jurídicas, pues ciertos derechos, como la tutela judicial efectiva del artículo 24 CE, afectan del mismo modo a las personas físicas que a las jurídicas. De todo ello, se deduce que no cabe una solución cerrada, sino de cada derecho en concreto. En cuanto a la legitimación pasiva, el derecho es esgrimible también frente a toda persona física y jurídica.

El objeto en el proceso de defensa de los derechos fundamentales lo constituyen no solo los actos jurídicos, sino las vías de hecho y las omisiones. En el orden contencioso-administrativo, los actos recurribles son aquellos en los que los poderes públicos actúan como tales. Cuando no sea así, ello no obsta a que el recurso de amparo se pueda entablar en el orden jurisdiccional civil. Quedan excluidos los actos políticos del Gobierno (STC 45/1990), y los actos del Poder Legislativo en lo que se refiere a los actos internos (*interna corporis actis*), pero no, lógicamente, los que surtan efectos jurídicos a terceros.

Desde la promulgación de la Ley 62/1978 se han producido distintas reformas legislativas que han tenido la oportunidad de regular el proceso de defensa de los derechos fundamentales en los diferentes órdenes jurisdiccionales. En 1992, la LO 1/1992, de 21 de febrero, de Protección de la Seguridad Ciudadana, hoy derogada y sustituida por la LO 4/2015, de 30 de marzo, de protección de la seguridad ciudadana, modificó el artículo séptimo de esta ley en el ámbito contencioso-administrativo. Posteriormente, la Ley 29/1998, de 13 de julio, reguladora de la Jurisdicción Contencioso-administrativa, en su Título V, dedica un capítulo a la regulación del procedimiento de protección de los derechos fundamentales de la persona: el artículo 114 sustrajo de la Ley 62/1978 la garantía en este orden y regula un procedimiento preferente y limitado a la preservación y restablecimiento del derecho fundamental lesionado, sin perjuicio de que las cuestiones de mera legalidad queden reservadas a un procedimiento contencioso-administrativo ordinario.

En 1995, el Real Decreto Legislativo 2/1995, de 7 de abril, por el que se aprueba el Texto Refundido de la Ley de Procedimiento Laboral, colmó la laguna que, en el ámbito jurisdiccional laboral, había dejado la Ley 62/1978 y que debió ser suplida transitoriamente por la jurisprudencia: actualmente, la Ley 36/2011, de

10 de octubre, reguladora de la jurisdicción social, dedica el capítulo XI del Título II a la regulación del procedimiento de la defensa de los derechos fundamentales en el ámbito laboral.

En el orden jurisdiccional civil, la Ley 1/2000, de 7 de enero, de Enjuiciamiento Civil, en su disposición derogatoria única, derogó los artículos once a quince de la Ley 62/1978, por lo que la protección jurisdiccional civil de los derechos fundamentales será tramitada, desde entonces, por esta ley civil común.

Finalmente, la Ley 38/2002, de 24 de octubre, de reforma de la Ley de Enjuiciamiento Criminal, en su disposición derogatoria única derogó los artículos primero a quinto de la Ley 62/1978, referentes al proceso penal.

La tendencia en estos años ha sido, por tanto, la de obviar la reforma de aquella ley, que regulaba el proceso de los cuatro órdenes jurisdiccionales, para ir a la específica regulación del procedimiento de defensa en cada una de las legislaciones específicas de cada orden jurisdiccional, por lo que después de la última derogación parcial puede entenderse totalmente derogada.

Las características comunes a estos cuatro procesos de defensa de los derechos fundamentales en los diferentes órdenes jurisdiccionales (civil, penal, socio laboral y contencioso-administrativo) son: *a*) el acortamiento de los plazos respecto de los respectivos procesos ordinarios; *b*) la limitación de los medios de prueba a aquellos aspectos que prueben exclusivamente la violación de un derecho fundamental, con inversión de la carga probatoria cuando se determinen indicios; y *c*) la necesidad de que la sentencia que en ellos se dicte se limite, a su vez, a juzgar sobre la lesión del derecho fundamental, sin posibilidad de extenderse a otros aspectos del caso que no tengan que ver directamente con el derecho fundamental lesionado.

Esta delimitación entre juicio de amparo y juicio ordinario ha presentado en la práctica importantes problemas, por la imposibilidad de acumulación de ambos procesos, lo que provoca dudas acerca de los plazos de prescripción de los derechos implicados, así como de la posibilidad de suspensión de estos plazos cuando se está ejercitando la acción de amparo constitucional respecto de la acción ordinaria del derecho: la jurisprudencia, en este sentido, ha sido vacilante, aunque tiende a la suspensión de los plazos a fin de permitir el principio *pro actione*. La STC 72/2002, de 8 de abril, intenta clarificar esta delimitación, en el sentido expuesto, en un supuesto en que no había claridad en el ámbito del recurso (ordinario o de amparo) y se habían acumulado ambas acciones: ordena retrotraer las actuaciones al momento de dictar sentencia en la que se estime la doble acción ejercitada y se resuelva conforme al artículo 24.1 CE, aunque no resuelve si es posible o no esa acumulación, ni tampoco si la Sala de lo Contencioso-Administrativo debe hacer optar al actor por una de ellas, pero parece admitir la doble acción, en la medida en que ordena la retroacción al momento de la sentencia, y no al de la admisión de la demanda. En parecido sentido la STC 131/2007, de 4 de junio, por la que se deniega el amparo a un actor que interpone la acción ordinaria por un procedimiento de concurso por un nombramiento en materia de personal y en otrosí señala que insta también el amparo ordinario, pero esta última acción estaba fuera de plazo: el TC razona a favor de la posible acumulación pero exige unos requisitos que el solicitante no había cumplido.

III. SUSPENSIÓN DEL EJERCICIO DE LOS DERECHOS FUNDAMENTALES

El reconocimiento, por parte del Derecho constitucional, de un núcleo de derechos fundamentales no obsta a que, en determinadas circunstancias, la propia Constitución haya de prever su suspensión durante un tiempo, tanto de forma individual como colectiva. Estas medidas adquieren su justificación en la defensa de valores que han de ser también constitucionalmente defendidos.

Dicha posibilidad se debe considerar como una situación excepcional motivada por circunstancias de tal gravedad que justifiquen las medidas de suspensión de derechos tan importantes y, puesto que estas situaciones difíciles se pueden dar en la sociedad, una forma de evitar la superación del Derecho por los hechos consiste, precisamente, en el reconocimiento constitucional y la regulación de estas situaciones excepcionales. Por ello, los supuestos de excepción se conceptúan siempre como situaciones transitorias, que deben abordarse desde esa misma excepcionalidad y que han de durar el tiempo mínimo imprescindible.

La opción del constituyente por regular las quiebras de la normalidad del funcionamiento del Estado, bien por hechos naturales o por circunstancias sociopolíticas que determinan la exigencia de medidas excepcionales, obligando a restringir el contenido de algunos derechos, es una garantía de que las situaciones de crisis quedan constitucionalmente canalizadas y de que, aun dentro de la excepcionalidad y la restricción de los derechos, no puedan estos arbitrariamente conculcarse, ni ir más allá de las limitaciones constitucionalmente impuestas.

Dado que quedan taxativamente reguladas las situaciones excepcionales, el margen en el que el legislador puede establecer y fijar la suspensión de estos derechos está constitucionalmente acotado, lo que resulta así por la propia razón de ser de tal suspensión: en la medida en que solo opera en una situación de riesgo para el orden público, ha de ir orientada al restablecimiento de la normalidad constitucional y, por ello, debe ser transitoria y excepcional. Solamente en este sentido se puede comprender la aparente contradicción en que incurre el Estado de Derecho suspendiendo el ejercicio de ciertos derechos fundamentales de algunos ciudadanos, para garantizar el funcionamiento del propio Estado de Derecho.

Esta garantía se incrementa, además, con la exigencia de la intervención judicial, unas veces previa y otras veces con inmediato conocimiento y, desde luego, con la revisión por parte del Tribunal Constitucional de las leyes que se han producido para tratar la suspensión individual de las garantías y que, en algún caso, han permitido al TC declarar la inconstitucionalidad de algunos preceptos.

1. Suspensión individual

Estas medidas pueden afectar al ejercicio individual de los derechos y están reguladas en el artículo 55.2, que prevé la posibilidad de que una ley orgánica determine la forma y los casos en que, de forma individual y con la necesaria intervención judicial y el adecuado control parlamentario, los derechos reconocidos en los artículos 17.2, y 18, apartados 2 y 3, puedan ser suspendidos para personas determinadas, en relación con las investigaciones correspondientes a la actuación de bandas armadas o elementos terroristas. Finalmente, el artículo 55.2 prevé, para el abuso o la utilización injustificada de las facultades establecidas en esa ley orgánica, responsabilidades penales por violación de los derechos y libertades.

Esta suspensión individual de las garantías se justifica por la necesidad de hacer frente por parte del Estado, con todos los medios, a grupos organizados que amenazan el propio Estado de Derecho. Y es, en ese sentido, en el que adquiere justificación que se prorrogue el período de detención por más de setenta y dos horas, que se puedan intervenir las comunicaciones o limitar el derecho de inviolabilidad de domicilio. Es inherente a la suspensión la excepcionalidad de la medida, ya que cualquier restricción de estos derechos solamente puede justificarse desde la transitoriedad, y no desde la permanencia.

Ahora bien, la transitoriedad puede contemplarse desde dos puntos de vista distintos: desde la transitoriedad de la suspensión de los derechos, que debe durar el tiempo mínimo imprescindible para garantizar otros derechos concurrentes (seguridad ciudadana, estabilidad del Estado), o desde la transitoriedad de la norma reguladora, que, a juicio de un sector doctrinal, ha de ser también transitoria y con vocación de desaparecer como norma una vez que la situación social se restablezca (FERNÁNDEZ SEGADO). Desde la lectura del precepto constitucional solamente se deduce, como han puesto de manifiesto otros autores (VÍRGALA), que la transitoriedad se predica de la suspensión de los derechos, no de la norma jurídica que la ampara, que puede ser permanente. De ahí que a las primeras leyes antiterroristas, que incorporaban al propio texto legal su período de vigencia, hayan sucedido normas que se han incorporado al Código Penal y a la Ley de Enjuiciamiento Criminal, con vocación de permanencia en el ordenamiento jurídico. El TC ha avalado esta interpretación, considerando que la transitoriedad de la ley se predica materialmente de la suspensión temporal de los derechos, pero no de la vigencia de la norma.

Igual criterio se ha considerado de la individualización de la suspensión a que se refiere el artículo 55.2 CE. No requiere una delimitación puntual de las personas a las que afecta, sino que ha de predicarse de la posibilidad de aplicación a aquellas personas a las que se relaciona con hechos concretos, objeto de una investigación que se esté realizando en el marco determinado por ese precepto constitucional, así como que, de esta actividad, se desprenda la necesidad de la suspensión de estos derechos fundamentales, como medio de obtención de pruebas o esclarecimiento de hechos. Se exige, por tanto, proporcionalidad e idoneidad entre la situación concreta y la suspensión de los derechos.

En cuanto al ámbito material de aplicación de esta previsión constitucional, hay que acotar el concepto de «banda armada» o «elementos terroristas», dada la posibilidad de que podamos estar en presencia de bandas delictivas en las que el elemento terrorista esté ausente. En tal sentido, parece que la idoneidad constitucional va inescindiblemente ligada a la defensa del Estado, por lo que no parece muy probable que, sin ese elemento terrorista, estemos en presencia de una delincuencia común capaz de poner en peligro la seguridad del Estado. Sin embargo, se ha hecho uso de esa legislación antiterrorista en un caso de delincuencia común organizada y se ha justificado por parte del Ejecutivo en una interpretación literal del precepto constitucional, aunque es muy dudoso que ese uso esté justificado, porque, para que se pudiera aplicar esa normativa, tendría que tratarse de una banda capaz de provocar una situación de emergencia de similar gravedad a la del terrorismo: si no es así, no estaría justificado el uso de esta normativa.

Por otra parte, el artículo 55.2 CE contempla lo que se ha llamado legislación antiterrorista como una posibilidad, no como una exigencia del constituyente de desarrollar esta previsión constitucional, puesto que serán las circunstancias políticas las que harán o no exigible esta legislación. Lo que no parece discutible, en cambio, es la exigencia de ley orgánica en el desarrollo de esta previsión, no solo porque así se expresa el texto constitucional, sino por su incumbencia respecto de los derechos fundamentales que restringe o suspende. Sin embargo, en alguna ocasión, el Gobierno ha abordado esta normativa antiterrorista a través de legislación de urgencia en forma de decreto-ley (RDL 3/1979, de 4 de mayo, que prorroga la vigencia del RDL 21/1978, de 30 de junio).

La regulación legal en materia antiterrorista ha sido abundante y ha ido evolucionando en el tiempo. Con anterioridad a la promulgación de la Constitución, se publica el Decreto-Ley 10/1975, de 26 de agosto, sobre prevención del terrorismo, que fue sustituido por el Real Decreto-Ley 2/1976, de 18 de febrero. Posteriormente el Real Decreto-Ley 21/1978, de 30 de junio, que, aun siendo preconstitucional, fue prorrogado en su vigencia después de la Constitución, como se acaba de indicar, por el RDL 3/1979, hasta la Ley Orgánica 11/1980, de 1 de diciembre: esta ley fue objeto de recurso de inconstitucionalidad resuelto por la STC 25/1981, que lo desestimó por razones de forma. A su vez, dicha ley fue sustituida posteriormente por la LO 9/1984, objeto también de recurso de inconstitucionalidad, en el que dictó una sentencia parcialmente estimatoria con la declaración de inconstitucionalidad de algunos preceptos (STC 199/1987). Una consecuencia de esa estimación parcial del recurso de inconstitucionalidad, por tanto, solo de algunos aspectos de la ley fue el desarrollo legislativo que se produce en las Leyes Orgánicas 3 y 4/1988, de 25 de mayo. La primera de ellas establecía medidas procesales que modificaron el Código Penal entonces vigente y, la segunda, la Ley de Enjuiciamiento Criminal. La LO 4/1988 fue sometida a un recurso de inconstitucionalidad por parte del Parlamento vasco, que dio lugar a la STC 71/1994: el principal motivo de inconstitucionalidad aducido por los recurrentes hacía referencia a la inconstitucionalidad de la ley como consecuencia de no haber regulado, dentro de la propia ley, el «adecuado control parlamentario» a que hace referencia el artículo 55.2 CE. La Sentencia desestimó ese motivo de inconstitucionalidad porque consideró que el Parlamento siempre puede ejercer el control parlamentario, sin que necesariamente la ley tenga que prever específicos mecanismos de control. Los derechos que quedan suspendidos mediante la aplicación de la ley deberán serlo durante el tiempo absolutamente imprescindible y, además, de manera totalmente justificada. Esta justificación puede ser anterior a la suspensión, cuando haya de solicitarse la autorización judicial, o posterior, si necesariamente tiene que llevarse a cabo por razones de urgencia sin autorización. La exigencia o no de esa autorización judicial depende de los diferentes derechos sobre los que verse la suspensión.

Continuando con esa importante STC 71/1994, la suspensión de los derechos fundamentales afecta, en primer lugar, al artículo 17.2 CE, que hace referencia a que la detención preventiva no podrá durar más del tiempo estrictamente necesario para la realización de las averiguaciones tendentes al esclarecimiento de los hechos, y, en su caso, en el plazo máximo de setenta y dos horas, el detenido deberá ser puesto en libertad o a disposición de la autoridad judicial. Lo que la legislación antiterrorista puede hacer en relación con la suspensión de estas garantías del detenido es ampliar el plazo de la detención preventiva. Sin embargo, la Constitución permite ampliar este período de detención al suspender, el artículo 55.2 CE, la aplicación del artículo 17.2 CE pero, en cambio, no se establece un límite al tiempo que se va a poder tener detenida a una persona a quien se aplique la legislación antiterrorista, por lo que el Tribunal Constitucional ha considerado aplicable aquí el criterio de la proporcionalidad: con anterioridad a la LO 4/1988, el tiempo máximo legalmente establecido era de diez días, considerado excesivo por el Tribunal Constitucional en la Sentencia 199/1987, pero sin explicitar cuál podría ser ese máximo constitucionalmente admisible. Actualmente, la LO 4/1988 regula estos plazos de la siguiente forma: la autoridad policial solicitará a la autoridad judicial una ampliación de plazo durante las primeras 48 horas de detención, que deberá contestarse por el juez dentro de las siguientes 24 horas, y permitirá la ampliación de este plazo por otras 48 horas más.

Con respecto a la posibilidad de suspensión de los derechos reconocidos en el artículo 18.2 CE, el artículo 533 de la Ley de Enjuiciamiento Criminal, modificado por la LO 4/1988, exige que la entrada y el registro domiciliario que se efectúen, por razones de aplicación de la legislación antiterrorista, se pongan en conocimiento inmediato de la autoridad judicial.

En cuanto al derecho al secreto de las comunicaciones garantizado por el artículo 18.3 CE podrían, si las circunstancias lo exigen, intervenirse estas durante tres meses, prorrogables por otros tres.

Finalmente, hay que destacar la previsión del artículo 55.2 CE respecto de la utilización abusiva o injustificada de las facultades establecidas en esa ley orgánica, que tendría como consecuencia una responsabilidad penal por violación de los derechos y libertades reconocidos en las leyes. En el Código Penal vigente no se recoge ningún tipo especial de delito circunscrito a este precepto constitucional, por lo que habrá de estarse, pues, a la aplicación de los tipos generales.

2. Suspensión colectiva

En cuanto a las medidas de suspensión colectiva de los derechos, la regulación constitucional se recoge fundamentalmente en dos preceptos: los artículos 55.1 CE y 116 CE.

El artículo 55 CE, en su apartado 1, alude a la posibilidad de suspender los derechos reconocidos en los artículos 17, 18 (apdos. 2 y 3), 19, 20 [apdos. 1.*a*) y *d*) y 5], 21, 28 (apdo. 2), y 37 (apdo. 2) CE, cuando se acuerde la declaración del estado de excepción o del estado de sitio en los términos previstos en la Constitución. Lo previsto en el artículo 17.3 CE no puede suspenderse para el supuesto de declaración del estado de excepción.

Por su parte, el artículo 116.1 CE prevé tres situaciones —alarma, excepción y sitio— que serán reguladas por ley orgánica, con las limitaciones y competencias correspondientes.

Esta previsión constitucional ha sido desarrollada por la LO 4/1981, de 1 de junio, de los estados de alarma, excepción y sitio. La ley establece unas disposiciones comunes a los tres estados y una regulación específica para cada uno de ellos. Considera que procederá su aplicación cuando las circunstancias hicieran imposible el mantenimiento de la normalidad por los poderes públicos y autoridades competentes. Precisa que tanto las medidas adoptadas, como su aplicación, serán restrictivas y, en todo caso, adecuadas a las circunstancias, así como que las disposiciones adoptadas por los poderes públicos estarán siempre sometidas a control jurisdiccional, que podrá revisarlas, dado que por la propia ley se establece que las instituciones del Estado seguirán su normal funcionamiento. También se prevé una responsabilidad patrimonial del Estado para el supuesto de daños a personas, derechos o bienes durante la vigencia de estos tres estados.

A) *El estado de alarma*

El estado de alarma debe ser declarado por el Gobierno mediante Real Decreto acordado por el Consejo de Ministros, por un plazo máximo de quince días y dando cuenta inmediata al Congreso de Diputados, cuya aprobación será imprescindible para prorrogarlo. La situación de alarma no tiene que afectar a todo el Estado, por lo que el Real Decreto deberá especificar el ámbito territorial a que se extiende.

La indefinición constitucional acerca de lo que pueda entenderse por estado de alarma ha forzado a la doctrina a intentar acotar como tal las situaciones que se producen en los casos de catástrofes naturales o de máxima conflictividad laboral en las que se paralicen servicios públicos esenciales, o cualesquiera otras sanitarias o de diversa naturaleza por las que el Estado haya de suplantar la actividad normal de la sociedad en su conjunto.

Esta ambigüedad conceptual permite caracterizar situaciones muy diferentes desde el punto de vista social. Así, se podría decir que una huelga continuada de un sector productivo que dejara desabastecida a la población podría considerarse como un estado de alarma, como también podría serlo un desastre nuclear o un terremoto.

La LO 4/1981 ha considerado cuatro situaciones posibles a los efectos de calificar un estado de alarma:

1) Catástrofes naturales, es decir, incendios, terremotos, inundaciones o accidentes de gran magnitud.
2) Crisis sanitarias, epidemias o graves contaminaciones.
3) Paralización de servicios públicos por huelgas que no garanticen el cumplimiento de los servicios mínimos.
4) Situaciones de desabastecimiento de productos de primera necesidad.

En cuanto a las medidas que puede adoptar el Estado en relación con la situación de alarma, están taxativamente establecidas y consisten en restricciones de la circulación a horas determinadas y a lugares concretos, la requisa temporal de bienes o imposición de prestaciones, la ocupación transitoria de empresas, la racionalización del consumo de productos y las medidas de aseguramiento en el abastecimiento de los mercados y el funcionamiento de los servicios públicos. En nuestro ordenamiento jurídico ya se ha conocido una situación en la que el Gobierno ha recurrido a esta figura, mediante el Real Decreto 1.673/2010, de 4 de diciembre, por el que se declara el estado de alarma para la normalización del servicio público esencial del transporte aéreo, y el Real Decreto 1.717/2010, de 17 de diciembre, por el que se prorroga el estado de alarma declarado por el Real Decreto 1.673/2010, de 4 de diciembre. Su promulgación se debió a la situación laboral de los controladores civiles del tráfico aéreo y el Gobierno justificó la medida por las exigencias del artículo 19 CE en relación con el derecho de libre circulación. El número de ciudadanos afectados, la entidad de los derechos conculcados y la gravedad de los perjuicios ocasionados fueron las razones de la declaración de ese estado: el artículo 1 del Real Decreto declaró el estado de alarma con la finalidad de afrontar la paralización del servicio público esencial del transporte aéreo, el artículo 2 delimitó el ámbito territorial y material, que fue el territorio nacional y se extendió a la totalidad de las torres de control de los aeropuertos de la red y a los centros de control gestionados por la entidad pública empresarial que gestionaba dicho servicio; en el artículo 3, y en cumplimiento de la propia LO 4/1981, se declaró la consideración de personal militar y la sumisión a las órdenes directas de las autoridades designadas en este Real Decreto, así como la sujeción a las leyes penales y disciplinarias militares.

La duración fue de quince días, con prórroga mediante el segundo Real Decreto mencionado, que solo contenía dos artículos: el primero, para prorrogar el estado de alarma y, el segundo, para establecer su duración de quince días.

El acuerdo del Pleno del Congreso de los Diputados de 16 de diciembre de 2010, de autorización de la prórroga del estado de alarma, fue recurrido en amparo por los controladores del tráfico aéreo, si bien el Tribunal Constitucional inadmitió por Auto el recurso: entendían los recurrentes que el Acuerdo del Pleno del Congreso de los Diputados que autorizaba la prórroga era inconstitucional por contrario a sus derechos fundamentales. El Tribunal Constitucional, en el Auto 7/2012, de 13 de enero, consideró que era inadmisible el recurso de amparo para este acto del Congreso porque, al tener «valor de ley», solamente podía ser impugnado ante la jurisdicción constitucional por un recurso o una cuestión de inconstitucionalidad, para los que los recurrentes en amparo no estaban legitimados. El Auto contiene un voto particular, suscrito por tres magistrados, que entienden que debió admitirse el recurso de amparo. Además, los controladores del tráfico aéreo interpusieron alternativamente un recurso contencioso-administrativo por la vía del amparo ordinario ante la Sala de lo Contencioso-Administrativo del Tribunal Supremo, que fue desestimado por Auto, que se recurrió en amparo nuevamente ante el Tribunal Constitucional. Se elevó al Pleno el recurso de amparo y, en fecha 28 de abril de 2016, se ha dictado la STC 83/2016 que lo desestima, resolviendo que «la declaración del estado de alarma corresponde al Gobierno con carácter exclusivo y ha de llevarse a cabo mediante decreto acordado por el Consejo de Ministros» (FJ 8), dar cuenta al Congreso de los Diputados, reunido al efecto, y suministrarle la información que le sea requerida: todos estos trámites se cumplieron en la actuación del Gobierno, sin que resultara lesionado ningún derecho fundamental. Más discutible resulta la afirmación de que «no toda la actuación del Gobierno, cuyas funciones se enuncian en el artículo 97 del Texto constitucional, está sujeta al Derecho Administrativo», pudiendo el Gobierno actuar como un órgano político, fuera por tanto del control de los artículos 106.1 CE y 8 LOPJ: en este caso, el TC considera que el Gobierno, al activar el procedimiento de solicitud al Congreso de la autorización de la prórroga del estado de alarma, que era el objeto del amparo ordinario, no estaría llevando a cabo un acto jurídico, sino político (FJ 12).

La última declaración del estado de alarma se ha producido como consecuencia de la pandemia del COVID-19, a través del Real Decreto 463/2020, de 14 de marzo, por el que se declara el estado de alarma para la gestión de la situación de crisis sanitaria ocasionada por el COVID-19, y del Real Decreto 926/2020, de 25 de octubre, por el que se declara el estado de alarma para contener la propagación de infecciones causadas por el SARS-CoV-2.

B) *El estado de excepción*

Por lo que se refiere al estado de excepción, para su declaración es necesaria la autorización previa del Congreso, que establece un período máximo de duración de treinta días prorrogables por otros treinta. El Real Decreto deberá contener, igual que la autorización del Congreso, el ámbito territorial, duración y efectos del estado de excepción.

El estado de excepción hace referencia a situaciones de emergencia en relación con el mantenimiento del orden público, que pueden estar provocadas por algaradas callejeras o situaciones políticas graves. A diferencia del estado de alarma, el estado de excepción admite caracterizaciones evidentes, como las alteraciones del orden público por grupos organizados.

La LO 4/1981 define estas situaciones en su artículo 13, considerando que procede la declaración del estado de excepción cuando el libre ejercicio de los derechos y libertades de los ciudadanos, el normal funcionamiento de las instituciones democráticas, el de los servicios públicos esenciales para la comunidad, o cualquier otro aspecto del orden público, resulten tan gravemente alterados que el ejercicio de las potestades ordinarias fuera insuficiente para establecerlo y mantenerlo.

C) *El estado de sitio*

Finalmente, el estado de sitio deberá ser declarado por mayoría absoluta del Congreso a propuesta del Gobierno. También se determinarán las condiciones, duración y ámbito territorial.

El estado de sitio hace referencia a insurrecciones violentas por parte de grupos armados que pongan en peligro la soberanía del Estado o el orden constitucional.

La LO 4/1981 considera estado de sitio aquel en que se pueda producir o, de hecho, se produzca una insurrección o acto de fuerza contra la soberanía o independencia de España, su integridad territorial u ordenamiento constitucional.

Es necesario distinguir entre estado de sitio y estado de guerra, que exige una declaración constitucional por parte del Rey, que el artículo 63.3 CE regula en sus competencias constitucionales.

A la suspensión de las garantías de los derechos fundamentales que quedan afectados en el estado de excepción, se adicionan en este caso las garantías de ser informado de una detención, no ser obligado a declarar y la asistencia letrada a que se refiere el artículo 17.3 CE en presencia policial y judicial.

IV. BIBLIOGRAFÍA

BALAGUER CALLEJÓN, F.: «Aplicación de la Constitución y garantías de los derechos», *Anuario de Derecho Político y Estudios Políticos*, n.º 2, Granada, 1988.

— «Capacidad creativa y límites del legislador en relación con los derechos fundamentales. La garantía del contenido esencial de los derechos», en Miguel Ángel APARICIO PÉREZ (coord.), *Derechos Constitucionales y pluralidad de ordenamientos*, CEDECS, Barcelona, 2001.

— «El contenido esencial de los derechos constitucionales y el régimen jurídico de la inmigración. Un comentario a la STC 236/2007, de 7 de noviembre», *ReDCE*, n.º 10, julio-diciembre de 2008, http://www.ugr.es/~redce/.

— (coord.): *Introducción al Derecho Constitucional*, 6.ª ed., Tecnos, Madrid, 2017.

— (coord.): *Manual de Derecho Constitucional*, tomos I y II, 12.ª ed., Tecnos, Madrid, 2017.

BAÑO LEÓN, J. M.: «La distinción entre derecho fundamental y garantía institucional en la Constitución española», *REDC*, n.º 24, 1988.

BERDUGO DE LA TORRE, I.: «Los estados de alarma, excepción y sitio», *RPC*, n.º 5, 1981.

CARRILLO, M.: *La tutela de los derechos fundamentales por los tribunales ordinarios*, CEC, Madrid, 1995.

CRUZ VILLALÓN, P.: «La protección extraordinaria del Estado», en A. PREDIERI y DE OTTO, I., «La regulación del ejercicio de los derechos y libertades. La garantía de su contenido esencial en el artículo 53.1 de la Constitución», en L. MARTÍN-RETORTILLO e I. DE OTTO Y PARDO, *Derechos fundamentales y Constitución*, Cívitas, Madrid, 1988.

FERNÁNDEZ DE GATTA SÁNCHEZ, D.: «El Estado de Alarma y las medidas contra el coronavirus ante jueces y tribunales», *Diario La Ley*, n.º 9655, 2020.

FERNÁNDEZ SEGADO, F.: «Naturaleza y régimen legal de la suspensión general de los derechos fundamentales», *RDP*, n.os 18-19, Madrid, 1983.

— «La suspensión individual del ejercicio de derechos constitucionales», *REP*, n.º 35, Madrid, 1983.

GARCÍA DE ENTERRÍA RAMOS, A., y NAVARRO MEJÍA, I.: «La actuación de las Cortes Generales durante el estado de alarma para la gestión de la crisis del COVID-19», *Revista de las Cortes Generales*, n.º 108, 2020, pp. 245-288.

GARCÍA MORILLO, J.: *La protección judicial de los derechos fundamentales*, Tirant lo Blanch, Valencia, 1994.

HÄBERLE, P.: «La garantía constitucional de los derechos fundamentales», en A. LÓPEZ PINA (ed.), *División de poderes e interpretación*, Tecnos, Madrid, 1987.

— «El contenido esencial de los derechos fundamentales», en A. LÓPEZ PINA (ed.), *La garantía constitucional de los derechos fundamentales, Alemania, España, Francia e Italia*, Cívitas, Madrid, 1991.

JIMÉNEZ CAMPO, J.: *Derechos fundamentales, concepto y garantías*, Trotta, Madrid, 1999.

MARTÍNEZ CUEVAS, M. D.: *La suspensión individual de derechos y libertades fundamentales en el ordenamiento constitucional español*, Comares, Granada, 2002.

NARANJO DE LA CRUZ, R.: *Los límites de los derechos fundamentales en las relaciones entre particulares: la buena fe*, CEPC, Madrid, 2000.

PÉREZ UGENA, M.: *Defensor del Pueblo y Cortes Generales*, Publicaciones del Congreso de los Diputados, Madrid, 1996.

PRESNO LINERA, M. Á.: «Coronavirus SARS-CoV-2 y derechos fundamentales (14): comentario al Auto del Tribunal Constitucional sobre la prohibición de una manifestación el 1 de mayo», en *El derecho y el revés*, https://presnolinera.wordpress.com/2020/05/02/coranavirus-sars-cov-2-y-derechos-fundamentales-14-comentario-al-auto-del-tribunal-constitucional-sobre-la-prohibicion-de-una-manifestacion-el-1-de-mayo/

RODRÍGUEZ DÍAZ, A.: *Integración Europea y Derechos Fundamentales*, Cívitas, Madrid, 2001.

VELASCO CABALLERO, F.: «Estado de alarma y distribución territorial del poder», *El Cronista del Estado Social y Democrático de Derecho*, n.os 86-87, 2020 (Ejemplar dedicado a: Coronavirus y otros problemas), pp. 78-87.

VÍRGALA FORURIA, E.: «La suspensión de los derechos por terrorismo en el ordenamiento español», *REDC*, n.º 40, 1994.

LECCIÓN 10

LOS DERECHOS FUNDAMENTALES EN LA CONSTITUCIÓN ESPAÑOLA

SUMARIO: I. *Introducción.* II. *El derecho a la vida.* III. *El derecho a la libertad religiosa.* IV. *El derecho a la libertad y a la seguridad. Procedimiento de habeas corpus.* V. *Derechos de la personalidad.* 1. El derecho al honor, a la intimidad personal y familiar y a la propia imagen. 2. El secreto de las comunicaciones. VI. *Derecho a la libre circulación y a la residencia.* VII. *El derecho a la libertad de expresión e información.* 1. La censura previa en la Constitución Española. 2. El secuestro judicial. 3. El derecho de rectificación. 4. La cláusula de conciencia. 5. La regulación constitucional del secreto profesional. 6. La libertad de cátedra. VIII. *El derecho de reunión y manifestación.* IX. *Derecho de asociación.* X. *El derecho de participación política.* XI. *Bibliografía.*

I. INTRODUCCIÓN

La Constitución Española regula en el Título I los derechos fundamentales, en cinco Capítulos en los que se declaran como tales derechos aquellos que el constituyente ha considerado, después del acuerdo entre las diferentes fuerzas políticas presentes en el Parlamento conseguido en el proceso constituyente. No todos los derechos que se regulan en este Título tienen la misma protección ni intensidad normativa. La sección 1.ª del capítulo II comprende desde el artículo 15 a 29, ambos inclusive y, la sección 2.ª, los artículos 30 a 38.

El artículo 14 CE, con el que se inicia el capítulo II, proclama la igualdad de todos los españoles ante la ley, sin que pueda prevalecer discriminación alguna por razón de nacimiento, raza, sexo, religión, opinión o cualquier otra condición o circunstancia personal o social. Pese a que regula un derecho fundamental, el de la igualdad, no se ubica en la sección 1.ª: esto es así porque el constituyente consideró que el derecho de igualdad era transversal a todos los demás derechos, y su protección es la misma de los demás derechos fundamentales de la Sección 1.ª

II. EL DERECHO A LA VIDA

El artículo 15 CE reconoce que todos tienen derecho a la vida, sin que puedan ser sometidos a torturas ni a penas o tratos inhumanos o degradantes.

El derecho a la vida comprende:

— El derecho a la integridad física
— El derecho a la integridad moral.
— El derecho a no sufrir torturas.
— El derecho a no sufrir penas ni tratos inhumanos o degradantes.
— El derecho a no ser condenado a la pena de muerte.

La delimitación del derecho a la vida, en cuanto derecho fundamental en su contenido esencial, abarca por tanto diferentes manifestaciones, algunas de las cuales han tenido que ser concretadas e interpretadas por el Tribunal Constitucional en sus resoluciones, fundamentalmente en lo que se refiere al derecho a la interrupción del embarazo o a los derechos sexuales y reproductivos de las mujeres y el derecho a la vida. En la actualidad este derecho se regula en la Ley Orgánica 2/2010, de 3 de marzo, de salud sexual y reproductiva y de la interrupción voluntaria del embarazo. El Preámbulo basa la regulación en unos antecedentes normativos internacionales, como la Resolución de las Naciones Unidas 34/180, de 18 de diciembre de 1979, de eliminación de toda forma de discriminación contra la mujer, cuyo artículo 12 exige a los Estados partes la adopción de medidas que aseguren la atención médica y la planificación de la familia; la IV Conferencia sobre la Mujer celebrada en Pekín, que por primera vez reconoce los derechos de las mujeres al control de su sexualidad, y la Resolución del Parlamento Europeo 2001/2128(INI), sobre salud sexual y reproductiva de las mujeres que recomienda a los Estados legislar sobre la materia.

La LO 2/2010 reconoce tener dos características importantes en este sentido: adecuarse a ese marco internacional y sacar fuera del Código Penal la regulación de la interrupción voluntaria del embarazo. Ante el avance que supuso la regulación de 1985 sobre el aborto legal, ahora se impone una nueva regulación menos restrictiva: se apoya para ello en una STEDH de 20 de marzo de 2007, que exige la protección jurídica de la mujer embarazada y la obligación de los Estados de facilitar el ejercicio de los derechos de las mujeres.

El artículo 14 de la ley regula los supuestos de interrupción del embarazo, en las primeras catorce semanas de gestación, y con sujeción a dos requisitos: que se haya entregado información relativa a los derechos que asisten a la mujer embarazada y que hayan transcurrido tres días. En el artículo 15 se regula el aborto terapéutico cuando se dé algunos de estos tres requisitos: que no se superen las veintidós semanas, que corra riesgo la vida o la salud de la madre o que se presenten anomalías fetales o inviabilidad del feto. Tales circunstancias exigen acreditación médica, para lo que la ley crea un comité clínico, formado por un equipo multidisciplinar, de dos médicos especialistas en ginecología y obstetricia o expertos en diagnóstico prenatal, uno de ellos elegido por la mujer, un pediatra y un psicólogo clínico.

En el artículo 17 se contiene una exigencia informativa obligatoria para las mujeres, discutible desde la propia lógica de la ley. Si se acaba de afirmar normativamente el derecho de la mujer a su libre maternidad, las exigencias de información alternativa sobre el aborto parecen cuando menos inconvenientes, por no decir directamente obstructivas de esos derechos. Esa minoría de edad que se supone que exige el contenido informativo de los poderes públicos se compadece escasamente con la afirmación rotunda de los derechos, pues, sencillamente, debe suponerse que, cuando se reconocen derechos, debe facilitarse su ejercicio, como se regula en otros preceptos de la ley, pero no debe exigirse a la mujer una espera de tres días, como si ella necesitara madurar sus decisiones.

Por lo que se refiere a la objeción de conciencia en la interrupción del embarazo, el Tribunal Constitucional ya había determinado en la STC 53/1985 (FJ 14) que, «pese a ser una insuficiencia de la ley, ese derecho puede ser ejercido con independencia de que se haya dictado o no tal regulación. La objeción de conciencia forma parte del contenido del derecho fundamental a la libertad ideológica y religiosa reconocido en el artículo 16.1 de la Constitución y como ha indicado este Tribunal en diversas ocasiones, la Constitución es directamente aplicable, especialmente en materia de derechos fundamentales». Esta regulación se produce en el artículo 19.2 de la LO 2/2010 al establecer que «Los profesionales sanitarios directamente implicados en la interrupción voluntaria del embarazo tendrán el derecho de ejercer la objeción de conciencia sin que el acceso y la calidad asistencial de la prestación puedan resultar menoscabadas por el ejercicio de la objeción de conciencia. El rechazo o la negativa a realizar la intervención de interrupción del embarazo por razones de conciencia es una decisión siempre individual del personal sanitario directamente implicado en la realización de la interrupción voluntaria del embarazo, que debe manifestarse anticipadamente y por escrito. En todo caso los profesionales sanitarios dispensarán tratamiento y atención médica adecuados a las mujeres que lo precisen antes y después de haberse sometido a una intervención de interrupción del embarazo».

Igualmente, debe tenerse en cuenta que algunas creencias religiosas sostienen limitaciones del derecho a la vida en relación con algunas aplicaciones terapéuticas, que han originado situaciones en el campo de la medicina y cuya última interpretación en relación con la Constitución ha necesitado de una clarificación por la jurisdicción constitucional. El TC ha tenido ocasión de sentar algunos criterios respecto de este conflicto entre dos derechos fundamentales (SSTC 24/1994, 166/1996) y, especialmente importante en este sentido, fue la STC 154/2002, de 18 de julio, que estimó el amparo a dos padres que habían sido condenados penalmente por negarse a autorizar una transfusión de sangre a su hijo: el Tribunal sentó aquí algunos criterios en relación con el derecho a la vida y a la libertad religiosa.

La LO 2/2010 ha sido levemente modificada en un aspecto que, en su día, fue polémico y se refiere al consentimiento de las mujeres menores de dieciséis años en relación con la interrupción voluntaria de su embarazo. Así, la LO 11/2015, de 21 de septiembre, para reforzar la protección de las menores y mujeres con capacidad modificada, judicialmente, en la interrupción voluntaria del embarazo, deroga el artículo 13 en su punto cuarto, que queda sin contenido, y, además, modifica el artículo 9.5 de la Ley 41/2002, de 14 de noviembre, básica reguladora de la autonomía del paciente y de derechos y obligaciones en materia de información y documentación clínica, que pasa a tener una nueva redacción: «La práctica de ensayos clínicos y la práctica de técnicas de reproducción humana asistida se rigen por lo establecido con carácter general sobre la mayoría de edad y por las disposiciones generales de aplicación. Para la interrupción voluntaria del embarazo de menores de edad o personas con capacidad modificada judicialmente será preciso, además de su manifestación de voluntad, el consentimiento expreso de sus representantes legales. En este caso, los conflictos que surjan en cuanto a la prestación del consentimiento por parte de los representantes legales, se resolverán de conformidad con lo dispuesto en el Código Civil».

Finalmente, en lo que se refiere a un derecho fundamental a la muerte, como contenido propio y garantizado dentro del derecho a la vida, el Tribunal Constitucional ha negado esta posibilidad con ocasión de las SSTC 120 y 137/1990, dictadas en procesos de amparo en que se sustanciaba este derecho ante la situación creada por una huelga de hambre de presos de la organización terrorista Grapo como presos políticos. Los reclusos recurrieron las decisiones de la administración penitenciaria de alimentar forzosamente a los huelguistas: el Tribunal denegó el amparo sobre la base de que no existe en la Constitución un derecho a la muerte y que la Administración penitenciaria tenía la obligación de garantizar la vida de los reclusos.

Ha sido en 2021 cuando se ha producido la regulación de la eutanasia, por la LO 3/2021, de 24 de marzo, según su Exposición de Motivos, «La eutanasia significa etimológicamente «buena muerte» y se puede definir como el acto deliberado de dar fin a la vida de una persona, producido por voluntad expresa de la propia persona y con el objeto de evitar un sufrimiento». El artículo 4.1 de la LO 3/2021, reconoce el derecho de toda persona que cumpla los requisitos previstos en la Ley a solicitar y recibir la prestación de ayuda para morir. Los requisitos para poder recibir la prestación de ayuda para morir son, según el artículo 5.1:

«*a*) Tener la nacionalidad española o residencia legal en España o certificado de empadronamiento que acredite un tiempo de permanencia en territorio español superior a doce meses, tener mayoría de edad y ser capaz y consciente en el momento de la solicitud.

b) Disponer por escrito de la información que exista sobre su proceso médico, las diferentes alternativas y posibilidades de actuación, incluida la de acceder a cuidados paliativos integrales comprendidos en la cartera común de servicios y a las prestaciones que tuviera derecho de conformidad a la normativa de atención a la dependencia.

c) Haber formulado dos solicitudes de manera voluntaria y por escrito, o por otro medio que permita dejar constancia, y que no sea el resultado de ninguna presión externa, dejando una separación de al menos quince días naturales entre ambas.

Si el médico responsable considera que la pérdida de la capacidad de la persona solicitante para otorgar el consentimiento informado es inminente, podrá aceptar cualquier período menor que considere apropiado en función de las circunstancias clínicas concurrentes, de las que deberá dejar constancia en la historia clínica.

d) Sufrir una enfermedad grave e incurable o un padecimiento grave, crónico e imposibilitante en los términos establecidos en esta Ley, certificada por el médico responsable.

e) Prestar consentimiento informado previamente a recibir la prestación de ayuda para morir. Dicho consentimiento se incorporará a la historia clínica del paciente».

La Ley 3/2021 garantiza el derecho a la objeción de conciencia de los profesionales sanitarios directamente implicados en la prestación de ayuda para morir (art. 16).

Y como garantía se prevé que existirá una Comisión de Garantía y Evaluación en cada una de las Comunidades Autónomas, así como en las Ciudades de Ceuta y Melilla (art. 17).

Por último, el artículo 15 CE declara expresamente que: «Queda abolida la pena de muerte, salvo lo que puedan disponer las leyes penales militares para tiempos de guerra». Pero, también ha sido abolida a través de la Ley Orgánica 11/1995, de 27 de noviembre, sobre abolición de la pena de muerte en tiempo de guerra, cuyo artículo Segundo modifica la Ley Orgánica 13/1985, de 9 de diciembre, del Código Penal Militar, suprimiendo el inciso del párrafo sexto del Preámbulo de la Ley Orgánica 13/1985, de 9 de diciembre, del Código Penal Militar, cuyo texto es el siguiente: «Por imperativo constitucional únicamente se prevé la posibilidad de pena de muerte para tiempos de guerra, estableciéndose en todo caso como alternativa y no como pena única».

III. EL DERECHO A LA LIBERTAD RELIGIOSA

El artículo 16 CE en su apartado 1 «garantiza la libertad ideológica, religiosa y de culto de los individuos y de las comunidades, sin más limitación en sus manifestaciones que la necesaria para el mantenimiento del orden publico protegido por la ley». En el apartado 2 reconoce el derecho a que nadie pueda ser obligado a declarar sobre su ideología, religión o creencias, afirmando —en el apartado 3— que ninguna confesión tendrá carácter estatal aunque, a continuación, termina diciendo que «los poderes públicos tendrán en cuenta las creencias religiosas de la sociedad española y mantendrán las consiguientes relaciones de cooperación con la Iglesia Católica y las demás confesiones».

La laicidad no es solo una actitud individual de las personas ante el fenómeno religioso, sino un elemento nuclear del Estado de Derecho, en la medida en que compromete sus fines. Frente a la religión, la libertad de conciencia se puede definir como el derecho a tener, o no, unas u otras creencias, convicciones, ideas, opiniones, así como a expresarlas o manifestarlas y a no ser obligado a comportarse en contra de ellas.

El encuadre jurídico en el que se encuentra la laicidad proviene, en el ámbito internacional, del artículo 18 de la Declaración Universal de los Derechos Humanos, al reconocer que «toda persona tiene derecho a la libertad de pensamiento, de conciencia y de religión; este derecho incluye la libertad de cambiar de religión o de creencia, individual o colectivamente, tanto en público como en privado, por la enseñanza, la práctica, el culto y la observancia». De aquí cabe extraer un núcleo de derechos que garantizan la laicidad en los Estados y el consiguiente ejercicio por su ciudadanía. Posteriormente, el Pacto Internacional de Derechos Civiles y Políticos en su artículo 18 establece los límites del ejercicio de estos derechos.

En España, el artículo 16 CE contiene una formulación acerca de la libertad de conciencia, pero esa norma permite una presencia desequilibrada de la Iglesia Católica, considerada mayoritaria en la sociedad española, con la que el Estado mantiene acuerdos de colaboración. La peculiaridad de la Iglesia Católica consiste, nada menos, que en su consideración de sujeto de derecho internacional y no de Iglesia, por lo que no es válido el esquema de sujetar la religión al derecho, sino de la de un convenio entre dos Estados. De ahí que la religión católica haya sido un importante grupo de presión, en la fase constituyente del Estado después de la dictadura.

La redacción de este precepto está, por tanto, justificada por el contexto histórico y ha condicionado en buena parte el desarrollo de materias como la educación, la cultura y otros temas de importancia social. Sin embargo, el condicionamiento más importante que se produce respecto a la Iglesia Católica proviene de los convenios que nuestro Estado mantiene con ella en la condición de Estado Vaticano: como se verá, la jurisprudencia constitucional ha debido tener en cuenta esta situación. Ciertamente muestra una tendencia a la eliminación de los privilegios de la Iglesia Católica anteriores a la Constitución, en materias civiles como los arrendamientos (STC 340/1993) o, incluso, en militares, pero ha mantenido posiciones más discutibles en situaciones derivadas de la colisión normativa entre la legislación constitucional y laboral y el convenio internacional. Un ejemplo del avance jurisprudencial es la STC 101/2004, por la que se estima el amparo a un policía no católico que se negó a desfilar en unos actos religiosos, en el entendimiento de que había una alternativa menos gravosa que el sacrificio del derecho.

En situaciones en las que el análisis del artículo 14 CE, en relación con actos o normas de derecho canónico, puedan colisionar, ha dado el Tribunal preferencia a estas últimas. La relación que el Estado mantiene en materia de educación con la Iglesia Católica, cuya posición histórica justifica una estructura que permite, en virtud del Concordato firmado entre la Santa Sede y España, prestaciones en ese sentido, han generado problemas de alcance en materia laboral. La resolución de uno de estos problemas, el de la conciliación entre los derechos fundamentales de las personas que prestan sus servicios en centros educativos, o que han de ser propuestas por los Obispados como parte del profesorado de los mismos, se ha resuelto de forma discutible desde el punto de vista constitucional. Una cadena de resoluciones del Tribunal ha considerado que debía priorizarse el derecho de la Iglesia sobre los derechos laborales de las personas afectadas y sobre sus derechos fundamentales a la libertad sexual, o de intimidad. El *leading case* lo constituye la STC 38/2007, que conoce la cuestión de inconstitucionalidad planteada por un juzgado de lo social sobre la LO 1/1990: la actora impartía clases de religión a propuesta del Obispado desde 1990 y, separada de su marido, mantiene una relación afectiva, calificada de pecaminosa por la Iglesia, que lleva a no proponerla en el año 2002 para el siguiente curso. El TC declara constitucionalmente válida la normativa y considera que no se infringen los artículos 14 ni 16 CE, por exigir una conducta acorde con los principios de la Iglesia Católica en una prestación laboral.

Más tarde, la STC 90/2007, de 19 de abril, conoce la cuestión de inconstitucionalidad presentada por un juzgado de Canarias, en relación con una profesora de religión que prestaba servicios para la demandada desde 1994 y, que en el año 2001, no es propuesta para su trabajo, por no reunir los requisitos de idoneidad, por estar afiliada a un sindicato y por haber tomado parte activa en una huelga. En trámite de recurso de suplicación se eleva la cuestión por la Sala de lo Social del Tribunal Superior de Justicia de Canarias, acerca de si constituyen o no un límite insuperable los derechos fundamentales, en la declaración de idoneidad según derecho canónico. El TC considera que, efectivamente, constituyen un límite pero inadmite la cuestión y no declara la inconstitucionalidad del párrafo 2 de la disposición transitoria 2.ª de la LO 1/1990, de 3 de octubre, ya derogado por la LO 10/2002, de 23 de diciembre, sin perjuicio del control concreto de los actos de aplicación y su conformidad con los derechos fundamentales, control que corresponde a la jurisdicción ordinaria (en el mismo sentido las SSTC 80 y 87/2007).

De manera similar resuelve la STC 128/2007, de 4 de junio, que conoce de un recurso de amparo contra la Comunidad Autónoma de Murcia, en una Sentencia dictada por un juzgado de lo social. El demandante en amparo es un sacerdote ordenado en 1961, que pidió dispensa en 1984, en 1985 había contraído matrimonio civil y había tenido cinco hijos. Era miembro activo del movimiento «pro celibato» y prestaba servicios como profesor de religión y moral católicas. En 1997 no le fue renovado el contrato por constituir su vida privada motivo de escándalo. La no renovación coincide con el momento en que se le concede la secularización, si bien su situación de profesor se mantuvo mientras estaba casado y con hijos. Se invocaron los artículos 14, 16, 18 y 20 CE aunque, además del solicitante, solamente el Ministerio Fiscal solicitó la estimación del amparo: ni por parte del abogado del Estado ni por la representación de la Comunidad Autónoma de Murcia se consideraba que se hubiera producido una lesión de los derechos fundamentales. El Tribunal Constitucional entiende que las relaciones entre los profesores de religión y la Iglesia Católica no son estrictamente las propias de una empresa de tendencia, sino que configuran una categoría específica y singular (FJ 5).

El análisis de estas resoluciones y su evidente mediatización por normas internacionales, suscritas entre el Estado español y la Santa Sede, ponen de manifiesto la forma en que nuestros derechos fundamentales entran en colisión con otros valores de contenido religioso, que en principio deberían subordinarse al contenido constitucional de un Estado.

IV. EL DERECHO A LA LIBERTAD Y A LA SEGURIDAD. PROCEDIMIENTO DE *HABEAS CORPUS*

El artículo 17 CE reconoce el derecho de toda persona a la libertad y seguridad, y que nadie pueda ser privado de su libertad sino con la observancia de lo establecido en ese precepto y en los casos y en la forma prevista en la ley.

Con independencia del reconocimiento constitucional de la libertad como valor superior del ordenamiento o de la autodeterminación individual de las personas, en el artículo 17 se reconoce, sobre todo, un derecho a la deambulación física y a la no interdicción de esa libertad. El apartado 2, en consecuencia, ordena que la detención preventiva no podrá durar más tiempo del estrictamente necesario para la realización de las averiguaciones tendentes al esclarecimiento de los hechos y, en todo caso, en el plazo máximo de setenta y dos horas, el detenido deberá ser puesto en libertad o a disposición de la autoridad judicial.

El apartado 4 del artículo 17 CE ordena la regulación legal de un procedimiento de *habeas corpus*, para producir la inmediata puesta a disposición judicial de toda persona detenida ilegalmente. Con esta exigencia constitucional se pretende que ninguna persona pueda ser detenida arbitrariamente, es decir, sin la clara acusación de un delito o imputación por hechos delictivos.

La LO 6/1984, de 24 de mayo, regula esta institución mediante un procedimiento rápido que permita la puesta en libertad de una persona que no haya sido detenida con imputación de cargo. La Exposición de Motivos señala las características de este proceso: ágil, rápido, carente de formalismos, de observación general por los poderes públicos y general, abarcando así no solamente el momento de la posible detención arbitraria, sino también prolongaciones ilegales de detención. En su artículo 1 la ley determina que su objeto es la inmediata puesta en libertad de cualquier persona detenida ilegalmente, o su puesta a disposición judicial, enunciando cuatro posibles detenciones ilegales: las que no cumplan las formalidades legales; los internamientos ilícitos en cualquier establecimiento o lugar; las que duren un plazo superior al señalado por las leyes y, finalmente, las privaciones de libertad en que no sean respetados los derechos que la Constitución y las leyes procesales garantizan a las personas.

La competencia para conocer una demanda de *habeas corpus* corresponde al juez de instrucción del lugar en que se encuentra la persona privada de libertad y, si no se conoce el paradero, del lugar en el que hayan tenido noticias de ella. Se excepcionan los supuestos de terrorismo, que se deben sustanciar ante un juez central de instrucción, y los de la jurisdicción militar.

La legitimación para instar la demanda la tienen el privado de libertad si le es posible, su cónyuge o persona unida por análoga relación de afectividad, los ascendientes o descendientes, hermanos, Ministerio Fiscal, el Defensor del Pueblo, o el propio juez competente de oficio.

El procedimiento, salvo en los casos de oficio, se inicia por escrito o comparecencia, en el que consten el nombre y las circunstancias personales del solicitante y del detenido, el lugar en el que se presuma la falta de libertad, y todas aquellas circunstancias que pudieran facilitar el proceso.

El juez dictará auto acordando la incoación del procedimiento, previa audiencia del fiscal, o la denegación del procedimiento. Si estima la demanda, se ordenará a la autoridad gubernativa o administrativa la inmediata puesta en libertad, todo ello en un plazo de veinticuatro horas. En caso de ser conforme a derecho la detención, el juez ordenará el archivo de actuaciones.

Finalmente, puede ocurrir que la detención sea legal, pero hayan concurrido circunstancias de incumplimiento de formalidades legales: en tal supuesto, ordenará que continúe la privación de libertad, modificando las circunstancias que sean exigibles para restablecer el derecho.

De cualquier circunstancia que derive del proceso, se deducirá por el juez testimonio por si procede determinar responsabilidades penales.

V. DERECHOS DE LA PERSONALIDAD

1. El derecho al honor, a la intimidad personal y familiar y a la propia imagen

El artículo 18 CE reconoce un conjunto de derechos derivados del honor y la intimidad: al honor, a la intimidad personal y familiar y a la propia imagen. Se ha dudado en algún momento de si esta norma regula un solo derecho, el del honor, con dos concreciones en su ejercicio, o, por el contrario, se trata de tres diferentes derechos fundamentales, con su contenido propio en cada uno de ellos, que serían el honor, la intimidad y la imagen: después de ver el desarrollo jurisprudencial, la doctrina se ha inclinado por atribuir un contenido esencial a cada uno de ellos.

En lo que se refiere al honor, lo que la Constitución garantiza es un derecho a la consideración moral de cada persona, en relación muy estrecha con la dignidad que se reconoce en el artículo 10.1, es decir, la exigencia de respeto a la dignidad de una persona, por el mero hecho de serlo.

Con posterioridad a la Constitución Española, la Ley Orgánica 1/1982, de 5 de mayo, desarrolla el artículo 18 CE y regula el ejercicio de los derechos al honor, a la intimidad personal y familiar y a la propia imagen, enunciando de manera conjunta los tres derechos. De esta forma, aparecen entremezcladas varias figuras, en cuya concreción la doctrina ha venido entendiendo, igual que la jurisprudencia y los mismos justiciables, que, a veces, bajo la petición del derecho al honor se contiene un derecho a la imagen o a la intimidad.

En la ley se habla del derecho al honor, a la intimidad personal y familiar y a la propia imagen, pero no se establecen criterios de distinción de estos conceptos, de manera que se utilizan de forma indistinta para englobar generalmente un derecho al honor.

Hay, sin embargo, diferencias relevantes entre estos tres derechos fundamentales, para lo que basta detenerse en el contenido esencial de cada uno de ellos. El derecho al honor, en su contenido esencial, lo viene a constituir la dignidad de la persona en cuanto tal, formando parte del núcleo esencial del derecho la consideración de la persona en cuanto a su integridad de ser humano, reconocida también en el artículo 10.1 CE.

Para que se produzca una lesión del derecho al honor, es necesario que se afecte a la dignidad de la persona, al reconocimiento que los demás tienen de ella, de su integridad moral o de su consideración social (STC 49/2001): es, por tanto, el honor «la buena reputación de la persona, amparándola frente a expresiones o mensajes que puedan hacerla desmerecer de la condición ajena al ir en su descrédito o menosprecio» (STC 216/2006).

A diferencia de este contenido esencial del derecho del honor, que se puede definir como la consideración que los demás tienen de una persona, el derecho a la intimidad en su contenido esencial hace referencia a la obligación, por parte de los poderes públicos y de la sociedad, de respetar un ámbito de privacidad en la persona.

Desde este punto de vista, honor e intimidad no se superponen ni coinciden, sino que simplemente se relacionan, y lo hacen de manera que no siempre la violación de la intimidad supone descrédito o minusvaloración del honor, ni el honor ha de afectar a esferas de la intimidad necesariamente, sino que cabe una relación contraria. Puede ocurrir, sin embargo, que el descrédito se lleve a cabo mediante una lesión al derecho a la intimidad, cuando se revelen datos atinentes a la intimidad de la persona, que tengan el efecto de lesionar también su honor.

En cuanto al derecho a la intimidad, tiene unas características claramente diferenciadas en su contenido esencial, pudiendo definirse como el derecho a no ser molestado y a guardar la conveniente reserva acerca de los datos de una persona que esta no quiera divulgar. Es el derecho a mantener una vida privada sin interferencias de terceros ni del Estado, con la garantía de que nadie pueda invadir los aspectos reservados de la vida íntima.

A nivel legislativo se ha generado una conexión clara entre el derecho a la intimidad y el derecho al honor, en la medida en que se exige, como condición necesaria para entender vulnerado el primero, que quede afectada la reputación. La Ley Orgánica 1/1982, de 5 de mayo, establece efectivamente que «tienen la consideración de intromisiones ilegítimas la divulgación de expresiones o hechos concernientes a una persona, cuando la difame o la haga desmerecer en la consideración ajena» (art. 7.7). La doctrina ha llamado la atención acerca de esta incomprensible limitación legal del derecho a la intimidad, pues la intromisión como tal no tiene por qué ocasionar perjuicio a la reputación, bastando con que se invada la intimidad. En este sentido, contrasta fuertemente la restricción del derecho a la intimidad con la amplitud de la protección de la imagen, ya que —en este segundo supuesto— basta con el uso de la imagen para vulnerar el derecho, sin que se requiera que la reputación quede afectada. Se observa aquí una vulneración del contenido esencial del derecho, que ha llevado a la doctrina a considerar la Ley Orgánica 1/1982, como claramente inconstitucional.

El derecho a la intimidad conecta con el ámbito de privacidad a que tiene derecho todo ciudadano en un Estado de Derecho. A diferencia del honor, se conceptúa en gran medida como un derecho frente al Estado, verdadero monopolizador junto con la industria multinacional, de la información y la acumulación de datos sobre la intimidad de las personas. Desde esta perspectiva, el problema fundamental se presenta en el grado de confidencialidad a que viene obligado el Estado respecto de la vida privada de los ciudadanos y, de ahí, la determinación de un núcleo mínimo de intimidad reconocido por la Constitución en el artículo 18. Sin embargo, no hay que ignorar que la acumulación de datos por parte del Estado va más allá del puro interés en el dato concreto, pues estos, en sus combinaciones posibles, exceden de lo que en un principio se puede suponer que representan: así, el domicilio, que parece un dato objetivo sin trascendencia en la intimidad, aporta una información importante en cuanto al estatus social de las personas, que, combinado con otros, puede ocasionar lesiones del derecho a la intimidad. En la STC 25/2019, de 25 de febrero, el TC ha considerado que se vulnera el derecho a la intimidad personal, a la propia imagen y al honor por la obtención subrepticia de información en un ámbito estrictamente privado, como es una consulta profesional, que no estaría amparada por la libertad de información (STC 12/2012).

La imagen, en tanto que representa la iconografía del ser humano, es colindante con el derecho al honor y se relaciona, en un cierto sentido con este, puesto que una lesión del derecho a la imagen representa la lesión de una parte del honor. Así lo tiene reconocido la jurisprudencia del Tribunal Constitucional, que ha ratificado que el derecho de imagen atribuye a su titular la facultad de disponer de la representación de su aspecto físico que permita su identificación, lo que conlleva el derecho de impedir la obtención, reproducción o publicación de su propia imagen por un tercero no autorizado (STC 77/2009, de 23 de marzo, FJ 2). Por tal razón, la caricatura que pretende ridiculizar la imagen de una persona, constituye una intromisión ilegítima en el derecho de imagen, formando parte del contenido del derecho de imagen la protección, no solamente de la fotografía, sino de cualquier referencia que intente vejar la imagen física (STC 23/2010).

Se trata, como vemos, de tres derechos fundamentales autónomos, que no precisan de una conexión necesaria para su protección, sino que cada uno de ellos tiene un contenido esencial diferenciado de los demás. Tampoco cabe considerar el derecho al honor como genérico respecto de los derechos de intimidad o imagen: así lo ha considerado el TC, dando autonomía a cada uno de ellos (STC 81/2001).

2. El secreto de las comunicaciones

El artículo 18.3 CE dice que «se garantiza el secreto de las comunicaciones y, en especial, de las postales, telegráficas y telefónicas, salvo resolución judicial».

Este derecho está concebido inicialmente como un ámbito de inmunidad personal frente al Estado. Pertenece a ese núcleo de derechos que el modelo liberal de Estado del siglo XIX define como derechos oponibles frente a los poderes públicos y como defensa individual de los sujetos frente al Estado, encontrando su fundamento constitucional en nuestro ordenamiento, en el artículo 10.1 CE que reconoce la dignidad de la persona y la afirmación del libre desarrollo de la personalidad como fundamento del orden político y de la paz social. Se trata de un derecho de configuración formal, para cuya violación no es necesario que se llegue a difundir, ni incluso a conocer el contenido informativo soportado en el medio utilizado para la información, sino que se consuma en el acto mismo de disponer, abrir o intervenir una comunicación.

Comparte con el derecho fundamental a la intimidad, la fundamentación del derecho a mantener un ámbito de la vida personal en la privacidad, sin injerencias externas.

Se diferencia de otros derechos, como el de la intimidad, reconocido en el apartado 1 del artículo 18, en que el derecho al secreto de las comunicaciones es un derecho de configuración formal, frente al derecho de intimidad, que es un derecho material.

El derecho al secreto de las comunicaciones se lesiona cuando se interceptan estas comunicaciones, con independencia de su contenido. El derecho a la intimidad, sin embargo, tiene un contenido material, constituido por todos aquellos aspectos de la vida de las personas que son sustraídos al conocimiento público, y, si alguno de ellos se difunde, se viola el derecho. No hay, por tanto, identidad: puede haber intimidad que no sea secreta y secretos que no necesariamente sean íntimos.

La única posibilidad de levantar el secreto de las comunicaciones la tiene la autoridad judicial. Esto implica que ese levantamiento tiene que obedecer a una motivación concreta y que, por ello, la resolución judicial que la acuerde ha de motivar en derecho las razones de ese levantamiento del secreto. Además, han de existir indicios delictivos: las escuchas telefónicas se utilizan como un medio de obtención de información en el transcurso de una investigación policial o judicial, y pueden llegar a constituir un medio de prueba.

Es, pues, un derecho autónomo y con contenido propio respecto del derecho de intimidad reconocido en el artículo 18.1 CE. El ejercicio de este derecho no lo constituye la privacidad sino la mera interceptación de la comunicación, con independencia de que se lesione o no la intimidad. Esta diferenciación ha sido señalada por el Tribunal Constitucional de manera constante.

El derecho al secreto de las comunicaciones impide la interceptación antijurídica de las comunicaciones ajenas, por lo que este derecho se vulnera tanto con la aprehensión de un soporte físico que contenga el mensaje, como por la apertura de un correo electrónico o mensaje de telefonía móvil.

VI. DERECHO A LA LIBRE CIRCULACIÓN Y A LA RESIDENCIA

El artículo 19 CE en su párrafo primero reconoce el derecho de «los españoles a elegir libremente su residencia y a circular por el territorio nacional». El párrafo segundo señala que «Asimismo, tienen derecho a entrar y salir libremente de España en los términos que la ley establezca. Este derecho no podrá ser limitado por motivos políticos o ideológicos».

Esta norma hay que ponerla en conexión con otros preceptos constitucionales, si queremos ver el alcance del contenido del derecho. Fundamentalmente, con el artículo 55 CE, que permite la suspensión de los derechos reconocidos en los artículos 17, 18, 19, 20, 21, 28 y 37, total o parcialmente, «cuando se acuerde la declaración del estado de excepción o de sitio en los términos previstos en la Constitución». Dicha previsión, a su vez, se contiene en el artículo 116 CE, que mandata a una regulación por ley orgánica de los estados de excepción y sitio, con las competencias y limitaciones correspondientes, exigiendo para su aplicación un importante control parlamentario, habida cuenta de la restricción de derechos fundamentales sobre los que opera.

También es muy importante la conexión sistemática del artículo 19 con el artículo 139 CE que, en su apartado segundo, establece que «Ninguna autoridad podrá adoptar medidas que directa o indirectamente obstaculicen la libertad de circulación y establecimiento de las personas y la libre circulación en todo el territorio español»: intenta esta norma garantizar la igualdad de los españoles en todas las CCAA en orden a no permitir que puedan producirse situaciones de obstrucción de esas libertades en ninguna comunidad autónoma.

En cuanto a los titulares de estos derechos, la formulación «españoles» que aparece también en la cabecera del reconocimiento de otros derechos fundamentales (arts. 14, derecho de igualdad; 29, derecho de petición; 30, derecho y deber de defender a España) ha de entenderse en un sentido amplio, y referido más al término «persona», que al de la condición de nacionalidad. También aquí es necesaria una conexión sistemática de los diferentes preceptos constitucionales, legales e, incluso, comunitarios e internacionales, para determinar las condiciones en que deben ejercitarse estos derechos por ciudadanos extranjeros.

El desarrollo legal del derecho de libertad de circulación y de residencia ha sufrido algunas restricciones importantes. El artículo 19 de la LO 1/1992 establecía la posibilidad de que los agentes de las fuerzas y cuerpos de seguridad pudieran limitar o restringir, por el tiempo imprescindible, la circulación o permanencia en vías o lugares públicos en supuestos de alteración del orden, de la seguridad ciudadana o de la pacífica convivencia, cuando fuere necesario para su restablecimiento. La ley fue recurrida de inconstitucionalidad, dictándose la STC 341/1993, que consideró inconstitucionales dos preceptos, entre los que estaba el artículo 21.2, que facultaba, a los cuerpos y fuerzas de seguridad, a la entrada en un domicilio sin mandamiento judicial, cuando tuviera fundadas sospechas de que se podía cometer un delito o se estuviera ante un delito flagrante: la Sentencia consideró que era inconstitucional la indeterminación de ese precepto, en la medida en que podía generar una infracción del derecho constitucional a la inviolabilidad de domicilio. El segundo precepto declarado inconstitucional fue el artículo 26.*j*), que hacía referencia a la regulación de materia sancionatoria mediante un reglamento, lo que era contrario al principio de legalidad.

Por lo que se refiere a la jurisprudencia del TC en la materia, puede considerarse que se ha tenido una amplia concepción de la libertad de circulación, al resolver sobre los derechos de manifestación y reunión, considerando que toda restricción ha de estar ampliamente justificada y motivada (SSTC 90, 110 y 163/2006). A veces, incluso, esa motivación y justificación de los jueces y tribunales ordinarios ha sido revisada por el Tribunal, si ha considerado que la valoración de la jurisdicción ordinaria podía restringir indebidamente el ejercicio del derecho de manifestación, como ha ocurrido con la STC 96/2010, de 15 de noviembre, por la que estima la violación del derecho de manifestación de la «Plataforma 8 de marzo», que había convocado su manifestación anual de conmemoración del Día Internacional de la Mujer, y que había sido declarada ilegal por la Junta Electoral porque, al coincidir con la jornada de reflexión previa a la convocatoria electoral del 9 de marzo de 2008, infringía la normativa electoral. Frente a esa resolución, y a la sentencia dictada por la jurisdicción contencioso-administrativa, el Tribunal Constitucional considera que, en modo alguno, afecta a la neutralidad política una manifestación sobre los derechos de las mujeres.

Esta Ley Orgánica 1/1992 ha sido modificada por la LO 4/2015, de 30 de marzo, de protección de la seguridad ciudadana, que ha supuesto una importante restricción en las libertades de los derechos de reunión y manifestación, y ha sido recurrida de inconstitucionalidad.

Finalmente, en cuanto al derecho de libertad de residencia, el TC ha tenido ocasión de pronunciarse en relación, sobre todo, con el estatus fiscal en un Estado compuesto, considerando que la elección de residencia implica la aceptación de las condiciones fiscales, beneficios, perjuicios y cargas que esa elección comporte (SSTC 8/1986 y 90/1989).

VII. EL DERECHO A LA LIBERTAD DE EXPRESIÓN E INFORMACIÓN

El derecho a la libertad de información reconocido en el artículo 20 CE agrupa a un conjunto de derechos que, bajo la genérica denominación de «información», hace referencia a toda aquella actividad de comunicación informativa. El artículo

20 dice: «1. Se reconocen y protegen los derechos: *a*) A expresar y difundir libremente los pensamientos, ideas y opiniones mediante la palabra, el escrito o cualquier otro medio de reproducción. *b*) A la producción y creación literaria, artística, científica y técnica. *c*) A la libertad de cátedra. *d*) A comunicar o recibir libremente información veraz por cualquier medio de difusión. La ley regulará el derecho a la cláusula de conciencia y al secreto profesional en el ejercicio de estas libertades. 2. El ejercicio de estos derechos no puede restringirse mediante ningún tipo de censura previa. 3. La ley regulará la organización y el control parlamentario de los medios de comunicación social dependientes del Estado o de cualquier ente público y garantizará el acceso a dichos medios de los grupos sociales y políticos significativos, respetando el pluralismo de la sociedad y las diversas lenguas de España. 4. Estas libertades tienen su límite en el respeto a los derechos reconocidos en este Título, en los preceptos de las leyes que lo desarrollen y, especialmente, en el derecho al honor, a la intimidad, a la propia imagen y a la protección de la juventud y de la infancia. 5. Sólo podrá acordarse el secuestro de publicaciones, grabaciones y otros medios de información en virtud de resolución judicial».

La libertad de expresión y la libertad de información son derechos fundamentales que constituyen, por su naturaleza, el presupuesto de una sociedad libre y democrática. Estos derechos, reconocidos en el artículo 20 CE, se han vinculado, en nuestro ordenamiento constitucional, al concepto de Estado social y democrático de Derecho.

La Constitución los regula con una especial consideración e importancia, por la situación anterior de ausencia de libertades que, en el momento de su aprobación, todavía vivía la sociedad española: el régimen que precedió al ordenamiento constitucional vigente exigía que la regulación de los derechos derivados de la libertad de expresión e información adquiriera un especial protagonismo, por la necesidad de reafirmar estos valores sobre un pasado en el que la censura previa impedía cualquier manifestación espontánea de pensamiento u opinión. Obsérvese cómo el artículo 1 CE reconoce la libertad como un valor superior del ordenamiento, junto con la igualdad, la justicia y el pluralismo político: de alguna manera, la libertad resulta ser también el presupuesto inevitable del ejercicio de cualquiera de los otros tres valores, no siendo imaginable una sociedad plural sin el previo valor de la libertad de configuración de una opinión pública libre.

Precisamente por esa derivación histórica, los derechos de libertad de expresión e información han adquirido en nuestro ordenamiento una sobredimensión respecto de los derechos individuales, en un intento de compensación de ese régimen anterior ausente de libertades, donde las limitaciones a estos derechos se identifican con posiciones cercanas a ese régimen. Esto los convierte en preferentes sobre otros, en la vía de la justificación de los valores del pluralismo informativo y la contribución a los valores superiores del ordenamiento.

La libertad de expresión se constituye en una exigencia democrática, porque a nadie se puede privar de emitir una opinión o creencia en una sociedad en la que el ejercicio del poder es resultado de unas elecciones democráticas libres, para cuya participación es necesario que la ciudadanía se forme un criterio acerca de todas las posibilidades ideológicas que puede votar y, por consiguiente, un presupuesto del pluralismo político es el pluralismo ideológico.

En la Constitución Española de 1978 se reconoce un núcleo importante de derechos relacionados con la libertad de expresión y el derecho de información. A su vez, el derecho de información se ha configurado constitucionalmente como un derecho instrumental de otros derechos muy importantes en un Estado democrático, fundamentalmente el de participación política y el de pluralismo político: la publicidad de las actuaciones públicas y el derecho a la información son presupuestos ineludibles de un Estado democrático para contribuir a la formación de la voluntad política.

El artículo 20 CE reconoce, pues, un catálogo amplio de derechos y libertades públicas en el ámbito del derecho de información, y otros artículos del texto constitucional reconocen derechos específicos de información, que garantizan a los ciudadanos la publicidad y la transparencia de las actuaciones de los poderes públicos, como el artículo 105, que regula el derecho de los ciudadanos al acceso de ciertas actividades de la Administración: en él se establece que «la ley regulará: *a*) La audiencia de los ciudadanos, directamente o a través de las organizaciones y asociaciones reconocidas por la ley, en el procedimiento de elaboración de las disposiciones administrativas que les afecten. *b*) El acceso de los ciudadanos a los archivos y registros administrativos, salvo en lo que afecte a la seguridad y defensa del Estado, la averiguación de los delitos y la intimidad de las personas. *c*) El procedimiento a través del cual deben producirse los actos administrativos, garantizando, cuando proceda, la audiencia del interesado». Igualmente, el artículo 120 CE, que establece la publicidad de las resoluciones judiciales.

Por tanto, cualquier restricción al derecho de información en un Estado de Derecho ha de estar justificada, en principio, por la protección de otros bienes o derechos que venga exigida por esos mismos principios o derechos constitucionalmente reconocidos: así, el secreto en algunas informaciones se justifica por la protección del derecho de intimidad o de un interés público prevalente, como la seguridad del Estado; el derecho de información, reconocido en el artículo 20, por el derecho al honor y a la intimidad; las restricciones al derecho de información por el derecho o el deber de guardar secreto en algunos profesionales, o la exención del deber de colaborar con la Administración de justicia de algunos familiares; finalmente, el artículo 18 limita, además, el derecho de información, por los siguientes derechos también fundamentales: la inviolabilidad de domicilio, el secreto de las comunicaciones y el uso de la informática.

Se trata de derechos derivados todos ellos, de manera más o menos directa, de la libertad de expresión y del derecho de información. Un Estado democrático no puede concebirse sin una opinión pública libre. Muy pronto, el Tribunal Constitucional interpretará estos preceptos constitucionales desde la perspectiva del derecho a la formación de una opinión pública libre, conectada al pluralismo político, y como una exigencia de las sociedades democráticas.

1. La censura previa en la Constitución Española

El apartado segundo del artículo 20 CE prohíbe la censura previa, como restrictiva del uso de los derechos a la libertad de expresión e información. Es una reacción tajante al modelo preconstitucional de la legislación franquista: la Constitución prohíbe de manera explícita que pueda ejercitarse por los poderes públicos ningún tipo de coacción a la libertad de expresión y de información.

El Tribunal Constitucional se ha pronunciado acerca de la institución de la censura previa con ocasión de la prohibición de emitir un programa de televisión. La STC 187/1999 declara constitucionalmente válido el secuestro judicial de una publicación, como medida preventiva, en el caso de una emisión prevista en la que se adelantaban contenidos que pudieran resultar injuriosos para dos personajes públicos. Esa medida preventiva, acordada antes de que hubiera habido oportunidad de conocer los contenidos del programa, se consideraba por los recurrentes en amparo como una especie de censura previa. Algunos de los contenidos que presumiblemente se iban a emitir en el medio televisivo, figuraban ya en un medio escrito, cuyo secuestro se solicitó por los querellantes ante el juez, pero no se concedió porque se consideró escasa su efectividad, dado que la revista ya había sido distribuida.

En esta sentencia el Tribunal Constitucional define la censura previa como «cualquier medida limitativa de la elaboración o difusión de una obra del espíritu que consista en el sometimiento a un previo examen por el poder público del contenido de la misma cuya finalidad sea la de enjuiciar la obra en cuestión con arreglo a unos valores abstractos y restrictivos de la libertad, de manera tal que se otorgue el plácet a la publicación de la obra que se acomode a ellos a juicio del censor o se le niegue en caso contrario» (FJ 5). La interdicción, por parte de la Constitución de esa censura previa, tiene su justificación en la necesidad de garantizar la neutralidad de los poderes públicos ante la libertad de expresión, que permita la libre opinión de las personas, sin interferencias acerca de qué contenidos han de ser o no divulgados, comunicados o recibidos por la ciudadanía: la Constitución reacciona así frente a una pasada «censura gubernativa». Pero esa situación no es comparable a la posibilidad de que un juez considere la necesidad de evitar la divulgación de datos y hechos concernientes a la honorabilidad de las personas, de daño irreparable que, a diferencia del antiguo secuestro administrativo, se adoptan de conformidad con el artículo 20.5 de la misma Constitución, en garantía de otros derechos también fundamentales.

La finalidad de la garantía de la prohibición de la censura previa está, sobre todo, en evitar que los poderes puedan imponer los contenidos informativos o intervenir en los modelos de comunicación que limiten la libertad de expresión de cara al desarrollo democrático de las instituciones, o del libre ejercicio de la libertad de expresión. Los límites, por tanto, deben ser ejercidos por el poder judicial, motivados y razonados, en función de la necesidad de proteger derechos que queden injustificadamente limitados por una información que les afecte.

Por tanto, no es posible ningún tipo de secuestro de publicaciones derivado del poder ejecutivo: toda limitación, en lo que se refiere a la censura previa, debe tener un origen judicial y esta resolución judicial no se puede entender tampoco como un apoderamiento genérico, sino que debe ser solicitada por quien se encuentre lesionado en sus derechos o por el Ministerio Fiscal.

2. El secuestro judicial

El artículo 20.5 CE señala que «Sólo podrá acordarse el secuestro de publicaciones, grabaciones y otros medios de información en virtud de resolución judicial». La Constitución da por sentado un concepto de secuestro de las publicaciones, y constitucionaliza exclusivamente la exigencia de que el secuestro solamente se podrá acordar por la autoridad judicial. Esto implica la erradicación definitiva de cualquier tipo de actuación gubernativa en materia de intervención sobre los contenidos de las libertades de expresión e información: no solamente en el establecimiento de una censura sobre los medios de comunicación, sino también sobre las consecuencias de esas teóricas limitaciones, que no pueden originar un secuestro del material en el ámbito del poder ejecutivo, sino solamente judicial, con las garantías de un proceso.

Esta limitación, la del secuestro de una comunicación, supone la posibilidad de secuestrar una publicación o programa, en cualquier soporte informativo, cuando haya una fundada sospecha de que se pueden lesionar algunos de estos derechos. La única posibilidad de secuestro gubernativo se reconoce, después de la Constitución, en la Ley Orgánica 4/1981, de 1 de junio, de los estados de alarma, excepción y sitio que, en su artículo 21, regula la posibilidad de suspender estos derechos informativos: «1. La autoridad gubernativa podrá suspender todo tipo de publicaciones, emisiones de radio y televisión, proyecciones cinematográficas y representaciones teatrales, siempre y cuando la autorización del Congreso comprenda la suspensión del artículo 20, apartados 1.*a*) y *d*) y 5 de la Constitución. Igualmente, podrá ordenar el secuestro de las publicaciones. 2. El ejercicio de las potestades a que se refiere el apartado anterior no podrá llevar aparejado ningún tipo de censura previa». Pero, naturalmente, se trata de una situación de absoluta excepcionalidad, que se justifica en función de las especiales circunstancias políticas vividas en un estado prebélico e, incluso, de guerra, en los que la división de los poderes del Estado puede estar en una situación que no permita adoptar decisiones de conformidad con la normalidad constitucional.

3. El derecho de rectificación

El derecho a la rectificación de cualquier contenido informativo se contiene en la LO 2/1984, de 26 de marzo, reguladora del derecho de rectificación. La ley protege aquí el derecho de toda persona física o jurídica a rectificar una información difundida por cualquier medio de comunicación social, de hechos que le aludan, que considere inexactos y cuya divulgación pueda causarle un perjuicio. Nada dice la ley en relación con la definición o naturaleza de este derecho, sino solamente —en su artículo primero— reconoce que se tiene el derecho a rectificar esa información.

En la medida en que constituye un límite para el ejercicio del derecho de la libertad de expresión, además de un derecho propio de la persona a ejercitar, a su vez, la libertad de expresión de dar a conocer su verdad informativa, las empresas de comunicación vienen obligadas a insertar en sus contenidos, de prensa escrita o audiovisual, las respuestas a informaciones que hayan emitido y que produzcan ese efecto informativo.

Esta inserción es obligatoria para los medios de comunicación, de manera que no puede ser ignorada, cuando se solicita por alguna persona, acogiéndose al derecho de rectificación, con independencia de la verdad o falsedad de la noticia, y, consiguientemente, de la verdad o falsedad de la rectificación. Se trata, pues, de un derecho de configuración formal que se agota en su ejercicio y con independencia de que la persona que exige su rectificación demuestre o no al medio que se trata de una información veraz o falsa.

Por tanto, y con independencia de que no exista en la Constitución, ni en la ley que lo regula, un concepto expreso ni una definición de lo que se entienda por derecho de rectificación, del contenido de la LO 2/1984 se deduce, como veremos, que se trata de un derecho a la defensa de la persona afectada, a corregir los errores informativos que se refieran a ella y a la corrección formal, por parte del medio, de esos contenidos, con independencia de su verdad o falsedad.

Por eso, la vía establecida en la ley en relación con el derecho de rectificación, no excluye otras que puedan ser utilizadas, tanto por parte del medio como de la persona afectada por la información, en lo que se refiere a un proceso por injurias o calumnias, o la vía civil de responsabilidad por lesión de los derechos al honor, a la intimidad personal y familiar o a la imagen. En estos procesos es donde puede dilucidarse ya el valor de verdad o falsedad, y la lesión de estos derechos: en el ejercicio del derecho de rectificación solamente se atiende al derecho de esa persona a rectificar una información producida sobre ella y con la que no está de acuerdo.

4. La cláusula de conciencia

Aparece regulada en el artículo 20.1.*d*) CE como una garantía del derecho a comunicar o recibir libremente información veraz por cualquier medio de difusión. La Constitución garantiza en este precepto que «una ley regulará el derecho a la cláusula de conciencia y al secreto profesional en el ejercicio de estas libertades». De esta primera garantía, la cláusula de conciencia, se ha publicado una ley, que regula los aspectos fundamentales derivados de la posibilidad de ruptura del vínculo laboral cuando se produce una violación de ese derecho: se trata de la Ley Orgánica 2/1997, de 19 de junio, reguladora de la cláusula de conciencia de los profesionales de la información. Su Exposición de Motivos se justifica por la propia exigencia constitucional y por la necesidad de precisar su contenido, asegurar el correcto ejercicio del derecho por parte de los profesionales de la información, y proporcionar un instrumento jurídico que garantice la libertad de conciencia del profesional en el ejercicio de su profesión.

Por ser un derecho de protección jurisdiccional directa, no es necesaria su regulación legal para acudir al orden jurisdiccional en demanda de amparo, pero ahora la ley concreta de manera sucinta algunas condiciones de su ejercicio.

Siguiendo los criterios establecidos en la jurisprudencia del Tribunal Constitucional, la ley considera a los profesionales de la información como el factor fundamental en la producción de la información y, por ello, su trabajo debe estar presidido por un indudable componente intelectual que, ni los poderes públicos, ni las empresas de comunicación pueden ignorar. El profesional de la información no puede ser concebido como una especie de mercenario abierto a todo tipo de informaciones y noticias que son difundidas al margen del mandato constitucional de veracidad y pluralismo.

De ahí que, en la citada Exposición de Motivos, se defina al profesional de la información como agente social de esta, que ejerce su trabajo bajo el principio ineludible de la responsabilidad, y a las empresas de la comunicación como entidades que, más allá de su naturaleza jurídica de privadas o públicas, participan en el ejercicio de un derecho constitucional que es condición necesaria para la existencia de un régimen democrático.

El artículo 1 define la cláusula de conciencia como un derecho constitucional de los profesionales de la información, que tiene por objeto garantizar la independencia en el desempeño de su función profesional.

El artículo 2 faculta a estos profesionales a solicitar la rescisión de su relación jurídica con la empresa de comunicación en que trabajen en los siguientes supuestos:

a) Que en el medio de comunicación con el que estén vinculados laboralmente, se produzca un cambio sustancial de orientación informativa o línea ideológica.

b) Que la empresa les traslade a otro medio del mismo grupo que, por su género o línea, suponga una ruptura patente con la orientación profesional del informador.

c) El ejercicio de este derecho dará lugar a una indemnización, que no será inferior a la pactada contractualmente o, en su defecto, a la establecida por la legislación laboral para el despido improcedente.

Por último, el artículo 3 garantiza a los profesionales de la información que podrán negarse motivadamente a participar en la elaboración de informaciones contrarias a los principios éticos de la comunicación, sin que ello pueda suponer sanción o perjuicio.

La cláusula de conciencia del periodista no se ha ejercitado de manera frecuente por parte de los profesionales de la información. Esa escasa práctica tiene mucho que ver con la ley que la regula, en la medida en que no se prevé más solución que la ruptura del vínculo laboral, lo que, dadas las consecuencias de la pérdida de empleo, facilita poco la solución de fondo. De ahí que la jurisprudencia en la materia sea escasa y algunas veces, además, indirecta: no se invoca exactamente esta norma, sino la genérica violación del derecho a la libertad de expresión o información.

En el ejercicio del derecho a la cláusula de conciencia directamente, la STC 225/2002, de 9 de diciembre, conoce el recurso de amparo de un periodista que resuelve su contrato de trabajo como consecuencia de un cambio de línea ideológica del medio en el que prestaba sus servicios. Las sentencias de la instancia y de la Sala del Tribunal Superior de Justicia habían desestimado su pretensión, pese a resultar probado el cambio de línea ideológica, porque el periodista dejó de prestar sus servicios desde el momento de interposición de la demanda, por lo que la empresa periodística alegó un abandono del puesto de trabajo. El Tribunal Constitucional estimó el recurso de amparo razonando, de conformidad también con el Ministerio Fiscal, que, desde que se produce el cambio de línea ideológica, su permanencia en el puesto de trabajo implicaba una apariencia engañosa para las personas que recibían esa información y que, si resulta probado el supuesto del artículo 2 de la Ley, no puede imponerse al periodista que, durante la tramitación procesal, tenga que permanecer en la empresa.

Como caso de invocación indirecta, la STC 125/2007, de 21 de mayo, resuelve acerca de un recurso de amparo interpuesto por un periodista, al que se deniega autorización por su empresa para seguir participando en una tertulia televisiva: prestaba sus servicios en un periódico en el que se había obstaculizado a sus trabajadores el ejercicio del derecho de huelga, y esa actitud había sido criticada por él en ese programa. En la demanda se alegó la violación del derecho a la libertad de expresión y a la igualdad, en la medida en que la empresa había adoptado esa medida como represalia por el uso de su libertad de expresión y, así, lo resuelve el Tribunal: sin embargo, en realidad aquí operaría con mayor efectividad la específica consideración de la cláusula de conciencia profesional, si la legislación acerca de esta no se hubiera limitado a la posibilidad de resolución de contrato, y se hubiera regulado la situación del trabajador que la invoca sin necesidad de producir la ruptura laboral.

5. La regulación constitucional del secreto profesional

El artículo 20.1.*d*) en su último inciso prescribe que una ley regulará, además de la cláusula de conciencia, el secreto profesional de los periodistas. Sin embargo, a diferencia de la cláusula de conciencia, el secreto profesional no ha sido regulado por ley: esto no ha sido un olvido del legislador, sino una desregulación intencional, que responde a un intento deliberado de no legislar sobre esta figura, en el entendimiento de que cualquier regulación podía ser restrictiva, mientras que el ejercicio directo del derecho podría proporcionar una suficiente cobertura con el mero reconocimiento constitucional.

El reconocimiento constitucional del secreto profesional de los periodistas supone una garantía del derecho de información, al mismo tiempo que una garantía a los profesionales de la información. En la medida en que el profesional de la información desenvuelve su actividad en un medio de comunicación, esa dualidad, profesional y medio, ocasiona una cierta complejidad en el tratamiento doctrinal de la figura, donde se entremezcla la garantía individual del derecho con la garantía institucional de ese derecho a la información.

Opera, pues, como un límite del derecho a la información y, a la vez, como una garantía de ese derecho, de manera que, al garantizarse el secreto profesional, se ensanchan las posibilidades informativas de esa sociedad, dándose a conocer hechos y realidades que, si no estuviesen protegidas por el secreto profesional, no verían la luz.

El secreto profesional se configura, así, como una garantía institucional derivada de dos derechos: de una parte, del derecho de información y, de otra, del derecho de intimidad.

En tanto que garantía, el secreto profesional permite no revelar las fuentes de información, así como dar a conocer a la sociedad noticias que en principio pudieran comprometer a las personas que las descubren y que, por esta garantía, se mantiene el secreto de la fuente y la publicidad de la noticia.

En tanto que derecho fundamental, protege al profesional de la información frente a terceros de la posibilidad de que, al no revelar la fuente de su conocimiento, tenga que hacer frente a las consecuencias derivadas de la información que produce. Esto conlleva la limitación inherente de la verdad, a los términos en que se pueda entender garante de otros valores que, en algún caso, superan la verdad, como son el derecho al secreto, en determinadas ocasiones, y el derecho a no difundir información, en otros.

6. La libertad de cátedra

El artículo 20.*c*) CE reconoce taxativamente el derecho a la libertad de cátedra. Se trata de un derecho vinculado a otros como el de la libertad de expresión, pero de manera específica, porque es, además, un derecho relacionado con los derechos derivados de la educación y de la libertad de pensamiento. El reconocimiento del derecho a la libertad de cátedra se expresa en términos extraordinariamente concisos: «Se reconoce el derecho a la libertad de cátedra», sin ninguna otra consideración o clarificación. Esto implica que el acotamiento del derecho, en lo que se refiere a su contenido esencial, debe ser completado por la jurisprudencia del Tribunal Constitucional, en ausencia de otros elementos. También cabría una determinación legal, respetando ese mínimo contenido esencial, pero no se ha producido en nuestro ordenamiento.

Naturalmente, existen elementos que coadyuvan a esa determinación dentro de la propia Constitución, en la medida en que el derecho a la libertad de cátedra se relaciona con otros derechos fundamentales, y con otros bienes y derechos jurídicamente protegidos. De hecho, la libertad de cátedra podría haberse regulado en la Constitución topográficamente dentro de los derechos de libertad de conciencia o de enseñanza, en cuanto admite consideraciones en ese sentido. El hecho de que haya sido ubicada dentro de los derechos informativos le hace, de este modo, mantener una doble relación en el marco constitucional: de una parte, con el conjunto de derechos reconocidos en el artículo 20 CE y, de la otra, con los derechos referentes a la enseñanza, reconocidos en los artículos 16 y 27 CE. El primero de estos últimos garantiza la libertad ideológica, religiosa y de culto de los individuos y de las comunidades sin más limitación, en sus manifestaciones, que la necesaria para el mantenimiento del orden público protegido por la ley. El artículo 27 CE reconoce el derecho a la educación y la libertad de enseñanza. Dentro de este grupo de derechos relacionados con la educación, la libertad de cátedra se ubica sistemáticamente dentro de los derechos de libertad de expresión, en la medida en que se trata de un derecho individual, por parte del profesional de la enseñanza y, de hecho, la jurisprudencia del Tribunal Constitucional hace referencia constante a esta relación.

En ocasiones lo hace, incluso, como consecuencia de un ejercicio doble, desde el punto de vista profesional, como en la STC 151/2004, de 20 de septiembre, donde se ampara el despido de un profesor que, además, era periodista: se invoca por el recurrente, y se estima por el Tribunal, el derecho genérico a la libertad de expresión regulado en el artículo 20.1.*a*) CE. Igualmente, la STC 101/2003, de 2 de junio, por la que se ampara a otro profesor que, aunque no tenga la condición de profesional del periodismo, publica un artículo en su condición de catedrático de universidad sobre un tema incumbente a esta institución. Aquí se invocó por el recurrente el artículo 20.1 CE, en sus puntos *a*), *b*) y *c*), y el Tribunal rechaza expresamente la aplicación del derecho de libertad de cátedra, porque la situación que se juzga no es subsumible en este derecho: en el fundamento jurídico 2, se dice que «el contenido del artículo litigioso está muy lejos del ámbito propio de la libertad de cátedra, que se refiere a las ideas y convicciones que cada profesor asume como propias en relación a la materia objeto de su enseñanza». Se basa el Tribunal, para esta acotación del contenido del derecho a la libertad de cátedra, en una sentencia dictada por él mismo, la STC 212/1993, pero nunca en el texto constitucional, que solamente reconoce el derecho a la libertad de cátedra, sin acotación de ese contenido: desde luego es este un concepto muy reducido del ejercicio de ese derecho, pues «la materia objeto de su enseñanza», además de ser un concepto excesivamente indeterminado en sí mismo, no comprende aspectos muy importantes de la enseñanza misma, como pueden ser todos los relativos a la difusión, por cualquier medio de comunicación, de contenidos relacionados directa o indirectamente con el sistema de enseñanza, ubicación de centros universitarios (como era el caso de esta sanción impuesta al recurrente) e, incluso, los relativos a la concepción misma de la enseñanza. La reducción a «la materia objeto de su enseñanza» es una aportación doctrinal del Tribunal, que no comprende toda la extensión del derecho constitucionalmente abierto en su regulación. Y, pese a que el artículo publicado se relacionaba directamente con las condiciones de trabajo del recurrente, el emplazamiento del campus universitario en el que él prestaba sus servicios, este hecho solo sirve como justificación para aplicar el artículo 20.1.*a*) CE, que ampara el genérico derecho a la libertad de expresión, reconociéndosele su derecho a manifestar su opinión respecto de la ubicación de ese campus, «que al referirse a la organización de la que es catedrático» estaría, además, justificada en su contenido.

En cuanto al contenido material del derecho, sí ha entendido la jurisprudencia constitucional que comprende las actuaciones necesarias, desde el punto de vista administrativo, para impartir las enseñanzas propias con libertad de cátedra.

En un momento muy temprano, el Tribunal Constitucional pudo definir la libertad de cátedra como «la libertad frente al Estado». En la STC 5/1981, de 13 de febrero, con ocasión del recurso de inconstitucionalidad presentado contra algunos preceptos de la LO 5/1980, por la que se regulaba el Estatuto de Centros Escolares, el Tribunal efectúa un análisis acerca del contenido material de la libertad de cátedra, en relación con otro concepto clave en los derechos educativos de los centros escolares, que es el ideario de centro. La contraposición de estos conceptos se polariza como una posición suma cero, en la que una excesiva ampliación de la libertad de cátedra puede vaciar de contenido el ideario de un centro y, al contrario, el ideario del centro, llevado a una extrema situación, deja sin espacio la libertad de cátedra. En tal sentido, la Sentencia procura equilibrar ambos derechos, en un esfuerzo interpretativo de las normas, que pueda encontrar espacios propios para garantizar el ejercicio de cada derecho.

Todos estos conceptos tendrán ocasión de ser matizados, posteriormente, con motivo del cambio de la legislación, que llevó a un segundo recurso de inconstitucionalidad sobre los mismos derechos, originando la STC 77/1985, de 27 de junio, por la que se declaran inconstitucionales algunos preceptos relativos a la Ley Orgánica Reguladora del Derecho a la Educación. Los recurrentes consideraban que en esta ley, que deroga la anterior, se habría invertido la relación entre el ideario del centro y restringido, en contra de la doctrina establecida por el Tribunal Constitucional, además de desvirtuado en su contenido pedagógico y organizativo: la nueva ley vulneraría, por tanto, el contenido esencial del derecho al ideario del centro que garantizaría el artículo 27 CE. El Tribunal Constitucional aclara que el legislador no tiene necesariamente que vincularse a la interpretación dada en una Sentencia, que es solamente una de las posibles interpretaciones de conformidad con la Constitución, sino que, dentro de esta, caben diferentes opciones, pudiendo el legislador optar libremente por una de ellas, siempre que se respete el contenido esencial del derecho sobre el que se legisla.

En la STC 217/1992 también se acotan los límites del contenido del derecho de libertad de cátedra, en relación con los sistemas organizativos de los departamentos y los centros universitarios, así como los sistemas de evaluación: se afirma en ella que «la libertad de cátedra, en cuanto libertad individual del docente, es una proyección de la libertad ideológica y del derecho a difundir libremente los pensamientos, ideas y opiniones que cada profesor asume como propias en relación con la materia objeto de su enseñanza, presentándonos de este modo un contenido, no exclusivamente, pero sí predominantemente negativo» (FJ 2).

En realidad, como precisa una resolución posterior en un supuesto parecido, «[...] la libertad de cátedra no puede identificarse con el derecho de su titular a autorregular por sí mismo la función docente en todos sus aspectos [...]. Es a las Universidades en el ejercicio de su autonomía, a quienes corresponde disciplinar la organización de la docencia. En consecuencia los artículos 20.1.*c*) y 27.10 CE, lejos de autoexcluirse se complementan de modo recíproco. El derecho de autonomía universitaria garantiza un espacio de libertad para la organización de la enseñanza universitaria frente a injerencias externas, mientras que la libertad de cátedra apodera a cada docente para disfrutar de un espacio intelectual propio y resistente a presiones ideológicas que le faculta para explicar, según su criterio científico y personal, los contenidos de aquellas enseñanzas que la Universidad asigna, disciplina y ordena» (STC 179/1996, FJ 6).

VIII. EL DERECHO DE REUNIÓN Y MANIFESTACIÓN

El artículo 21 CE reconoce el derecho de reunión pacífica y sin armas. El ejercicio de este derecho no necesitará autorización previa. En los casos de reuniones en lugares de tránsito público, para el ejercicio del derecho de manifestación se dará comunicación previa a la autoridad, que solo podrá prohibirlas cuando existan fundadas razones de alteración del orden público con peligro para personas o bienes.

La LO 9/1983, de 15 de julio, regula el derecho de reunión y sustituye a la preconstitucional Ley 17/1976, de 2 de mayo, que reguló el derecho de reunión en un momento en el que no existía el reconocimiento de ese derecho. Por este motivo, prescribía la necesidad de solicitar autorización gubernativa y otros requisitos restrictivos del derecho de reunión, que respondían todavía a planteamientos derivados de la dictadura franquista.

La LO 9/1983 se ajusta al contenido del artículo 21 CE que elimina el sistema preventivo de autorización, bastando una comunicación a la autoridad competente, ante cuya denegación se prevé un proceso judicial rápido que revise esa decisión. Solamente se podrá prohibir el ejercicio del derecho de reunión en lugares de tránsito público y manifestaciones, cuando existan razones fundadas de alteración del orden público, con peligro para personas o bienes (art. 10).

El artículo 1 define la reunión como «la concurrencia concertada y temporal de más de veinte personas, con finalidad determinada». El artículo 2 determina el ámbito de aplicación y excluye las prescripciones de esta norma cuando se trate de reuniones de personas físicas celebradas en sus propios domicilios o en lugares públicos o privados por razones de amistad o familiares. También las que celebren los partidos políticos, sindicatos, organizaciones empresariales, sociedades civiles y mercantiles, asociaciones y otras entidades legalmente constituidas que se celebren en lugares cerrados, para sus propios fines y mediante convocatoria que alcance a sus miembros o personas invitadas nominalmente. Igualmente, las que celebren los profesionales con sus clientes en lugares cerrados para los fines propios de su profesión y, finalmente, las que se celebren en unidades, buques o recintos militares, puesto que se regirán por su legislación específica. Las demás serán reuniones públicas acogidas a esta ley, aunque se celebren en lugares cerrados (art. 6).

El artículo 4 establece los requisitos del ejercicio del derecho: el buen orden deberá ser garantizado por los convocantes y establece la responsabilidad de los participantes si causan daño a terceros. Además, hay una responsabilidad subsidiaria de los organizadores respecto de los daños materiales causados, a menos que hayan puesto todos los medios razonables a su alcance para evitarlos. El artículo 5 permite la suspensión por la autoridad gubernativa en caso de que se produzcan alteraciones del orden público con peligro para personas y bienes, o se hiciere uso de uniformes paramilitares por los asistentes. El artículo 8 regula los requisitos de la comunicación para la celebración de reuniones en lugares públicos: deberá efectuarse con una antelación de, al menos, diez días naturales y un máximo de treinta, aunque en casos justificados de urgencia de la convocatoria, se podrá hacer con una antelación de solo veinticuatro horas. En el escrito se hará constar la filiación de los solicitantes, así como el lugar, hora, duración, objeto, itinerario y medidas de seguridad previstas.

Ante la prohibición por parte de la autoridad gubernativa, se podrá recurrir en un recurso contencioso-administrativo en el plazo de cuarenta y ocho horas a partir de la notificación, y el tribunal dictará sentencia con sujeción a un procedimiento rápido regulado en la Ley 29/1998, de la jurisdicción contencioso-administrativa.

IX. DERECHO DE ASOCIACIÓN

El artículo 22 CE regula el derecho de asociación en los siguientes términos:

— En primer lugar se reconoce el derecho de asociación y, en segundo lugar, se acota el contenido del derecho de asociación, determinando que «Las asociaciones que persigan fines o utilicen medios tipificados como delitos son ilegales».

— Comoquiera que se trata de un derecho fundamental, «Las asociaciones constituidas al amparo de este artículo deberán inscribirse en un registro a los solos efectos de la publicidad», de tal manera que no es necesario que se autorice su creación por la autoridad administrativa, sino que solamente deben ser inscritas en un registro para general conocimiento. También se exige que «las asociaciones sólo podrán ser disueltas en virtud de resolución judicial motivada».

— Finalmente, «se prohíben las asociaciones secretas y las de carácter militar». Hay que decir que, con independencia de esta norma, la Constitución reconoce y regula diferentes asociaciones con protección constitucional: los partidos políticos, los sindicatos, las organizaciones religiosas, las asociaciones de consumidores y las asociaciones profesionales están también reconocidas en la Constitución como tales, pero sometidas a un desarrollo normativo infraconstitucional específico. No obstante, el artículo 22 CE se puede considerar en este aspecto de reconocimiento general.

En desarrollo del artículo 22 CE, la LO 1/2002, de 22 de marzo, regula el derecho de asociación. Esta ley regula solamente las asociaciones constituidas sin ánimo de lucro, como formas de asociacionismo cívico de participación en la sociedad a través de la cultura, del ocio o fomento de la solidaridad, pero lejos de otro tipo de asociación mercantil o patrimonial, que se regirá por su legislación específica. Así se define en el artículo 1.2, cuando ordena la regulación de aquellas asociaciones en cuyo ámbito de aplicación se incluyen las que no tengan fin de lucro y no estén sometidas a un régimen asociativo específico.

El artículo 2 proclama el libre derecho de toda persona a asociarse libremente para la consecución de fines lícitos. Igual que en el derecho de reunión, la creación de una asociación no requiere autorización previa, sino que debe cumplir unos meros requisitos formales de comunicación a la autoridad para dejar constancia de su existencia.

El derecho de asociación es voluntario, no pudiendo obligarse a nadie a que forme parte de una asociación. Su organización y funcionamiento han de ser democráticos, por el obligado valor constitucional del pluralismo.

El artículo 5 regula los requisitos de constitución de la asociación: un acuerdo de tres o más personas físicas o jurídicas, que se comprometen a poner en común, conocimiento, medios y actividades para conseguir unas finalidades lícitas, comunes de interés general, y se dotan de unos estatutos de funcionamiento. El acuerdo de constitución incluirá la aprobación de estos, se formaliza mediante el acto fundacional, en cuyo momento la asociación queda válidamente constituida, sin perjuicio de la exigencia formal de inscripción ante el organismo administrativo correspondiente.

El acta fundacional, por su parte, consiste en un escrito que contenga los datos de cada una de las personas promotoras de la asociación, denominaciones de la misma, nacionalidad y domicilio, así como la voluntad de constituirse en asociación, lugar, fecha y firma.

Los estatutos han de contener la denominación de la asociación, el domicilio, la duración, los fines y actividades, los requisitos de admisión y baja, así como las consecuencias del impago de las posibles cuotas. Igualmente, deberán contener los derechos y obligaciones de los socios, la composición de los órganos de gobierno, procedimientos electorales, duración y atribuciones de los cargos, procedimientos de deliberación y acuerdos, contabilidad y régimen administrativo.

La ley establece un régimen interno de funcionamiento, que operará en defecto de los estatutos, consistente en la Asamblea General y un órgano de representación más reducido. Los derechos de los asociados son los de participación en las actividades de la asociación, el derecho de voto, el de información acerca del estado de cuentas de la asociación y el de impugnación de los acuerdos adoptados por sus órganos. Como deberes, el de compartir los fines de la asociación, pagar las cuotas, cumplir con los estatutos y aceptar los acuerdos válidamente adoptados por los órganos de representación.

Los conflictos que se deriven de las asociaciones se solventarán ante los juzgados de lo contencioso-administrativo, cuando se trate de cuestiones atinentes a procedimientos administrativos, y de lo civil, cuando se trate de situaciones privadas de la asociación o entre los socios.

X. EL DERECHO DE PARTICIPACIÓN POLÍTICA

La fuerte densidad ideológica que la Constitución atribuye a los partidos políticos tiene una justificación histórica en función del proceso constituyente que culmina con su aprobación. Es, desde esa perspectiva, desde donde se puede justificar que las formaciones políticas concurrentes al proceso constituyente reafirmaran su vindicación pluralista, como una forma de superación y conquista, consecuentes con la prohibición del pluralismo de la etapa dictatorial. Esa circunstancia histórica permite, asimismo, explicar la evolución en los partidos políticos de esa posición fuertemente ideologizada con que se desenvuelve el proceso de la transición. De ahí las expresiones «pluralismo político» y «formación y manifestación de la voluntad popular», que definen constitucionalmente las funciones de los partidos políticos en el artículo 6 CE.

El artículo 23 CE reconoce el derecho a la participación en asuntos públicos, y al acceso en condiciones de igualdad a las funciones y cargos públicos. Por una parte, regula el derecho de participación política y, por otra parte, el acceso a la administración. Son dos derechos de contenido distinto, pues el de participación política enlaza con el artículo 6 CE, que reconoce y constitucionaliza a los partidos políticos como expresión del pluralismo político, cuya función es la de concurrir a la formación y manifestación de la voluntad popular y los considera instrumentos fundamentales de la participación política. Su creación y el ejercicio de su actividad son libres, dentro del respeto a la Constitución y a la ley. Su estructura y funcionamiento interno deberán ser democráticos.

La LO 6/2002, de 27 de junio, regula la libre creación de los partidos políticos, y la libre y voluntaria afiliación, sin que nadie pueda ser obligado a integrarse en un partido.

Las exigencias para la creación de un partido político son mínimas: filiación de los promotores, acuerdo de constitución del partido mediante acta fundacional, denominación clara y precisa que no induzca a confusión con otros partidos, e inscripción en el registro de partidos políticos.

Respecto de su financiación, la LO 8/2007, de 4 de julio, sobre financiación de los partidos políticos, ha resultado insuficiente para afrontar la situación de corrupción en la que algunos de los partidos han incurrido. De ahí la necesidad de llevar a cabo una reforma de ambas leyes, que ha tenido lugar con la LO 3/2015, de 30 de marzo, de control de la actividad económico-financiera de los Partidos Políticos, por la que se modifican la Ley Orgánica 8/2007, de 4 de julio, sobre financiación de los partidos políticos, la Ley Orgánica 6/2002, de 27 de junio, de Partidos Políticos, y la Ley Orgánica 2/1982, de 12 de mayo, del Tribunal de Cuentas. El Preámbulo de la ley justifica esta nueva normativa por la necesidad de transparencia y control en la actividad de los partidos políticos en los momentos actuales. En ella se modifican las condiciones para llevar a cabo donaciones por parte de los particulares a los partidos y se prevén controles más exhaustivos por parte del Tribunal de Cuentas, así como una mayor claridad en la administración interna. Se crea la figura del responsable de la gestión económico-financiera del partido, que deberá ser designado «entre personas con acreditados conocimientos o experiencia profesional en el ámbito económico y en las que concurra la condición de honorabilidad». Dicha exigencia no concurre, según la ley, en los condenados por sentencia firme por la comisión de una serie de delitos que se enumeran en ella, por quienes estén incursos en un proceso penal o, finalmente, inhabilitados por procedimientos concursales.

La reforma establece, además, un procedimiento sancionatorio por el que se prevén cuantiosas multas en los casos de detectarse irregularidad en la contabilidad de los partidos políticos.

Por lo que se refiere al derecho a la participación política, el artículo 23 CE reconoce este derecho como una manifestación de la voluntad popular, como una forma de intervenir en los asuntos públicos, personalmente o mediante la elección de sus representantes, que deberán actuar en su nombre. Esta elección ha de llevarse a cabo mediante el ejercicio del derecho de voto, que viene reconocido en los artículos 23 y 13.2 CE como derechos de sufragio activo y pasivo.

La regulación del proceso electoral viene recogida en la LO 5/1985, de Régimen Electoral General (LOREG), en la que se recogen las distintas modalidades de los procesos electorales al Congreso y al Senado, a las Asambleas Parlamentarias, al Parlamento Europeo y a los entes locales y provinciales. Una última modificación de la LOREG se produce por la Ley Orgánica 3/2018, de 5 de diciembre, de protección de datos personales y garantía de los derechos digitales, en su disposición final 3.ª incorpora el artículo 58 bis a la LOREG, Ley Orgánica 5/1985, de 19 de junio, del Régimen Electoral General, limitando la recopilación de datos por los partidos políticos. Así, el artículo 58 bis dispone que: «1. La recopilación de datos personales relativos a las opiniones políticas de las personas que lleven a cabo los partidos políticos en el marco de sus actividades electorales se encontrará amparada en el interés público únicamente cuando se ofrezcan garantías adecuadas».

El Defensor del Pueblo interpuso recurso de inconstitucionalidad contra este apartado primero del artículo 58 bis, por considerar que vulneraba diversos preceptos constitucionales, en concreto los artículos 9.3, 16, 18.4, 23 y 53.1 CE.

El TC resuelve en la STC 76/2019, de 22 de mayo. Así, en el FJ 2, establece «La disposición legal recurrida autoriza a los partidos políticos a recopilar datos personales relativos a las opiniones políticas de las personas en el marco de sus actividades electorales. Como ha quedado expuesto en los antecedentes, la demanda alega que dicha disposición es inconstitucional por las siguientes razones: (i) no ha determinado por sí misma la finalidad del tratamiento, más allá de la genérica mención al «interés público»; (ii) no ha limitado el tratamiento regulando pormenorizadamente las restricciones al derecho fundamental, indicando por ejemplo las fuentes de las que pueden recogerse los datos personales y las operaciones que pueden realizarse con ellos; y (iii) no ha establecido ella misma las garantías adecuadas para proteger los derechos fundamentales afectados. Debido a esas insuficiencias, el precepto impugnado habría incurrido en una doble y simultánea vulneración, la de los artículos 18.4 y 53.1 CE, por infringir la reserva de ley y por no respetar el contenido esencial del derecho fundamental a la protección de datos personales».

En el FJ 5.*b*) el TC centra la cuestión, considerando que «el derecho fundamental afectado es el de protección de datos personales, desde una doble perspectiva, como derecho fundamental autónomo dirigido a controlar el flujo de informaciones que concierne a cada persona, y como derecho fundamental instrumental ordenado a la protección del también derecho fundamental a la libertad ideológica».

Concluyendo en el FJ 6.*d*) que «las opiniones políticas son datos personales sensibles cuya necesidad de protección es, en esa medida, superior a la de otros datos personales. Una protección adecuada y específica frente a su tratamiento constituye, en suma, una exigencia constitucional, sin perjuicio de que, como se ha visto, también represente una exigencia derivada del Derecho de la Unión Europea. Por tanto, el legislador está constitucionalmente obligado a adecuar la protección que dispensa a dichos datos personales, en su caso, imponiendo mayores exigencias a fin de que puedan ser objeto de tratamiento y previendo garantías específicas en su tratamiento, además de las que puedan ser comunes o generales».

Y razona que «la ley no ha identificado la finalidad de la injerencia para cuya realización se habilita a los partidos políticos, ni ha delimitado los presupuestos ni las condiciones de esa injerencia, ni ha establecido las garantías adecuadas que para la debida protección del derecho fundamental a la protección de datos personales reclama nuestra doctrina, por lo que se refiere a la recopilación de datos personales relativos a las opiniones políticas por los partidos políticos en el marco de sus actividades electorales (FJ 9).

Por ello, considera que «se han producido tres vulneraciones del artículo 18.4 CE en conexión con el artículo 53.1 CE, autónomas e independientes entre sí, todas ellas vinculadas a la insuficiencia de la ley y que solo el legislador puede remediar, y redundando las tres en la infracción del mandato de preservación del contenido esencial del derecho fundamental que impone el artículo 53.1 CE, en la medida en que, por una parte, la insuficiente adecuación de la norma legal impugnada a los requerimientos de certeza crea, para todos aquellos a los que recopilación de datos personales pudiera aplicarse, un peligro, en el que reside precisamente dicha vulneración y, por otra parte, la indeterminación de la finalidad del tratamiento y la inexistencia de «garantías adecuadas» o las «mínimas exigibles a la Ley» constituyen en sí mismas injerencias en el derecho fundamental de gravedad similar a la que causaría una intromisión directa en su contenido nuclear (FJ 9). Estimando el recurso y, en consecuencia, declarando contrario a la Constitución y nulo el apartado 1 del artículo 58 bis de la Ley Orgánica 5/1985, de 19 de junio, del régimen electoral general, incorporado a esta por la disposición final tercera, apartado dos, de la Ley Orgánica 3/2018, de 5 de diciembre, de protección de datos personales y garantía de los derechos digitales.

Junto a los sistemas electorales de representación, hay también en la Constitución fórmulas de participación política directa, como es el referéndum, que se conceptúa como una consulta directa acerca de un tema de interés general. En función de la materia y de la naturaleza de la consulta, puede ser vinculante o meramente consultivo. Se desarrolla mediante la LO 2/1980, sobre regulación de las distintas modalidades de referéndum.

En nuestro sistema representativo, la LOREG ha diseñado un modelo no exento de críticas por la doctrina. El sistema se adscribe a la «ley D'Hondt», o sistema de restos, que no atribuye de manera automática el número de representantes en función de los votos, sino que tiene en cuenta factores de corrección que favorecen a los grupos mayoritarios. Además, la legislación electoral impone barreras electorales que exigen un porcentaje mínimo de votos para tener acceso a la representación institucional, un 3 por 100 en las elecciones al Congreso, un 5 por 100 en las locales y algunas autonómicas.

La finalidad de este sistema es, supuestamente, favorecer la estabilidad política. Sin embargo, en la práctica, y con independencia del grado de democraticidad y del contenido de justicia e igualdad que contenga esta opción legislativa, tampoco se puede afirmar que se cumpla esa funcionalidad, dado que los partidos políticos nacionalistas, dentro de su ámbito territorial específico, obtienen resultados en ese territorio que les permiten funcionar como bisagra en el Parlamento, multiplicando su potencial político, mientras otras formaciones minoritarias que se presentan en la totalidad del territorio nacional, con el doble de votos, pueden quedar sin representación, o tenerla considerablemente inferior a estos partidos nacionalistas.

La posibilidad de disolver un partido político por disentir de los valores constitucionales o mantener un ideario contrario al sistema democrático, no tiene tradición en nuestro ordenamiento jurídico que, tradicionalmente, no ha reconocido en el Código Penal los delitos de opinión. Ha sido como consecuencia del terrorismo cuando se ha producido un planteamiento orientado al desmantelamiento legal de las estructuras políticas que mantenían a las organizaciones terroristas.

Así, el debate acerca de la imposibilidad de castigar las opiniones contrarias a la Constitución que, en principio, parecen claras respecto de la libertad de opinión y de pensamiento, y que se mantenían en el marco de la libertad de expresión, han cedido, en parte, ante la regulación de ciertos comportamientos por parte de los responsables de algunos partidos políticos, que aparecían claramente vinculados a actividades terroristas.

Esta nueva orientación aparece reflejada en algunas figuras del Código Penal y en la promulgación de la LO 6/2002, de 27 de junio, de Partidos Políticos.

Se considera democracia militante la que permite declarar ilegales actividades que no constituyen ilícito penal, pero atacan los valores constitucionales. Muy claramente viene establecido en la Ley Fundamental de la República Federal de Alemania cuyo artículo 21 prescribe: «Serán anticonstitucionales los partidos que por sus objetivos o por el comportamiento de sus afiliados se propongan menoscabar o eliminar el orden constitucional liberal y democrático, o poner en peligro la existencia de la República Federal de Alemania». Otras constituciones europeas regulan con diferente intensidad estas exigencias.

La doctrina se ha manifestado respecto de esta situación. Desde el inicio del desarrollo constitucional, se ha venido manteniendo la restrictiva posibilidad de ilegalización de los partidos políticos dada esa inexistencia, en nuestra Constitución, de la democracia militante. Desde este punto de vista, la única restricción ideológica a los partidos políticos lo sería en el ámbito penal y la única forma de ilegalizar a un partido político lo sería por la ilicitud de sus actividades.

En otro sentido, existen algunos autores para quienes la democracia militante sí puede tener cabida y, sobre todo, apoyan la existencia de límites materiales implícitos en los idearios de los partidos. Consideran que existen ideas que, por contradecir los valores inherentes al constitucionalismo, son por su propia naturaleza y contenido inconstitucionales, y el Estado Constitucional se halla legitimado para defenderse de ellas, estableciendo al efecto los controles oportunos.

La democracia militante es un concepto que surge en Alemania como una reacción a la neutralidad valorativa de la Constitución de Weimar, que dio origen al totalitarismo de Hitler. Ahora bien, aunque en nuestra Constitución no hay un preciso precepto constitucional que exija a los partidos políticos conductas dirigidas en ese sentido, si se entiende por democracia militante el respeto a los valores y principios constitucionales y, sobre todo, el concepto propio de democracia, es evidente que la Constitución ha de defenderse de ataques que la hagan peligrar y establecer límites a los partidos políticos. Diferente será determinar cuáles han de ser esos límites concretos, y si la condena tácita constituye o no un medio constitucionalmente adecuado o, por el contrario, han de exigirse a los partidos actuaciones, que no ideologías, de acuerdo con la Constitución.

XI. BIBLIOGRAFÍA

ALEXY, R.: *Teoría de los derechos fundamentales*, Centro de Estudios Políticos y Constitucionales, Madrid, 2001.

BALAGUER CALLEJÓN, F.: «Derechos fundamentales y Constitución normativa», en *Introducción a los derechos fundamentales. X Jornadas de Estudio de la Dirección General de lo Contencioso del Estado*, Ministerio de Justicia, Madrid, vol. I, 1988.

— «Capacidad creativa y límites del legislador en relación con los derechos fundamentales. La garantía del contenido esencial de los derechos», en APARICIO, M. A. (coord.), *Derechos constitucionales y formas políticas (Actas del Congreso sobre derechos constitucionales y Estado autonómico)*, Centro de Estudios de Derecho, Economía y Ciencias Sociales, Barcelona, 2001.

— (coord.): *Introducción al Derecho Constitucional*, 6.ª ed., Tecnos, Madrid, 2017.

— (coord.): *Manual de Derecho Constitucional*, tomos I y II, 12.ª ed., Tecnos, Madrid, 2017.

BALAGUER CALLEJÓN, M.ª L.: *Hij@s del mercado. La maternidad subrogada en el ordenamiento jurídico*, Cátedra, Madrid, 2017.

BERNAL PULIDO, C.: *El principio de proporcionalidad y los derechos fundamentales: el principio de proporcionalidad como criterio para determinar el contenido de los derechos fundamentales vinculante para el legislador*, Centro de Estudios Políticos y Constitucionales, Madrid, 2003.

BILBAO UBILLOS, J. M.: *La eficacia de los derechos fundamentales frente a particulares*, Centro de Estudios Políticos y Constitucionales, Madrid, 1997.

BÖCKENFÖRDE, E. W.: *Escritos sobre derechos fundamentales*, Baden Baden, 1993.

CÁMARA VILLAR, G.: *Votos particulares y derechos fundamentales en la práctica del Tribunal Constitucional Español (1981-1991)*, Ministerio de Justicia, Madrid, 1993.

CARRASCO DURÁN, M.: «La definición constitucional del derecho a la tutela judicial efectiva», *Revista de derecho político*, n.º 107, 2020, pp. 13-40.

CARRILLO, M.: «Derecho de rectificación y derecho a la información», *Cuadernos de periodistas: revista de la Asociación de la Prensa de Madrid*, n.º 37, 2018 (Ejemplar dedicado a: Constitución: 40 años de prensa en España), pp. 67-70.

CONTRERAS MAZARÍO, J. M.: «Valores educativos, ideario constitucional y derecho de los padres: la cuestión del "pin o censura parental"», *Revista de derecho político*, n.º 110, 2021, pp. 79-112.

COSSIO, J. R.: *Estado social y derechos de prestación*, CEC, Madrid, 1989.

COTINO HUESO, L.: «Las restricciones del derecho de reunión y manifestación bajo el COVID-19 (y la aparente constitucionalidad del Decreto de alarma 463/2020 para el Tribunal Constitucional)», en J. F. RODRÍGUEZ AYUSO, y E. ATIENZA MACÍAS (coords.), *Retos jurídicos ante la crisis del COVID-19*, 2020, pp. 29-53.

CRUZ VILLALÓN, P.: «Formación y evolución de los derechos fundamentales», *REDC*, n. º 25, enero-abril de 1989.

— «Dos cuestiones de titularidad de derechos: los extranjeros; las personas jurídicas», *REDC*, n.º 35, 1992.

DWORKIN, R.: *Los derechos en serio*, Ariel, Barcelona, 1984.

FERRAJOLI, L.: *Los fundamentos de los derechos fundamentales. Edición de Antonio de Cabo y Gerardo Pisarello*, Trotta, Madrid, 2001 y 2005.

FREIXES SANJUÁN, T.: *Constitución y derechos fundamentales*, PPU, Barcelona, 1992.

GARCÍA DE ENTERRÍA, E., y otros: *El sistema europeo de protección de los derechos humanos*, Cívitas, Madrid, 1979.

GARCÍA TORRES, J., y JIMÉNEZ-BLANCO, A.: *Derechos fundamentales y relaciones entre particulares*, Cívitas, Madrid, 1986.

GONZÁLEZ ORTEGA, S.: «El derecho de huelga: un derecho fundamental acorralado», *Estudios financieros. Revista de trabajo y seguridad social: Comentarios, casos prácticos: recursos humanos*, n.º 418, 2018, pp. 17-42.

GUTIÉRREZ GUTIÉRREZ, I.: *Dignidad de la persona y derechos fundamentales*, Marcial Pons, Madrid, 2005.

HÄBERLE, P.: «El concepto de los derechos fundamentales», en J. M.ª SAUCA (ed.), *Problemas actuales de los derechos fundamentales*, Universidad Carlos III/BOE, Madrid, 1994.

JIMÉNEZ CAMPO, J.: *Derechos fundamentales. Concepto y garantías*, Trotta, Madrid, 1999.

LÓPEZ PINA, A. (ed.): *La garantía constitucional de los Derechos fundamentales. Alemania, España, Francia e Italia*, Servicio de Publicaciones de la Universidad Complutense/Cívitas, Madrid, 1991.

MARTÍN-RETORTILLO, L., y DE OTTO Y PARDO, I.: *Derechos fundamentales y Constitución*, Cívitas, Madrid, 1988.

MEDINA GUERRERO, M.: *La vinculación negativa al legislador de los derechos fundamentales*, McGraw-Hill, Madrid, 1996.

MONTILLA MARTOS, J. A.: «Libertad de expresión», en F. BALAGUER CALLEJÓN (coord.), *Manual de derecho constitucional*, vol. 2, 2020 (*Derechos y libertades fundamentales. Deberes constitucionales y principios rectores. Instituciones y órganos constitucionales*), pp. 230-262.

NARANJO DE LA CRUZ, R.: *Los límites de los derechos fundamentales en las relaciones entre particulares: la buena fe*, Boletín Oficial del Estado: Centro de Estudios Políticos y Constitucionales, 2000.
PÉREZ LUÑO, A. E.: *Los derechos fundamentales*, Tecnos, Madrid, 2004.
PORRAS RAMÍREZ, J. M.: (coord.): *Derecho de la libertad religiosa*, Tecnos, Madrid, 2019.
PRIETO SANCHÍS, L.: *Estudios sobre derechos fundamentales*, Debate, Madrid, 1990.
REVENGA SÁNCHEZ, M.: «¿Qué derecho a la libertad y a la seguridad queremos?», en J. J. FERNÁNDEZ RODRÍGUEZ (coord.), *Seguridad y libertad en el sistema democrático: actas del XVII Congreso de la Asociación de Constitucionalistas de España*, 2020, pp. 25-30.
REY MARTÍNEZ, F.: «¿El derecho a la vida es un derecho disponible por parte de su titular?», *El Cronista del Estado Social y Democrático de Derecho*, n.º 79, 2019 (Ejemplar dedicado a: ¿Derecho a la vida? ¿Derecho a la muerte?), pp. 28-35.
RODRÍGUEZ, Á.: *Integración europea y derechos fundamentales*, Cívitas, Madrid, 2001.
— *El honor de los inocentes*, Tirant lo Blanch, Valencia, 2016.
SÁNCHEZ FÉRRIZ, R.: *Estudio sobre las libertades*, Tirant lo Blanch, Valencia, 1989.
SORIANO, R.: *Las libertades públicas*, Tecnos, Madrid, 1990.
STERN, K.: «El sistema de los derechos fundamentales en la República Federal de Alemania», *RCEC*, n.º 1, 1988.
TRUJILLO PÉREZ, A. J., y ORTEGA TEROL, J. M.: *Inmigración y asilo. Problemas actuales y reflexiones al hilo de la nueva Ley*, Sequitur, Madrid, 2010.

LECCIÓN 11

EL DERECHO FUNDAMENTAL A LA IGUALDAD

SUMARIO: I. *El contenido constitucional de la igualdad.* II. *Desarrollo jurisprudencial del derecho a la igualdad.* III. *Legislación en materia de igualdad de género.* 1. La Ley Orgánica 1/2004, de 28 de diciembre, de Medidas de Protección Integral contra la Violencia de Género. 2. La Ley Orgánica 3/2007, de 22 de marzo, para la Igualdad Efectiva de Mujeres y Hombres. IV. *Bibliografía.*

I. EL CONTENIDO CONSTITUCIONAL DE LA IGUALDAD

El artículo 14 de la Constitución reconoce el derecho de igualdad de todos los españoles «ante la ley, sin que pueda prevalecer discriminación alguna por razón de nacimiento, raza, sexo, religión, opinión, o cualquier otra condición o circunstancia personal o social».

Pero la igualdad es un término que se encuentra muchas veces repetido en el texto constitucional. El artículo primero ya considera la igualdad como un valor superior del ordenamiento, junto a la justicia, la libertad y el pluralismo político, lo que le confiere ese carácter de valor constitucional que debe impregnar todo el ordenamiento jurídico. Cabe, en este sentido, hablar de la igualdad como un valor superior del ordenamiento jurídico, junto con los valores de justicia, libertad y pluralismo político. Estos valores superiores informan también el ordenamiento jurídico infraconstitucional y, por tanto, de alguna forma lo configuran.

El artículo 9.2 de la Constitución da a la igualdad una capacidad de remoción de obstáculos para que los poderes públicos puedan garantizar su cumplimiento, junto a la libertad, lo que convierte ahora a la igualdad en una aspiración, cuyo carácter finalista va a permitir, en este caso, un desarrollo que estará en función de los ciudadanos y de los grupos en que se integran. Es un mandato a los poderes públicos para el cumplimiento efectivo de la igualdad.

Todavía hay otros preceptos constitucionales que abundan en la igualdad para cualificar determinados derechos constitucionales. El artículo 23, en el derecho de acceso a las funciones y cargos públicos, exige la condición de igualdad: el TC ha equiparado este concepto de igualdad a las exigencias del artículo 14, de manera que la interpretación de la igualdad no sea diferente en uno y otro precepto constitucional (STC 75/1985).

Aunque expresamente no figure en el artículo 24 CE, el TC ha considerado, dentro del contenido del derecho de tutela, el derecho a obtener, ante iguales supuestos de hecho, iguales resoluciones de un mismo tribunal, exigiendo que el cambio de criterio sea razonado para no lesionar el derecho de igualdad.

El artículo 31 CE exige la igualdad del sistema tributario, junto con la progresividad de los impuestos, para que el sostenimiento de los gastos públicos sea justo. El artículo 32.1 CE consagra la igualdad jurídica de los cónyuges, lo que en un principio por algún sector de la doctrina se consideró reiterativo respecto del artículo 14, cuyas garantías, además, harían innecesaria esa redundancia. Sin embargo, las posibilidades interpretativas del artículo 14 CE, en algún caso abiertas a diferentes opciones, han justificado esta norma plenamente.

Igual justificación permite el artículo 39.2 CE acerca de la filiación y del estado civil de la madre: la exigencia de igualdad entre los hijos legítimos e ilegítimos adquiere importancia en nuestro ordenamiento después de alguna resolución del Tribunal Constitucional, como la que ha considerado constitucionalmente admisible la preferencia del varón en la transmisión de títulos nobiliarios (STC 126/1997).

En el reconocimiento de los derechos derivados de las aspiraciones autonómicas de algunos territorios, la Constitución ha prohibido la existencia de privilegios económicos o sociales en los respectivos Estatutos de Autonomía (art. 138 CE).

II. DESARROLLO JURISPRUDENCIAL DEL DERECHO A LA IGUALDAD

La evolución de la jurisprudencia constitucional en materia de igualdad ante la ley, en relación con la discriminación histórica de la mujer, ha tenido la virtualidad de producir un importante cuerpo de doctrina que ha servido de orientación al legislador, sobre todo, en materia laboral y civil. Desde su inicio, el Tribunal Constitucional ha reafirmado que no es posible la discriminación de la mujer en el trabajo (SSTC 67/1982; 7, 8, 13, 15/1983; 38, 58/1984). Esta discriminación, en función de la construcción jurisprudencial del TJCE, puede ser directa o indirecta (la STC 145/1991 considera que un trato formalmente igual puede producir un resultado discriminatorio por su impacto diferencial y desfavorable a la mujer).

De forma sistematizada la STC 39/2002 detalla los requisitos de la prohibición de la discriminación:

— No es una lista cerrada de presupuestos, sino de todas aquellas situaciones que puedan producir un tratamiento diferenciado, que se traduzca en un perjuicio para personas o grupos.
— Esa diferenciación no está justificada ni atiende a fines legítimos.
— No supera el test de la racionalidad.

En relación con estos criterios generales, el hecho de la maternidad exige una especial protección de los poderes públicos, para facilitar la inserción laboral de las mujeres (SSTC 94/1984, 166/1988, 229/1992, 173/1994, 240/1999, 20/2001 y 98/2003). Esta protección no alcanza al automatismo de entender que toda situación de maternidad exige necesariamente la adecuación de la organización de la empresa a la satisfacción de este derecho, sino que ha de ser adecuadamente ponderada (STC 233/2007).

No obstante, la jurisprudencia acerca de la interdicción de la discriminación es casuística, y exige la determinación caso a caso. Hay un cuerpo doctrinal asentado en relación con la exigencia de un juicio de razonabilidad y justificación al que se debe someter ese juicio de igualdad, que es tanto más exigente cuanto están en juego prestaciones públicas (STC 22/2010, de 27 de abril, que estima la cuestión de inconstitucionalidad instada por el Tribunal Supremo, en relación con la vulneración del art. 14 CE por el apartado 3 del art. 174 del Texto Refundido de la Ley General de la Seguridad Social, que extinguía el derecho a la prestación de viudedad a una mujer divorciada con posterior convivencia marital).

En tal sentido, las posibilidades de una interpretación sistemática entre los artículos 14 y 9.2 de la Constitución han permitido la formulación de la desigualdad compensatoria, como instrumento de consecución de mayores niveles de igualdad real.

Esta desigualdad compensatoria se desarrolla jurisprudencialmente a partir de la concepción finalista de la igualdad, en contraposición a una consideración formal de la interdicción de la discriminación. Efectivamente, la STC 103/1983, que resuelve una cuestión de inconstitucionalidad promovida por un Juzgado de lo Social (entonces llamadas Magistraturas de Trabajo), en solicitud de declaración de inconstitucionalidad del artículo 160 de la Ley General de la Seguridad Social, que favorecía el reconocimiento de las pensiones de viudedad a las mujeres sobre los hombres, declara inconstitucional esta norma mediante una sentencia aditiva que incluye a los varones en igualdad de requisitos para solicitar las prestaciones. El reconocimiento de esta igualdad parte de una consideración lineal que entiende que no es constitucionalmente admisible la diferenciación en las prestaciones de la Seguridad Social en función de la pertenencia a uno u otro sexo.

Contrariamente a este razonamiento el Voto Particular del magistrado Rubio Llorente hace una consideración finalista del precepto, que pone de manifiesto la verdadera razón de ser de esa norma protectora, en función de los índices de población activa de las mujeres y de la diferente atribución de funciones sociales a los diferentes sexos, que es precisamente la razón que justifica la existencia de la prestación. Este razonamiento se impone años después en la STC 128/1987, que desestima un recurso de amparo por el que se solicitaba un plus de guardería que, a juicio de los recurrentes, se concedía a las madres con hijos de forma discriminatoria respecto de los padres que estaban en idénticas condiciones. El razonamiento del Tribunal, en este caso, conduce a desestimar la petición en función de la especial protección al trabajo de las mujeres para su fomento laboral y progresiva incorporación social, en compensación a una discriminación histórica.

Esta línea jurisprudencial se ha mantenido ya prácticamente inalterada, a salvo de la STC 126/1997, en que el Tribunal rompe con esa línea de equiparación finalista de la mujer, desestimando una cuestión de inconstitucionalidad y declarando conforme a la Constitución la aplicación del derecho histórico del que deriva la regla de preferencia del varón sobre la mujer en el orden regular de las transmisiones *mortis causa* de los títulos nobiliarios. El Voto Particular del magistrado Cruz Villalón da buena cuenta de la defectuosa técnica de confección de la sentencia pues, en cualquier caso, es difícilmente explicable su razonamiento en relación con la jurisprudencia anterior y posterior del Tribunal Constitucional sobre la igualdad en materia de género. La Ley 33/2006, de 30 de octubre, sobre igualdad del hombre y de la mujer en el orden de sucesión de los títulos nobiliarios, ha puesto fin a esta injusta situación por razón del género, proclamando en su artículo 1 que «el hombre y la mujer tienen igual derecho a suceder en las Grandezas de España y títulos nobiliarios, sin que pueda preferirse a las personas por razón de su sexo en el orden regular de llamamientos».

Se puede decir que estamos delante de una desigualdad ante la ley cuando esta, frente a dos supuestos de hecho idénticos, trata de forma distinta, sin ninguna justificación, a diferentes sujetos, por alguna de las causas establecidas, de forma, además, muy abierta (cualquier condición personal o social) en el artículo 14 CE. Donde se deja ver con mayor claridad la igualdad como interdicción de la discriminación es en los derechos laborales, derivados fundamentalmente de materia salarial. En línea de principio, la diferenciación salarial puede constituir una discriminación en cuanto puede ser indiciaria de una conducta discriminatoria, pero esto no significa, sin más, que deba estar bajo sospecha la diferenciación salarial. De ahí que la primera jurisprudencia tienda a nivelar los salarios (STC 59/1982), aunque pronto esto se va a modular por el principio de la autonomía de la voluntad, de modo que ya la STC 34/1984 concede un margen a la autonomía de la voluntad del empresario. Esta línea se mantendrá constante en la necesidad de demostrar que las diferencias salariales no sean objetivas (SSTC 7/1984, 77/1990 y 82/1997, que establecen que la desigualdad salarial en sí misma no es discriminatoria, pero debe razonarse). La determinación de cuáles sean esas razones objetivas constituye la línea de determinación entre la constitucionalidad o no de la diferencia salarial. Es constitucional la diferencia entre prestaciones laborales en las que el empleador es el Estado e impone topes salariales respecto de la empresa privada (STC 96/1990). No es inconstitucional la diferente regulación del servicio doméstico respecto de los demás trabajadores por cuenta ajena (STC 26/1984), o la del alto cargo laboral (STC 1/1984). Sin embargo, no es constitucionalmente admisible la diferencia salarial entre trabajadores fijos y eventuales (STC 136/1987), lo que excluye la posibilidad de que, en un Convenio, se sustraigan a la regulación los salarios del personal eventual, a quien se retribuye en cuantía inferior a los fijos de plantilla.

Otro tanto ocurre en materia de Seguridad Social y cobertura asistencial del Estado. Las prestaciones sociales, en principio, deben darse en condiciones de igualdad por parte de la Administración, pero a este principio general se opone toda diferenciación debidamente justificada, siendo en el margen de la justificación donde se producen algunas incongruencias. Como principio general, a diferentes cotizaciones se producen diferentes prestaciones (la STC 70/1991 detalla que, a diferentes categorías, se corresponden distintas cotizaciones y el baremo no es el salario, sino los grupos profesionales, que establecen los mínimos y los máximos en cada categoría). Del mismo modo, a diferentes regímenes de la Seguridad Social, diferentes prestaciones, lo que explica que las pensiones de los funcionarios puedan ser diferentes de los laborales (SSTC 32/2001, 227/1998 y 40/1989). Esta diferencia, sin embargo, se quiebra desde el punto de vista constitucional cuando hay un elemento político que la diferencia, como en la STC 204/1988, que considera la distinción entre viudas de guerra republicanas y nacionales, ilegítima por la condición social.

Esta misma línea expansiva de extensión de los derechos sociales se lleva a cabo por el Tribunal Constitucional en una interpretación que se acomode al derecho de igualdad. Así ha ocurrido con la normativa que regula las pensiones de viudedad: la STC 41/2013, de 14 de febrero, resuelve una cuestión de inconstitucionalidad de un solicitante del reconocimiento de la prestación de viudedad como pareja de hecho de un causante, con el que convivió de forma estable desde 1982. El TC considera que la exigencia de la disposición adicional tercera de la Ley 40/2007, de 4 de diciembre, referente a que «el causante y el beneficiario hubieran tenido hijos comunes», es inconstitucional, por ser contraria al artículo 14 CE, «pues la diferencia de trato que se establece por la norma cuestionada entre parejas de hecho, en razón de que hubieran tenido o no hijos en común, no solo no obedece, a ninguna razón objetivamente justificada, relacionada con la propia esencia, fundamento o finalidad de la pensión de viudedad [...], sino que conduce, además, a un resultado desproporcionado, al impedir injustificadamente a determinados supérstites de parejas de hecho el acceso a la protección dispensada mediante dicha pensión, por ser de imposible cumplimiento (por razones biológicas o jurídicas), la exigencia de haber tenido hijos comunes».

Curiosamente esta argumentación se trae de una reforma legislativa reciente, sin que sea en principio norma de aplicación, pues aunque en el momento de solicitarse la prestación ya estaba en vigor la normativa que reconocía el derecho al matrimonio entre personas del mismo sexo, el solicitante era solamente conviviente de hecho. Se trata de extender, en este caso, categorías aplicables a este supuesto, a la convivencia de hecho. La Ley 13/2005, de 1 de julio, por la que se modifica el Código Civil, en materia de derecho a contraer matrimonio, ha generado de manera indirecta derechos aplicables a las parejas de hecho, como el derecho de viudedad. Esto ha ocurrido porque las leyes que sean susceptibles de aplicación a situaciones derivadas del matrimonio y que hayan sido aprobadas con anterioridad a esta, han de ser ahora reinterpretadas a raíz de la nueva situación.

La STC 55/2013, de 11 de marzo, que conoce un caso similar, reitera estos argumentos considerando, en su fundamento jurídico 2, que la exigencia de los hijos en orden al reconocimiento de la pensión de viudedad «no sólo no obedece a ninguna razón objetivamente justificada, relacionada con la propia esencia, fundamento o finalidad de la pensión de viudedad especial que regula, sino que conduce a un resultado desproporcionado, al impedir injustificadamente a determinados supérstites de parejas el acceso a la protección dispensada mediante dicha pensión, por ser de imposible cumplimiento (por razones biológicas y jurídicas), la exigencia de haber tenido hijos comunes».

En realidad, el artículo 14 CE no consagra un derecho a la igualdad, sino a la diferencia, en la medida en que su pretensión de que no se produzca discriminación es justamente finalista, porque la realidad es, sin embargo, que la sociedad es desigual y las discriminaciones existían antes de la promulgación de la Constitución. Sobre todo hay algunas discriminaciones históricas, como la de género, que sostenía una sociedad dividida en la atribución de diferentes posiciones sociales, jurídicas y personales derivadas de la pertenencia a uno u otro sexo. De ahí la importancia de la proyección temporal de la desigualdad en la aplicación, con carácter retroactivo o no, de la Constitución en cuanto al desarrollo de la igualdad material. En un primer momento, el Tribunal Constitucional consideró que no podía ser de aplicación la Constitución a ninguna situación generada con anterioridad a su entrada en vigor (STC 67/1982), pero ese criterio se ha ido flexibilizando hasta llegar a la STC de 27 de abril de 2010, en la que se considera de aplicación el artículo 14 CE a un testamento otorgado en 1945, mediante el expediente técnico de tener en cuenta que la voluntad del testador se intermedia por la aceptación de las herederas y por el propio órgano jurisdiccional que ha debido interpretar ya ese testamento de conformidad con la Constitución. Serían, por tanto, estas personas, y no el testador, quienes habrían conculcado la Constitución.

Es importante señalar que el Tribunal Constitucional ha sido, desde el inicio de su jurisprudencia, un elemento configurador de la igualdad a través de sus resoluciones judiciales, con alguna regresión poco significativa, y que ha hecho del artículo 9.2 CE el instrumento más eficaz de crecimiento de la igualdad en materia de género: no solamente en referencia a discriminaciones de hecho susceptibles de recurso de amparo, sino también en la erradicación de aquellas normas que suponen desigualdades más o menos indirectas. Como ejemplo, se puede indicar la STC 61/2013, de 14 de marzo, que conoce una cuestión de inconstitucionalidad sobre el inciso inicial de la letra *a*) de la regla segunda del apartado 1 de la disposición adicional 7.ª de la Ley General de la Seguridad Social, que computaba los períodos de cotización, para el cálculo de las prestaciones, en función de las horas trabajadas. Esta fórmula de cómputo perjudicaba fundamentalmente a las mujeres, que son quienes realizan más contratos a tiempo parcial. Con antecedente en la STC 253/2004, que ya declaró inconstitucional una norma similar, ahora el Tribunal Constitucional admite la cuestión y declara inconstitucional el precepto cuestionado porque «vulnera el artículo 14 CE, tanto por lesionar el derecho a la igualdad, como también, a la vista de su predominante incidencia sobre el empleo femenino, por provocar una discriminación indirecta por razón de sexo» (FJ 6).

En todo caso, la jurisprudencia del Tribunal Constitucional mantiene un importante nivel de coherencia en materia de igualdad, y hay poco lugar a retrocesos en lo que se refiere a validar al legislador cuando regula sectores del ordenamiento que tienen que ver con este derecho. Así, la STC 198/2012, de 6 de noviembre, por la que se resuelve un recurso de inconstitucionalidad presentado contra la Ley 13/2005, de 1 de julio, por la que se modifica el Código Civil en materia de derecho a contraer matrimonio, y se extiende el derecho a personas del mismo sexo. La sentencia considera, en su fundamento jurídico 3, que los poderes públicos, en cumplimiento del artículo 9.2 CE, pueden adoptar medidas de trato diferenciado de ciertos colectivos en aras de la consecución de fines constitucionalmente legítimos, promoviendo las condiciones que posibiliten que la igualdad de los miembros que se integran en dichos colectivos sean reales y efectivas o removiendo los obstáculos que impidan o dificulten su plenitud. Por ello, no se aceptan las invocaciones de los recurrentes en el sentido de que, ante realidades distintas, no podía aplicarse la misma norma.

En su jurisprudencia más reciente el TC continua su línea protectora de la igualdad, en la STC 168/2020, de 16 de noviembre, declara la vulneración de los derechos a la igualdad ante la ley y a no padecer discriminación por razón de sexo, aplicando la doctrina de la STC 79/2020, al considerar la existencia de discriminación indirecta en el cómputo del descanso retribuido que ignora que la reducción de jornada ordinaria y complementaria trae causa del ejercicio del derecho de cuidar a los hijos y que las guardias realizadas, bien que menor en número son de la misma duración que para el resto de trabajadores.

La jurisprudencia del TJUE ha aportado un nuevo supuesto de discriminación. El TJUE reconoció la denominada discriminación refleja o por asociación en la Sentencia de 17 de julio de 2008, Coleman y otros, C-303/06, conocida como caso Coleman. En esta cuestión prejudicial el Tribunal analiza si el trato recibido por la Sra. Coleman es discriminatorio, aunque ella no es discapacitada, sino su hijo. Declara el Tribunal en el considerando 38 que: «Por consiguiente, de las citadas disposiciones de la Directiva 2000/78 no se desprende que el principio de igualdad de trato que esta pretende garantizar se circunscriba a las personas que padezcan ellas mismas una discapacidad en el sentido de dicha Directiva. Antes al contrario, la Directiva tiene por objeto, en lo que atañe al empleo y al trabajo, combatir todas las formas de discriminación basadas en la discapacidad». Y razona que «el hecho de que la Directiva 2000/78 contenga disposiciones destinadas a tener en cuenta específicamente las necesidades de las personas con discapacidad no permite llegar a la conclusión de que el principio de igualdad de trato que la misma consagra deba interpretarse de manera restrictiva, es decir, en el sentido de que prohíbe únicamente las discriminaciones directas por motivo de discapacidad que afecten exclusivamente a las propias personas con discapacidad» (considerando 43). Así, considera que, «el efecto útil de la Directiva 2000/78 se verían comprometidos si un trabajador que se encuentre en una situación como la de la demandante en el litigio principal no pudiera invocar la prohibición de discriminación directa establecida en el artículo 2, apartado 2, letra *a*), de la misma Directiva cuando se haya probado que ha recibido un trato menos favorable que el que recibe, ha recibido o podría recibir otro trabajador en situación análoga, a causa de la discapacidad de un hijo suyo, y ello aunque el propio trabajador no sea discapacitado» (considerando 48). Por todo ello, el TJUE declara que, «1) La Directiva 2000/78/CE del Consejo, de 27 de noviembre de 2000, relativa al establecimiento de un marco general para la igualdad de trato en el empleo y la ocupación, y, en particular, sus artículos 1 y 2, apartados 1 y 2, letra *a*), deben interpretarse en el sentido de que la prohibición de discriminación directa que establecen no se circunscribe exclusivamente a aquellas personas que sean ellas mismas discapacitadas. Cuando un empresario trate a un trabajador que no sea él mismo una persona con discapacidad de manera menos favorable a como trata, ha tratado o podría tratar a otro trabajador en una situación análoga y se acredite que el trato desfavorable del que es víctima dicho trabajador está motivado por la discapacidad que padece un hijo suyo, a quien el trabajador prodiga la mayor parte de los cuidados que su estado requiere, tal trato resulta contrario a la prohibición de discriminación directa enunciada en el citado artículo 2, apartado 2, letra *a*). 2) La Directiva 2000/78 y, en particular, sus artículos 1 y 2, apartados 1 y 3, deben interpretarse en el sentido de que la prohibición de acoso que establecen no se circunscribe exclusivamente a aquellas personas que sean ellas mismas discapacitadas. Cuando se demuestre que el comportamiento no deseado constitutivo del acoso del que es víctima un trabajador que no sea él mismo una persona con discapacidad está relacionado con la discapacidad de un hijo suyo, al que el trabajador prodiga la mayor parte de los cuidados que su estado requiere, tal comportamiento resulta contrario a la prohibición del acoso establecida en el citado artículo 2, apartado 3».

III. LEGISLACIÓN EN MATERIA DE IGUALDAD DE GÉNERO

1. La Ley Orgánica 1/2004, de 28 de diciembre, de Medidas de Protección Integral contra la Violencia de Género

Después de sucesivas reformas legislativas en el Código Penal sobre los delitos de violencia doméstica, se aprueba esta ley que adopta la terminología de «violencia de género», para regular un tipo penal de violencia sufrida por las mujeres en función de su relación de pareja. Las modificaciones respecto de la anterior regulación del artículo 153.1 CP no se contraen a la terminología, sino que la ley de protección contra la violencia de género contiene una regulación integral de todas aquellas disciplinas comprometidas con la erradicación de la violencia ejercida sobre las mujeres.

La Ley Orgánica 1/2004, de 28 de diciembre, de medidas de protección integral contra la violencia de género reconoce, por primera vez en nuestro ordenamiento jurídico, un hecho diferencial de género. La Exposición de Motivos razona sobre la necesidad de una protección integral de los derechos de la mujer a la igualdad, libertad, vida, seguridad y no discriminación. Las respuestas parciales que el ordenamiento jurídico daba exigían una nueva regulación global, que se lleva a cabo en esta ley. En el Título I se recogen las medidas de sensibilización en materia educativa que son muy importantes, como los contenidos curriculares de género; en Sanidad, los protocolos sanitarios o en publicidad la regulación de la publicidad que estereotipe la imagen de la mujer. El Título II prevé importantes medidas asistenciales, regulación de derechos laborales en situaciones de violencia que obliguen a las mujeres a cambios de residencia, o ayudas en materia económica. El Título III contiene la creación de organismos específicos de control y defensa, como son la Delegación del Gobierno contra la Violencia de la Mujer y el Observatorio Nacional de Violencia sobre la Mujer, con importantes funciones. En el Título IV se introducen nuevos tipos penales, normas de reparto y de especialización de los órganos judiciales y otras atinentes al Ministerio Fiscal. Todo este importante acervo normativo tiene como finalidades básicas la prevención, represión y asistencia a las víctimas. Desde el punto de vista penal, la ley contiene tres elementos principales destinados a la erradicación de la violencia de género: la garantía de la orden de protección para evitar las agresiones, la regulación de la prisión preventiva para estos casos especiales y la tipificación de estos delitos en función del sujeto pasivo. Los aspectos más polémicos de la tipificación se refieren a la asimetría de determinados tipos delictivos, como los sujetos pasivos del artículo 173.2 CP.

Algún sector de la doctrina, junto al Dictamen del Consejo de Estado, consideraba que esta regulación podía ser inconstitucional por tratarse de una medida de acción positiva. Las medidas de acción positiva, según esta posición, serían constitucionalmente adecuadas en otros sectores del Derecho, pero no en el Derecho punitivo. Dichas posturas están ignorando un hecho histórico esencial en la violencia de género: la determinación de las razones por las que esta es una forma específica de violencia, que solo tiene lugar contra las mujeres, ha sido lo suficientemente estudiada como para que la doctrina contuviera elementos suficientes de valoración de esta violencia en relación con otras formas de violencia doméstica. A diferencia de otras conductas delictivas, la de violencia de género tiene dos características propias que justifican la especificidad de los tipos: la primera es la raíz del delito, pues la violencia de género está originada por una estructura histórica de poder, el poder patriarcal, que genera esa forma de dominación y, la segunda, es que este delito nunca es puntual, sino que viene determinado por un proceso, que tiene una evolución en el tiempo y que es susceptible, a diferencia de otros tipos penales, de tratamiento sanitario, educacional o asistencial. Estas dos notas que califican la violencia de género pueden justificar la constitucionalidad de un tipo especial de delito. Por lo que se refiere al patriarcado, si se acepta que el delito tiene una raíz en ese dominio histórico ejercido por el hombre sobre la mujer, el tipo se justificaría en función de que esa conducta delictiva solo se daría del hombre respecto de la mujer y no al contrario, o en otras formas de violencia. En lo que se refiere a las posibilidades de erradicación de la violencia por tratarse de un proceso, igualmente podría justificarse un tipo penal específico, que después de la tramitación del proyecto de Ley Orgánica, integra, además, a otros colectivos débiles.

Finalmente, la ley ha sido objeto de control de constitucionalidad por la cuestión de inconstitucionalidad formulada por un Juzgado de Violencia, que cuestionó la posible contradicción del artículo 153.1 CP con algunos preceptos constitucionales, pero fundamentalmente con el artículo 14 CE. El Tribunal Constitucional ha considerado que no es inconstitucional una norma que establezca penas diferenciadas en función del género, al estar justificado ese tipo penal por unas pautas culturales de desigualdad en el ámbito de la pareja: con ello se criminaliza un tipo de violencia que se ejerce por los hombres sobre las mujeres que, con los criterios axiológicos actuales, resulta intolerable. De este modo, con la STC 59/2008, de 14 de mayo, la Ley ha superado el test de constitucionalidad, aunque con una votación ajustada y cuatro votos particulares. Con posterioridad el Tribunal ha resuelto un importante número de cuestiones de inconstitucionalidad respecto de esta norma, confirmando esa doctrina. De esta forma, la STC 59/2008, de 14 de mayo, ha puesto fin a una larguísima resistencia a considerar que el derecho penal no podía por menos que estar también sometido, como cualquier otro orden jurisdiccional, a los principios y valores constitucionales. Esta exigencia, confirmada en otras sentencias posteriores, las SSTC 76/2008 y 80 a 83/2008, lleva al Tribunal a desestimar las distintas cuestiones de inconstitucionalidad que le han sido sometidas en relación con el artículo 153.1 del Código Penal en su redacción dada por la LO 1/2004, de 28 de diciembre, de medidas de protección integral contra la violencia de género.

2. La Ley Orgánica 3/2007, de 22 de marzo, para la Igualdad Efectiva de Mujeres y Hombres

La Directiva 76/207/CEE, del Consejo de las Comunidades Europeas, relativa a la aplicación de la igualdad de trato entre hombres y mujeres en lo que se refiere al acceso al empleo, a la formación y a la promoción profesionales y a las condiciones de trabajo, fue modificada por el Parlamento Europeo y el Consejo de la Unión Europea mediante la Directiva 2002/73/CE, que desarrolla las previsiones del apartado 3 del artículo 141 del Tratado constitutivo de la Comunidad Europea. Ello impulsó el desarrollo de la legislación interna en el ámbito laboral, con urgentes modificaciones en el Estatuto de los Trabajadores y en la Ley de Procedimiento Laboral, para intentar adaptar esta normativa a la legislación interna. Con la Ley Orgánica 3/2007, de 22 de marzo, para la igualdad efectiva de mujeres y hombres, se incorporan a nuestro ordenamiento jurídico la Directiva 2002/73/CE y la Directiva 2004/113/CE: la primera, relativa al principio de igualdad de trato en lo que se refiere al acceso al empleo, a la formación y a la promoción profesional y condiciones de trabajo y, la segunda, sobre igualdad de trato entre hombres y mujeres en el acceso a bienes y servicios y su suministro.

La ley, sin embargo, no se limita al desarrollo de las Directivas sino que, siguiendo la tendencia de la LO 1/2004, de 28 de diciembre, de Medidas de Protección Integral contra la violencia de género, regula de forma transversal el derecho de igualdad de las mujeres, adoptando técnicas de igualación y medidas de acción compensatoria, con la finalidad de conseguir la igualdad de género en la realidad social, política y económica del Estado. De ahí que el desarrollo de las referidas Directivas se aborde aquí desde una perspectiva que desborda ampliamente las exigencias comunitarias.

Esta reflexión tiene su importancia para justificar el propio nombre de la ley que, en el artículo 1, define su objeto como el de «hacer efectivo el principio de igualdad de trato y oportunidades entre mujeres y hombres». Es un principio que, por su parte, queda definido en el artículo 3 de forma negativa, como «ausencia de toda discriminación directa o indirecta, por razón de sexo, y especialmente las derivadas de la maternidad, la asunción de obligaciones familiares y el estado civil».

Este planteamiento ha generado unas medidas cuya justificación se ha considerado por algún sector de la doctrina de dudosa constitucionalidad. Las exigencias de una cuota representativa de género en las sociedades mercantiles, o de los Planes de Igualdad en las empresas privadas, se han criticado como una extensión de la exigencia de medidas positivas más allá de lo permitido en el diseño constitucional de la igualdad. Son valoraciones que se corresponden, en cierta manera, con una u otra concepción de los fines del Estado social. Cuando se regula, en el artículo 15, la transversalidad del principio de igualdad de trato entre mujeres y hombres en la actuación de todos los poderes públicos, se adopta por el legislador un nivel de desarrollo del modelo de Estado social, cuya voluntad es la de efectuar una compensación histórica de una situación de desigualdad que, por injusta, debe erradicarse de la sociedad. La transversalidad de género es, así, una técnica jurídica que tiene como finalidad la implementación de las políticas de género en los textos legislativos, para fomentar la igualdad real entre mujeres y hombres en la sociedad.

Ese principio de igualdad de trato, de origen legal, aunque pueda desprenderse del artículo 14 CE en relación con el artículo 9.2 CE y con la normativa europea respecto de las exigencias de *mainstreaming* de género, puede tener un efecto transformador del ordenamiento jurídico, en la medida en que permite la materialización del impacto de género, que ya venía regulada a nivel estatal en la Ley 30/2003, de 13 de octubre. La regulación que la nueva ley orgánica hace sobre el impacto de género abarca no solamente las normas jurídicas, sino también los Planes del Gobierno. Término este, el de «Planes», que junto al de Plan estratégico, aconsejarían una regulación diferenciada de ese conjunto y que, finalmente, han figurado unidos en la ley. Pero en todo caso, y aunque se avanza en extensión respecto de la inicial regulación, aún es necesario que se profundice de forma más exhaustiva en el procedimiento y contenido de los informes de impacto de género, a fin de evitar que se conviertan en un mero trámite. La práctica ha venido a demostrar las dificultades de realización de esos informes, hasta el punto de limitarse a decir alguno de ellos que no existe impacto de género en la norma cuya evaluación se solicita. Una buena parte de la dificultad para su realización está sin duda en la parquedad de su regulación que, sin embargo, exige determinar algunos criterios respecto de su contenido: en efecto, no basta con un mero trámite, sino que debe abordar un contenido material, puesto que el informe de impacto de género es una forma de *mainstreaming*, que pretende valorar el impacto de las normas jurídicas en su fase de creación en relación con los efectos que producirá en el derecho de igualdad entre mujeres y hombres.

Junto a esta técnica de la transversalidad, las medidas de acción positiva, acciones positivas o desigualdad compensatoria, permiten una inmediata efectividad en la consecución de la igualdad de género. De diferente terminología con que se conocen en la doctrina estas medidas de protección de género, el artículo 11 de la LO opta por el término de «acciones positivas» y, en su definición, la norma recoge las exigencias jurisprudenciales acerca de estas medidas, proporcionalidad y razonabilidad, así como su relación con la finalidad perseguida.

Otro aspecto importante de la transversalidad es la utilización de la perspectiva de género en el lenguaje, como una de las maneras de conseguir la igualdad real entre mujeres y hombres. Es en la interacción del lenguaje donde se crean importantes estructuras de dominación social. Y aquí se pone de manifiesto una forma más de asimetría de las mujeres y los hombres en la sociedad. La ley, consciente de esta realidad, pretende introducir el lenguaje de género, fundamentalmente en la Administración Pública y en los medios de comunicación, estableciendo, con un carácter bastante general, la recomendación de que no se haga un uso sexista del lenguaje. Con esta regulación, la ley se enfrenta a sectores amplios de la sociedad, que consideran correcto el uso del masculino genérico para designar tanto a las mujeres como a los hombres.

Finalmente, la ley ha creado un sistema general de representación equilibrada de género que se conoce como el sistema de cuotas. A partir de la última década y, coincidiendo con una importante movilización en Europa sobre la igualdad real de la mujer y las políticas de género, se han intentado instrumentalizar leyes electorales por las que de forma directa o indirecta se exige una mínima representación de mujeres en las listas electorales. La cifra, que se inició en los estatutos de algunos partidos políticos en un mínimo del 20 por 100 de la representación, se ha ido incrementando progresivamente hasta considerar en algunos casos la exigencia de una paridad perfecta del 50 por 100 y, además, en algún caso, adoptando la forma de alternancia de género en la lista, lo que se conoce como lista-cremallera.

En línea de principio, nada se opone a la posibilidad de favorecer con cuotas a determinados colectivos que necesitan el apoyo de los poderes públicos para reducir sus condiciones de desigualdad. El propio Tribunal Constitucional, en la STC 269/1994, ha dado entrada a la constitucionalidad de las cuotas en materia laboral, validando desde el punto de vista constitucional la posibilidad de que se reserven determinados puestos laborales a minusválidos en función de su necesidad de integración laboral. Sin embargo, las cuotas electorales presentan diferencias importantes respecto a las laborales desde el punto de vista constitucional, por la especial protección del artículo 23 de la Constitución, que regula en su párrafo segundo la igualdad en el acceso a las funciones y cargos públicos. Esta exigencia plantea la duda de si el TC consideraría o no constitucional una ley de paridad política: lo que hasta ahora ha dicho, en relación con las exigencias de igualdad del artículo 23, es que no caben diferentes lecturas de la igualdad constitucional, cualquiera que sea la norma en que se encuentre (STC 75/1985). Pero no es menos cierto que la paridad política presenta perfiles muy diferenciados respecto de otras medidas de discriminación positiva, en cuanto que la representación política compromete aspectos del derecho público muy controvertidos histórica y doctrinalmente: problemas como la indivisibilidad de la soberanía, el derecho de representación sin restricciones y otros conceptos de derecho público interfieren estas medidas de reforma de leyes electorales, que desde algunas CCAA se han llevado a cabo y cuya constitucionalidad, en algunos casos, está pendiente de resolución del pertinente recurso.

La LO 3/2007 ha entrado directamente a regular una cuota de género en todo lo que se refiere a la presencia de la mujer en la vida pública. No es, pues, una cuota de representación política solamente, sino que la transversalidad —que se ha definido ya desde la Exposición de Motivos— permanece en todo el contenido material de la ley. En este sentido se incorporan cuotas de participación de las mujeres en los diferentes ámbitos políticos, sociales y económicos. La exhaustividad con que se prevén las cuotas, abarcando toda actividad laboral, funcionarial y política, ha suscitado en algunos sectores la inquietud de inconstitucionalidad por colisión con el principio de libertad de empresa, regulado en el artículo 38 CE, y de mérito y capacidad en el plano funcionarial y político.

IV. BIBLIOGRAFÍA

Alonso García, E.: «El principio de igualdad del artículo 14 de la Constitución», *RAP*, n.º 100, 1983.

Balaguer Callejón, F. (coord.): *Introducción al Derecho Constitucional*, 6.ª ed., Tecnos, Madrid, 2017.

— (coord.): *Manual de Derecho Constitucional*, tomos I y II, 12.ª ed., Tecnos, Madrid, 2017.

Balaguer Callejón, M. L.: *El derecho fundamental al honor*, Tecnos, Madrid, 1992.

— «Igualdad y discriminación en la jurisprudencia del Tribunal Constitucional», *RDP*, n.º 33, 1991.

— «La igualdad de derechos de la mujer en el ordenamiento jurídico español», en *Artículo 14, una perspectiva de género*, n.º 1, 1999.

— *Mujer y Constitución. La construcción jurídica del género*, Cátedra/Universidad de Valencia/Instituto de la Mujer, Madrid, 2005.

— *Igualdad y Constitución Española*, Tecnos, Madrid, 2010.

— «Los derechos fundamentales, el género y la salud», en C. Monereo y J. L. Monereo Pérez (coord.), *Género y derechos fundamentales*, Comares, Granada, 2010.
— *Hij@s del mercado. La maternidad subrogada en el ordenamiento jurídico*, Cátedra, Madrid, 2017.
— *El feminismo del siglo XXI en España. Del #MeToo al Queer*, Huso, Madrid, 2021.
Carrasco Perera, A.: «El juicio de razonabilidad en la justicia constitucional», *REDC*, n.º 11, 1984.
Gómez Sánchez, Y.: *Constitucionalismo multinivel. Derechos fundamentales*, Sanz y Torres, Madrid, 2020.
Giménez Gluck, D.: *Una manifestación del principio de igualdad: Acciones positivas moderadas y medidas de discriminación inversa*, Tirant lo Blanch, Valencia, 1999.
— *Juicio de igualdad y tribunal constitucional*, Bosch, Barcelona, 2004.
Jiménez Campo, J.: «La igualdad jurídica como límite frente al legislador», *REDC*, n.º 9, 1983.
Martín Vida, M. A.: «La cuestionable vigencia del principio de masculinidad en la sucesión de títulos nobiliarios (Comentario a la sentencia del Tribunal Constitucional 126/97, de 3 de julio)», *REP*, n.º 99, 1998.
— *Fundamento y límites constitucionales de las medidas de acción positiva*, Cívitas, Madrid, 2003.
— *Evolución histórica del principio de igualdad y paradojas de exclusión*, Universidad de Granada, 2004.
Montilla Martos, J. A.: «El mandato constitucional de la promoción de la igualdad real y efectiva en la jurisprudencia constitucional. Su integración con el principio de igualdad», en *Estudios de Derecho Público. Homenaje a Juan José Ruiz-Rico*, Tecnos, Madrid, 1997.
Muñoz Ruiz, A. B.: «El caso Coleman un paso más en la construcción del modelo social de discapacidad de la Unión Europea y su extensión a los cuidadores», en *Temas laborales: Revista andaluza de trabajo y bienestar social*, n.º 101, 2009, pp. 321-339.
Niccolai, S.: «Derecho antidiscriminatorio, nuevos valores de convivencia y argumentación constitucional. Comentario de la Sentencia "Coleman vs Attridge Law", C-303/06, del Tribunal de Justicia de la Unión Europea», en *REDCE*, n.º 11, enero-junio 2009.
Rey Martínez, F.: *El derecho a no ser discriminado por razón de sexo*, McGraw-Hill, 1995.
— «Igualdad y prohibición de discriminación: de 1978 a 2018», *Revista de derecho político*, n.º 100, 2017 [Ejemplar dedicado a: Monográfico con motivo del XL aniversario de la Constitución Española (I)], pp. 125-171.
Rodríguez Piñero, M., y Fernández López, M. F.: *Igualdad y discriminación*, Tecnos, Madrid, 1985.
Rubio Llorente, F.: «El principio de igualdad en la jurisprudencia del Tribunal Constitucional», *REDC*, n.º 31, 1991.
Suay Rincón, J.: *El principio de igualdad en la Justicia Constitucional*, IEAL, Madrid, 1986.
Ventura Franch, A.: *Las mujeres y la constitución española de 1978*, Instituto de la Mujer, Madrid, 1999.
—, y García Campá, S.: *El derecho a la igualdad efectiva de mujeres y hombres una evaluación del primer decenio de la Ley Orgánica 3/2007*, Aranzadi, 2018.
VVAA: *Mujer y Constitución española*, CEPC, Madrid, 2000.

LECCIÓN 12

EL DERECHO A LA TUTELA JUDICIAL EFECTIVA

I. LA TUTELA JUDICIAL EFECTIVA

El artículo 24 de la Constitución reconoce a todas las personas el derecho a la tutela judicial efectiva de los jueces y tribunales, en el ejercicio de sus derechos e intereses legítimos, sin que en ningún caso pueda producirse indefensión.

Este precepto reconoce un importante número de derechos en el apartado segundo, que aparecen todos ellos conectados al proceso: el juez ordinario predeterminado por la ley, la defensa y la asistencia de letrado, ser informado de la acusación formulada, un proceso público sin dilaciones indebidas y con todas las garantías, utilizar los medios de prueba pertinentes para la defensa, no declarar contra sí mismo, no declararse culpables y la presunción de inocencia. Finalmente, se prevé que la ley regule los casos en que, por razón de parentesco o de secreto profesional, no se estará obligado a declarar sobre hechos presuntamente delictivos.

El contenido del derecho de tutela es amplio y se extiende a cualquier posibilidad en la que en un proceso se cause indefensión a las partes. Esa indefensión puede producirse en el momento mismo del ejercicio de la acción, bien mediante la inadmisión de esta o por el archivo sin causa ni razonamiento que lo justifique, o en cualquiera de los momentos procesales ulteriores, hasta el archivo definitivo de actuaciones, incluido el derecho a los recursos.

Es el derecho cuantitativamente más invocado en los procesos desde la promulgación de la Constitución y el derecho recurrente en las demandas de amparo constitucional en la medida en que es un derecho de configuración formal, que permite su invocación en cualquier momento del proceso. Abarca este en su totalidad desde su inicio, es decir, desde la posibilidad misma del ejercicio de su acción procesal, hasta el archivo definitivo de las actuaciones procesales. Incluso aspectos paraprocesales, como el cuestionamiento mismo de la estructura de la administración de justicia, como precondición de un sistema judicial que satisfaga el derecho a la tutela judicial efectiva.

II. EL CONTENIDO DEL DERECHO DE TUTELA

La tutela judicial se configura, así, como un derecho fundamental de protección directa, que garantiza los procesos judiciales frente a posibles indefensiones. Al hablar del acceso a la jurisdicción, se entiende que el derecho a la tutela judicial es un elemento central en la legitimación activa para la interposición de una acción judicial, y que, con independencia de que proceda o no de acuerdo con la ley, esta ha de interpretarse de la manera más amplia posible para permitir su ejercicio. Respecto a la posibilidad de ejercitar una acción procesal en defensa de un derecho, la tutela judicial efectiva en cuanto derecho fundamental exige que se contemplen todas las opciones que permitan su efectivo ejercicio. En este sentido, la legitimación activa de las personas extranjeras como sujetos de los derechos fundamentales ha sido entendida por el Tribunal Constitucional de manera expansiva a pesar del tenor literal de algunos artículos de la Constitución, que se refieren a derechos reconocidos a «los españoles».

El derecho al acceso a la jurisdicción comprende no solamente el derecho que tiene toda persona a ser juzgada por un tribunal en la defensa de sus derechos, sino también el derecho a los recursos legalmente establecidos.

El derecho al acceso es una materialización del principio *pro actione*, que significa que debe favorecerse el ejercicio de la acción procesal. Esto se entiende sin perjuicio de que, posteriormente, no se pueda obtener una resolución sobre el fondo del asunto, porque el juez pudiera inadmitir la demanda a trámite debido a errores insubsanables. No obstante, el juez está obligado a facilitar a las partes la subsanación de todos los defectos que sea posible, y, en caso de inadmitir la pretensión, razonar y motivar esa inadmisión. Asimismo forma parte del contenido del derecho de tutela la exigencia de una resolución judicial motivada y congruente. La congruencia de las resoluciones judiciales exige que el juez razone acerca del *petitum* de la demanda: cuando el razonamiento es insuficiente por no abarcar todos los aspectos de este, se produce una lesión de la tutela judicial por incongruencia «omisiva» y, cuando el juzgador resuelva acerca de cuestiones no controvertidas en el procedimiento o no solicitadas en la demanda, incurre en una resolución *extrapetita*.

En cuanto al derecho a un juez imparcial, la jurisprudencia del TC ha considerado que comprende el derecho a la recusación y abstención regulado por ley para garantizar la objetividad de los órganos jurisdiccionales en la defensa de los derechos de la ciudadanía (STC 170/2000).

La tutela judicial efectiva integra también el derecho a la ejecución de las sentencias en sus propios términos, ya que solo el cumplimiento efectivo de las sentencias satisface la tutela de los derechos, y de otro modo, una sentencia que no se hace efectiva deja sin contenido el derecho del justiciable. Así lo declara el artículo 18.2 LOPJ, «Las sentencias se ejecutarán en sus propios términos. Si la ejecución resultare imposible, el Juez o Tribunal adoptará las medidas necesarias que aseguren la mayor efectividad de la ejecutoria, y fijará en todo caso la indemnización que sea procedente en la parte en que aquélla no pueda ser objeto de cumplimiento pleno. Solo por causa de utilidad pública o interés social, declarada por el Gobierno, podrán expropiarse los derechos reconocidos frente a la Administración Pública en una sentencia firme, antes de su ejecución. En este caso, el Juez o Tribunal a quien corresponda la ejecución será el único competente para señalar por vía incidental la correspondiente indemnización».

III. EL DERECHO DE ASISTENCIA LETRADA Y DE DEFENSA GRATUITA

En relación con la capacidad económica de las partes para soportar ese proceso, ha de posibilitarse por parte del Estado que cualquier persona pueda litigar en defensa de sus intereses, con independencia de su nivel de renta: de ahí la legislación de la defensa jurídica gratuita para las personas con escasos recursos económicos. Para ello el Estado ha de proveer una tutela a aquellas personas que, por escasez de dichos recursos, tengan que iniciar un procedimiento judicial y no puedan subvenir a los gastos que este origine: la Ley 1/1996, de 10 de enero, de asistencia jurídica gratuita, garantiza que toda persona que necesite una defensa jurídica pueda ejercer ese derecho.

IV. EL DERECHO A LA PRÁCTICA DE LAS PRUEBAS

En cuanto al procedimiento en sí mismo, el artículo 24 CE actúa, como decimos, en cada uno de los elementos del proceso y en cualquier momento del mismo, por lo que toda actuación y resolución judiciales han de producirse dentro del derecho a la tutela judicial efectiva. Las notificaciones a las partes incursas en un procedimiento o la falta de seguimiento de cualquiera de las formas a que está sujeto un proceso judicial, pueden originar una infracción del artículo 24 CE, con el consiguiente efecto de retrotraer actuaciones al momento anterior a esa infracción.

Donde se pone de manifiesto, con mayor claridad, el ejercicio del derecho de tutela judicial efectiva es en el momento procesal de la prueba. Esta es el elemento constituyente del derecho, en la medida en que generalmente de ella depende la estimación o desestimación de las pretensiones de las partes. En materia de prueba puede ocurrir que quienes afirman algún hecho no estén en condiciones de probarlo, por no tener posibilidades de acceder a la prueba o a los elementos que la configuran. Se puede producir, entonces, una indefensión de esa parte procesal, al no tener el medio probatorio. La anterior doctrina procesalista, basada en el aforismo latino *onus probandi incumbit quid afirmat non qui negat*, dejaba a la parte la prueba de los hechos alegados: ahora, a la luz del artículo 24 CE, debe entenderse que cada parte ha de probar aquellos hechos o circunstancias que esté en condiciones de hacerlo, debiendo impulsarse, por parte del juez o tribunal, la tutela judicial para remover aquellos obstáculos que impidan o limiten la posibilidad de probar lo que se afirma, invirtiendo incluso, a veces, la carga de la prueba y exportando a la parte contraria la prueba negativa de los hechos invocados, al entender que es esa parte quien únicamente está en posibilidades de efectuar la prueba. Por último, la denegación de una prueba solicitada por el justiciable, sin razonar acerca de su respuesta negativa, puede constituir una violación del derecho de tutela.

V. DERECHO AL SISTEMA LEGAL DE RECURSOS

Forma parte del derecho a la tutela judicial el derecho a los recursos establecidos en la ley, aunque no comprende un derecho a recurrir en cualquier caso, sino solamente en aquellos casos en los que la ley tenga establecido ese recurso, y en las condiciones en las que la ley determine su ejercicio.

Opera con menor intensidad que el derecho de acceso y, por ejemplo, la STC 90/2002 condiciona el contenido de este derecho a la razonabilidad y proporcionalidad de la decisión judicial que, en caso de denegarlo, debe justificar esa opción.

VI. EL RETRASO PROCESAL

Otro aspecto importante que forma parte del derecho a la tutela judicial efectiva, es el que se refiere al tiempo de la tramitación de los procesos judiciales, es decir, lo que se ha llamado —en el artículo 24.2— «un proceso público sin dilaciones indebidas» y que exige, por tanto, que los procesos se tramiten con la mayor celeridad posible. La jurisprudencia del Tribunal Constitucional ha entendido en algunos casos que el proceso se ha dilatado innecesariamente y ha ordenado que por parte de la jurisdicción ordinaria se siguiera con mayor celeridad. Otras veces ha entendido justificada la demora por la propia naturaleza del proceso o por el comportamiento de las partes, que habría podido ser la causa del retraso. El principal problema del Tribunal Constitucional, a la hora de analizar los estándares del tiempo de tramitación, es su propio retraso, por el que algunos de sus procesos han superado en diez años la tramitación.

VII. EL ANTIFORMALISMO

Lo que interesa al derecho de tutela es que no se produzca indefensión material en un proceso. De ahí que solamente se considere violación de este derecho la lesión material producida y que, en caso de que la infracción del procedimiento no tenga consecuencias para esa justicia material, no tenga relevancia constitucional la indefensión. Se trata, así, de evitar formalismos enervantes del proceso, que no tengan efectos materiales y que, a veces, pueden llegar a complicar las actuaciones procesales.

En cuanto al incumplimiento de las formalidades procesales, determina una justicia que enerve las mismas para buscar la justicia material. Así, toda posibilidad de subsanación debe intentarse por los órganos jurisdiccionales antes de la denegación del derecho o el archivo del expediente.

VIII. LA NECESIDAD DE MOTIVACIÓN DE LAS RESOLUCIONES JUDICIALES

La conexión entre el artículo 117.1 CE, que otorga a los jueces la responsabilidad de juzgar y hacer ejecutar lo juzgado, en relación con el artículo 120, que exige la motivación de las resoluciones judiciales, deriva finalmente en una exigencia del derecho a la tutela judicial efectiva.

Ahora bien, esa exigencia de motivación se mueve, en la jurisprudencia del Tribunal Constitucional, dentro de unos parámetros en los que la obligación de motivar abarca la necesidad de que el juez entre en todas y cada una de las peticiones de la demanda. De este modo, se satisface el derecho de tutela, dando a conocer a las partes los argumentos que justifican la denegación o estimación de un derecho y, también, se da cumplimiento al artículo 120 en cuanto al conocimiento a que tiene derecho la sociedad acerca de los criterios de interpretación de las normas por parte del Poder Judicial.

Por estas razones, se considera como un elemento integrante del derecho a la tutela la necesidad de justificar el cambio de criterio por parte de los jueces y tribunales. Este principio, el de la sujeción de los órganos jurisdiccionales a sus precedentes, forma parte también del contenido del derecho de igualdad en cuanto a la discriminación que puede suponer para el justiciable que, sin razón justificada, pueda dictarse una resolución diferente a otras anteriores sobre el mismo supuesto. Conocido como *stare decisis* en el derecho anglosajón, en nuestro ordenamiento forma parte del contenido del artículo 24 CE y también del 14, siendo su contenido considerablemente más reducido: el TC solamente ha exigido la necesidad de que el tribunal justifique su cambio de criterio.

Además de los artículos 14, 24 y 120 CE, la doctrina del precedente satisface las exigencias constitucionales del artículo 9.3 CE en cuanto a la seguridad jurídica a que tiene derecho todo justiciable de conocer con antelación la razonable resolución de un proceso que le afecta.

IX. EL SISTEMA DE NOTIFICACIONES Y PLAZOS

En materia de notificaciones el derecho de tutela ha tenido una importante función, en la medida en que ha reconducido estas formalidades a un derecho material de defensa. La falta de citación a un juicio ha de entenderse como la privación de un derecho de defensa de la parte a quien afecte y, por tanto, genera la nulidad de las actuaciones procesales y la necesidad de intentar nuevamente la citación con todos los medios establecidos por la ley.

También se ha innovado de manera importante por parte de la jurisprudencia constitucional en materia de depósitos para recursos, cuando estos no se han hecho en metálico, permitiendo fórmulas que garanticen el posterior cobro pero, al mismo tiempo, que se pueda acceder a los recursos sin que la garantía haya de hacerse en efectivo cuando las cantidades eran importantes. En 2021, la STC 89/2021, de 19 de abril, declara la vulneración del derecho a la tutela judicial sin indefensión (STC 47/2019), por la inadecuada utilización de la dirección electrónica habilitada como cauce de comunicación del primer emplazamiento procesal.

Sobre los actos de comunicación se modificó la LOPJ por la Ley Orgánica 4/2018, de 28 de diciembre, en los siguientes términos: «Se modifica el artículo 271, que queda redactado de la siguiente forma: "Artículo 271. Los actos de comunicación se practicarán por medios electrónicos cuando los sujetos intervinientes en un proceso estén obligados al empleo de los sistemas telemáticos o electrónicos existentes en la Administración de Justicia conforme a lo establecido en las leyes procesales y en la forma que estas determinen"».

X. LA TUTELA JUDICIAL EN EL ÁMBITO EUROPEO

La preocupación del derecho europeo por homologar los sistemas judiciales, de manera que las resoluciones judiciales de un estado miembro puedan ser respetadas en otros estados de la Unión, lleva a la aprobación de varias Directivas en las que se fijan criterios importantes acerca de la tutela que los jueces y tribunales han de mantener en sus procesos judiciales. Así, la Directiva 2010/64/UE del Parlamento Europeo y del Consejo, de 20 de octubre, relativa al derecho a interpretación y traducción en los procesos penales, o la Directiva 2012/13/UE del Parlamento y del Consejo, relativa al derecho de información en los procesos penales, han tenido como consecuencia, en nuestro ordenamiento, las sucesivas modificaciones de la Ley de Enjuiciamiento Criminal, para su trasposición. Igualmente, la Directiva (UE) 2016/343 del Parlamento y del Consejo, de 9 de marzo de 2016, por la que se refuerzan en el proceso penal determinados aspectos de la presunción de inocencia y del derecho a estar presente en el juicio, ha sido tenida en cuenta, ya antes de su publicación, en esas reformas.

La primera es la Ley Orgánica 5/2015, de 27 de abril, por la que se modifica la Ley de Enjuiciamiento Criminal y la Ley Orgánica 6/1985, de 1 de julio, del Poder Judicial, para transponer las Directivas 2010/64/UE y 2012/13/UE mencionadas. Esta reforma, al trasponer la Directiva Comunitaria, modifica algunos artículos de la LECr para garantizar los derechos de personas que no entiendan el castellano, como el artículo 123, que regula la situación de imputados y acusados que precisen de intérprete, así como los documentos que precisen traducción, con cargo a la Administración de Justicia de los gastos que se originen. Igualmente, se crea un Registro de traductores e intérpretes judiciales, en la disposición final 1.ª de la Ley Orgánica 5/2015, para facilitar la inscripción de todos aquellos profesionales que cuenten con la debida habilitación y cualificación, a fin de elaborar una lista que permita la prestación del servicio. En cuanto al derecho de información en los procesos penales, se modifica el artículo 118 LECr y se exige el derecho a ser informados de los hechos que se le imputen a aquella persona a quien se relacione con un hecho punible, sea o no detenida, así como que se le permita que pueda examinar las actuaciones con la debida antelación para salvaguardar su derecho de defensa. Igualmente, se modifican algunos otros preceptos que abundan en la obligación de los órganos jurisdiccionales de facilitar toda la información necesaria a las personas imputadas en un proceso.

La segunda reforma es la Ley Orgánica 13/2015, de 5 de octubre, de modificación de la Ley de Enjuiciamiento Criminal para el fortalecimiento de las garantías procesales y la regulación de las medidas de investigación tecnológica. Por esta modificación se traspasa la Directiva 2013/48/UE del Parlamento y del Consejo, de 22 de octubre, sobre el derecho de asistencia de letrado en los procesos penales, en los procedimientos relativos a la orden de detención europea, sobre el derecho a que se informe a un tercero en el momento de la privación de libertad y a comunicarse con terceros y con autoridades consulares durante la privación de libertad.

Cuando los sujetos intervinientes en un proceso no se hallen obligados al empleo de medios electrónicos, o cuando la utilización de los mismos no fuese posible, los actos de comunicación podrán practicarse por cualquier otro medio que permita la constancia de su práctica y de las circunstancias esenciales de la misma según determinen las leyes procesales.

El Preámbulo de la Ley señala la importancia de tener en cuenta los artículos 18 y 24 CE en orden al proceso penal, por la implicación que ciertos actos procesales sostienen con estas normas constitucionales, y, en este sentido, la necesidad de afrontar reformas como las que la Ley contiene. Esto conlleva nuevamente otra modificación del artículo 118 LECr, acerca de la designación letrada para la asistencia a la persona detenida, con garantía del secreto de las comunicaciones entre el investigado y su letrado, así como de las limitaciones que concurran en supuestos de sospecha de que el abogado haya podido participar en el delito. Así, el artículo 118.4 dice: «Todas las comunicaciones entre el investigado o encausado y su abogado tendrán carácter confidencial. Si estas conversaciones o comunicaciones hubieran sido captadas o intervenidas durante la ejecución de alguna de las diligencias reguladas en esta ley, el juez ordenará la eliminación de la grabación o la entrega al destinatario de la correspondencia detenida, dejando constancia de estas circunstancias en las actuaciones». De esta situación general, hay que exceptionar la situación en la que «se constate la existencia de indicios objetivos de la participación del abogado en el hecho delictivo investigado o de su implicación junto con el investigado o encausado, en la comisión de otra infracción penal, sin perjuicio de lo dispuesto en la Ley General Penitenciaria» (apartado 3 del art. 118.4).

En el mismo sentido, el artículo 520 LECr se modifica para garantizar que las detenciones se produzcan con garantía de los derechos al honor, a la intimidad y a la imagen del detenido, a fin de no hacer más gravosa su situación personal. Así, se modifican los apartados 1, 2, 3, 4, 5 y 6 del artículo 520 y se introducen otros nuevos, el 2 bis, el 7 y el 8. El apartado 1 exige: «La detención y la prisión provisional deberán practicarse en la forma que menos perjudique al detenido o preso en su persona, reputación y patrimonio. Quienes acuerden la medida y los encargados de practicarla así como de los traslados ulteriores, velarán por los derechos constitucionales al honor, intimidad e imagen de aquellos, con respeto al derecho fundamental a la libertad de información».

En el punto 6 se contiene una modificación que puede ser interpretada como una lesión del artículo 15 CE, al establecer: «*c*) Informar al detenido de las consecuencias de la prestación o denegación del consentimiento a la práctica de diligencias que se le soliciten. Si el detenido opusiera resistencia a la recogida de muestras mediante frotis bucal, conforme a las previsiones de la Ley Orgánica 10/2007, reguladora de la base de datos policial sobre identificadores obtenidos a partir del ADN, el juez de instrucción, a instancia de la Policía Judicial o del Ministerio Fiscal, podrá imponer la ejecución forzosa de tal diligencia mediante el recurso a las medidas coactivas, mínimas imprescindibles, que deberán ser proporcionadas a las circunstancias del caso y respetuosas con su dignidad».

Finalmente, la Directiva (UE) 2016/343, del Parlamento Europeo y del Consejo, de 9 de marzo, por la que se refuerzan en el proceso penal determinados aspectos de la presunción de inocencia y el derecho a estar presente en el juicio, se fundamenta en los artículos 47 y 48 de la Carta de Derechos Fundamentales de la Unión Europea, el artículo 6 del Convenio Europeo para la Protección de los Derechos Humanos y las Libertades Fundamentales y el artículo 11 de la Declaración Universal de los Derechos Humanos: en todos ellos se reconoce el derecho a la presunción de inocencia y a un juicio justo.

XI. BIBLIOGRAFÍA

BALAGUER CALLEJÓN, F. (coord.): *Introducción al Derecho Constitucional*, 6.ª ed., Tecnos, Madrid, 2017.

— (coord.): *Manual de Derecho Constitucional*, tomos I y II, 12.ª ed., Tecnos, Madrid, 2017.

BALAGUER CALLEJÓN, M. L.: *La interpretación de la Constitución por la jurisdicción ordinaria*, Cívitas, Madrid, 1990.

BARCELÓ I SERRAMALERA, M.: «El derecho a un proceso sin dilaciones indebidas en la jurisprudencia del Tribunal Constitucional», en *PJ*, n.º 46, 1997.

BORRAJO INIESTA, I.; FERNÁNDEZ FARRERES, G. J., y DÍEZ-PICAZO, I.: *El derecho a la tutela judicial y el recurso de amparo: una reflexión sobre la jurisprudencia constitucional*, Cívitas, Madrid, 1995.

CÁMARA VILLAR, G.: *Votos particulares y derechos fundamentales en la práctica del Tribunal Constitucional español (1981-1991)*, Ministerio de Justicia, Madrid, 1993; específicamente, pp. 227-300.

CARRASCO DURÁN, M.: «La definición constitucional del derecho a la tutela judicial efectiva», *Revista de derecho político*, n.º 107, 2020, pp. 13-40.

CHAMORRO BERNAL, F.: *La tutela judicial efectiva: derechos y garantías procesales derivados del artículo 24.1 de la Constitución*, Bosch, Barcelona, 1994.

FIGUERUELO BURRIEZA, A.: *El derecho a la tutela judicial efectiva*, Tecnos, Madrid, 1990.

GIL-ROBLES, A.: *Los nuevos límites de la tutela judicial efectiva*, Centro de Estudios Constitucionales, Madrid, 1996.

GONZÁLEZ PÉREZ, J.: *El derecho a la tutela jurisdiccional*, Cívitas, Madrid, 1989.

GIMENO SENDRA, V.: *Constitución y proceso*, Tecnos, Madrid, 1988.

LÓPEZ AGUILAR, J. F.: *La justicia y sus problemas en la Constitución*, Tecnos, Madrid, 1996.

PICÓ I JUNOY, J.: *Las garantías constitucionales del proceso*, Bosch, Barcelona, 1997.

RUBIO DE MEDINA, M. D.: *El beneficio de justicia gratuita*, Bosch, Barcelona, 2001.

RUIZ RUIZ, G.: *El derecho al juez ordinario en la Constitución española*, Cívitas/Ministerio de Justicia, Madrid, 1991.

SÁEZ LARA, C.: *La tutela judicial efectiva y el proceso laboral*, Cívitas, Madrid, 2004.

SALAZAR BENÍTEZ, O.: «El acceso a la jurisdicción como integrante del derecho a la tutela judicial efectiva», *Estudios de Derecho público en homenaje a Juan José Ruiz-Rico*, Tecnos, Madrid, 1997, pp. 884-896.

SERRANO HOYO, G.: *La prohibición de indefensión y su incidencia en el proceso*, Comares, Granada, 1997.

VELASCO CABALLERO, F.: *Administraciones públicas y derecho a la tutela judicial efectiva: la Administración como titular del derecho fundamental del artículo 24.1 de la Constitución*, Bosch, Barcelona, 2003.

LECCIÓN 13

LOS DERECHOS SOCIALES Y LOS PRINCIPIOS RECTORES EN LA CONSTITUCIÓN ESPAÑOLA DE 1978

SUMARIO: I. *Introducción*. II. *Protección a instituciones*. III. *La protección constitucional del patrimonio natural y cultural.* IV. *Principios de orientación social y económica*. V. *El derecho a la vivienda.* VI. *Grupos de especial protección*. VII. *Bibliografía*.

I. INTRODUCCIÓN

El capítulo III del Título I de la Constitución regula los principios rectores de la política social y económica. A diferencia de los derechos fundamentales, que son exigibles de manera directa y sin necesidad de desarrollo legislativo, los principios rectores constituyen mandatos a los poderes públicos y no contienen una acción procesal directa frente a los tribunales. Así lo formula el párrafo 3 del artículo 53 CE que, al fijar las garantías de los derechos fundamentales, considera que «el reconocimiento, el respeto y la protección de los principios reconocidos en el capítulo III informarán la legislación positiva, la práctica judicial y la actuación de los poderes públicos», indicando, finalmente, que estos derechos solo podrán ser alegados ante la jurisdicción ordinaria de acuerdo con lo que dispongan las leyes que los desarrollen.

La razón por la que el constituyente ha atribuido un diferente nivel de intensidad a estos derechos respecto de los especialmente protegidos, forma parte del contexto histórico en que se aprueba la Constitución y el escaso nivel de desarrollo de conciencia por parte del propio legislador, de la necesidad de que el Estado social respete y proteja estos derechos.

En relación con ciertos derechos reconocidos entre los artículos 14 a 28 CE, algunos de los principios rectores han mostrado con el tiempo una exigencia muy vinculada con ellos. Así, el derecho a la vida se relaciona con el derecho a la salud con una vinculación de medio a fin, es decir, que para que se respete por parte del Estado el derecho a la vida de las personas, es necesario que se mantenga un sistema público de salud. Igual ocurre con algunos otros derechos, como los derivados de la asistencia a las personas dependientes, en relación con la propia dignidad personal o con el derecho a la integridad física y moral.

Los principios rectores se contienen en los artículos 39 a 52 CE, y conforman un grupo heterogéneo de derechos, principios e incluso mandatos al legislador. A través de ellos se protegen instituciones, derechos y principios que se consideran elementales en un Estado social y democrático de Derecho.

A menudo nos encontramos en estas normas, tanto la protección del derecho, como el mandato al legislador. Por ello, en el artículo 46 CE se obliga a los poderes públicos a garantizar la conservación del patrimonio histórico, cultural y artístico de los pueblos y, a su vez, se ordena expresamente al legislador penal que sancione los atentados contra el patrimonio. En otros casos, solamente aparece un mandato al legislador especificando los términos en los que ha de legislar, como en el artículo 52 CE, donde se limita a ese mandato de regulación de las organizaciones profesionales.

II. PROTECCIÓN A INSTITUCIONES

Los principios rectores reconocen algunas instituciones de las que demandan una protección, a través de esa previsión constitucional: un ejemplo sucede con la familia, pues en el artículo 39 CE se establece la protección a la familia, siendo dicha protección social, económica y jurídica. Igualmente la de los hijos, que son iguales ante la ley con independencia de su filiación, y con garantías de investigación de la paternidad, y recogiendo la obligación de los padres de asistirlos y la protección prevista en los acuerdos internacionales. Tal reconocimiento exige un comportamiento de los poderes públicos, pues deben tener en cuenta, tanto el poder legislativo a la hora de legislar, como la Administración ya que en sus actuaciones no podrá contravenir estos principios, que en la práctica se traducen en una protección fiscal a las familias o en unas ayudas específicas a las familias con un determinado número de hijos.

En el contenido del artículo 39 tuvo trascendencia la constitucionalización de la equiparación entre los hijos legítimos e ilegítimos, así como del estado civil de las madres, en la medida en que promovió reformas del Código Civil tendentes a eliminar discriminaciones derivadas de estas situaciones.

III. LA PROTECCIÓN CONSTITUCIONAL DEL PATRIMONIO NATURAL Y CULTURAL

Un grupo importante de normas de los principios rectores lo constituye la defensa del patrimonio del Estado, tanto en lo que se refiere a la naturaleza como a la cultura.

El artículo 44 CE obliga a promover y tutelar el acceso a la cultura y a promover la ciencia y la investigación en beneficio del interés general.

También goza de protección institucional es el medio ambiente, puesto que el artículo 45 CE reconoce el derecho a un medio ambiente adecuado al desarrollo de la persona.

Finalmente, el patrimonio histórico está también institucionalmente garantizado, como una exigencia del mantenimiento del Estado social. En este sentido, el artículo 46 CE exige a los poderes públicos la protección del patrimonio histórico, cultural y artístico de los pueblos de España y de los bienes que lo integran, cualquiera que sea su régimen jurídico y su titularidad, con previsión de medidas penales en su caso.

IV. PRINCIPIOS DE ORIENTACIÓN SOCIAL Y ECONÓMICA

Dentro de los principios rectores que hacen referencia a derechos, tenemos los que regulan los principios que hacen referencia a la economía. Se mandata a los poderes públicos a promover las condiciones favorables para el progreso social y económico y para una distribución de la renta regional y personal más equitativa, en el marco de una política de estabilidad económica. Igualmente, se obliga a los poderes públicos a realizar una política orientada al pleno empleo y, conectada a esta exigencia, figuran la formación profesional, la seguridad e higiene en el trabajo, el descanso, la limitación de la jornada laboral y las vacaciones.

En materia de seguridad social, se constitucionaliza un régimen público de pensiones, de asistencia sanitaria, y desempleo: el artículo 41 CE obliga a los poderes públicos al mantenimiento de un régimen público de Seguridad Social para todos los ciudadanos, que garantice la asistencia y prestaciones sociales suficientes ante situaciones de necesidad, especialmente en caso de desempleo.

El artículo 43 CE reconoce, sin embargo, el derecho a la protección de la salud, con un alcance limitado respecto de los llamados derechos de protección especial, pero con una terminología que recuerda a estos. Su texto dice así directamente que «Se reconoce el derecho a la protección de la salud». En sus tres apartados se mandata a los poderes públicos a organizar y tutelar la salud pública a través de medidas preventivas y de las prestaciones y servicios necesarios, ordenando la regulación por ley de los derechos y deberes derivados de la salud pública, así como a fomentar la educación sanitaria, la educación física y el deporte, y una adecuada utilización del ocio. De esta regulación constitucional derivó un desarrollo legal importante en el tiempo con respecto a la salud, con la Ley 14/1986, de 25 de abril, General de Sanidad, y la Ley 16/2003, de 28 de mayo, de Cohesión y Calidad del Sistema Nacional de Salud, y los diferentes Reglamentos de desarrollo de estas leyes.

Recientemente, el derecho a la salud se viene derivando, por parte de la doctrina y la jurisprudencia, al contenido propio del artículo 15 CE en cuanto que la salud formaría parte del derecho a la integridad física y moral de las personas. La STC 37/2011, que trata de un amparo contra una sentencia que desestima la responsabilidad civil derivada de una deficiente asistencia sanitaria, permite el asentamiento de una doctrina sobre los principios rectores y su relación con los derechos fundamentales: la falta de información al paciente puede colisionar con el artículo 15 CE en la medida en que implica una intromisión en el cuerpo del paciente sin su previo consentimiento, por lo que la emisión de un consentimiento informado forma parte del contenido del derecho a la integridad física y moral de las personas. Dicha resolución estima el recurso de amparo por la violación del artículo 15 CE.

Dentro del mismo capítulo III estarían el artículo 40 CE, que ordena a los poderes públicos velar por la seguridad e higiene en el trabajo, y el derecho al descanso necesario, mediante la limitación de la jornada laboral, y el artículo 50 CE, que ordena el establecimiento de pensiones adecuadas y periódicamente actualizadas, para garantizar la suficiencia económica de los ciudadanos.

El artículo 51 CE, finalmente, exige a los poderes públicos la garantía de la defensa de los consumidores y usuarios, mediante procedimientos eficaces, y los obliga a proteger su salud y sus legítimos intereses económicos. También a la promoción de la información y la educación de estos, fomentando sus organizaciones, y a que sean oídos en las cuestiones que les puedan afectar en los términos que la ley establezca. El desarrollo legislativo de este precepto constitucional estaba en la citada Ley 26/1984, de 19 de julio, General para la defensa de consumidores y usuarios, y ha sido sustituido por el RDLegislativo 1/2007, de 16 de noviembre, del Texto Refundido de la Ley 26/1984, y otras leyes complementarias.

V. EL DERECHO A LA VIVIENDA

El artículo 47 CE establece el derecho de todos los españoles a disfrutar de una vivienda digna y adecuada, obliga a los poderes públicos a la promoción de las condiciones necesarias y el establecimiento de las normas pertinentes para la efectividad del derecho, regulando la utilización del suelo de acuerdo con el interés general para impedir la especulación. Por último, establece que la comunidad participará en las plusvalías que genere la acción urbanística de los entes públicos.

De la misma forma que el derecho a la salud ha desbordado su regulación constitucional en cuanto principio rector, el derecho a una vivienda digna se conceptúa actualmente como una exigencia previa para la realización de otros derechos fundamentales. La necesidad de una vivienda digna no implica necesariamente ostentar su propiedad, pues son posibles otras fórmulas jurídicas, pero los poderes públicos vienen constitucionalmente obligados a facilitar el uso de una vivienda.

Se relaciona de igual forma con el artículo 15 CE, en cuanto derecho a la integridad física y moral, aunque también con otros como el derecho de intimidad, que no puede entenderse sin el derecho a una vivienda.

El problema que plantea el derecho a la vivienda, en relación con su postulación ante los poderes públicos, es sobre todo la imposibilidad, en función del artículo 53.3 CE, de alegarlo ante los tribunales. Sin embargo, al ser la materia de vivienda de las que competencialmente tienen atribuidas las CCAA, las recientes reformas estatutarias han proporcionado elementos que permiten pensar en un desarrollo inminente de este derecho.

Se trata del derecho en que, probablemente, más se ponga de manifiesto la debilidad del Estado social, porque la vivienda es el bien de consumo más encarecido del mercado, a lo que contribuye la especulación del suelo, exigiendo un control de los poderes públicos que no se ha llevado a cabo en ningún momento.

La última normativa la constituye el Real Decreto-ley 7/2019, de 1 de marzo, de medidas urgentes en materia de vivienda y alquiler, y el Real Decreto-ley 26/2020, de 7 de julio, de medidas de reactivación económica para hacer frente al impacto del COVID-19 en los ámbitos de transportes y vivienda.

En cuanto a la jurisprudencia más reciente, el TC en la Sentencia 16/2021, de 28 de enero, declara nulidad parcial de los preceptos del Decreto-ley del Gobierno de la Generalitat de Cataluña 17/2019, de 23 de diciembre, de medidas urgentes para mejorar el acceso a la vivienda, que tipifican como supuesto de incumplimiento de la función social de la propiedad de la vivienda su desocupación permanente y establecen medidas coactivas para su cumplimiento previstos en el (STC 93/2015).

Además, en esta sentencia 16/2021, da cuenta el TC de la normativa autonómica en la materia al declarar que «En los últimos años, las comunidades autónomas han desarrollado una importante actividad legislativa en materia de vivienda con el declarado propósito de promover las condiciones necesarias para hacer efectivo ese derecho, de acuerdo con el artículo 47 CE. Y este tribunal ha tenido ocasión de pronunciarse sobre muchas de esas disposiciones legislativas (STC 21/2019, de 14 de febrero, sobre la Ley de las Cortes de Aragón 10/2016, de 1 de diciembre, de medidas de emergencia en relación con las prestaciones económicas del sistema público de servicios sociales y con el acceso a la vivienda; STC 8/2019, de 17 de enero, sobre la Ley del Parlamento de Cataluña 4/2016, de 23 de diciembre, de medidas de protección del derecho a la vivienda de las personas en riesgo de exclusión residencial; STC 5/2019, de 17 de enero, sobre el Decreto-ley del Gobierno de Aragón 3/2015, de 15 de diciembre, de medidas urgentes de emergencia social en materia de prestaciones económicas de carácter social, pobreza energética y acceso a la vivienda; STC 106/2018, de 4 de octubre, sobre la Ley de la Asamblea de Extremadura 2/2017, de 17 de febrero, de emergencia social de la vivienda; STC 102/2018, de 4 de octubre, sobre la Ley de la Asamblea Regional de Murcia 10/2016, de 7 de junio, de reforma de la Ley de vivienda y el estatuto de los consumidores y usuarios; STC 97/2018, de 19 de septiembre, sobre la Ley del Parlamento Vasco 3/2015, de 18 de junio, de vivienda; STC 80/2018, de 5 de julio, sobre la Ley de las Cortes Valencianas 2/2017, de 3 de febrero, por la función social de la vivienda; STC 16/2018, de 22 de febrero, sobre la Ley Foral 24/2013, de 2 de julio, de medidas urgentes para garantizar el derecho a la vivienda en Navarra; STC 32/2018, de 12 de abril, sobre la Ley del Parlamento de Andalucía 4/2013, de 1 de octubre, de medidas para asegurar el cumplimiento de la función social de la vivienda; STC 43/2018, de 26 de abril, sobre la Ley del Parlamento de Canarias 2/2014, de 20 de junio, de modificación de la Ley de vivienda de Canarias y de medidas para garantizar el derecho a la vivienda; y STC 93/2015, de 14 de mayo, sobre el Decreto-ley de la Junta de Andalucía 6/2013, de 9 de abril)» [FJ 5.*d*)].

VI. GRUPOS DE ESPECIAL PROTECCIÓN

Otras normas de este capítulo hacen referencia a grupos de personas que, por su edad, condición o estatus, exigen un tratamiento diferenciado por parte de los poderes públicos. Estos grupos son las personas jóvenes, las dependientes y las de la tercera edad. La justificación de que sean estos tres se debe a la especial necesidad que presentan en el Estado, pues se pueden encontrar en situación de inferioridad respecto de otros grupos de edad o condición.

En primer lugar, en el artículo 48 CE se protege a la juventud, exigiendo que los poderes públicos promuevan las condiciones para la participación libre y eficaz de la juventud en el desarrollo político, social, económico y cultural.

El siguiente precepto, artículo 49 CE, regula el derecho a la protección de las personas discapacitadas. En este caso los poderes públicos han de realizar una política de previsión, tratamiento, rehabilitación e integración de los disminuidos físicos, sensoriales y psíquicos, a quienes prestarán la atención especializada que requieran y los ampararán, especialmente, para el disfrute de los derechos que el Título I de la Constitución otorga a todos los ciudadanos.

El Real Decreto Legislativo 1/2013, de 29 de noviembre, por el que se aprueba el Texto Refundido de la Ley General de derechos de las personas con discapacidad y de su inclusión social, tiene dos grandes objetos, por un lado, garantizar la igualdad de oportunidades y la plenitud de derechos de las personas con discapacidad, promocionando la autonomía personal, la accesibilidad universal, el acceso al empleo, y la inclusión social y, por otro lado, establecer el sistema de infracciones y sanciones en materia de igualdad de oportunidades de las personas con discapacidad (art. 1). Es en 2018, cuando la Ley Orgánica 2/2018, de 5 de diciembre, modifica la LOREG para garantizar el derecho de sufragio de todas las personas con discapacidad.

La reciente jurisprudencia del TC resume su posición sobre la discriminación por razón de discapacidad. Así, en la STC 51/2021, de 15 de marzo, establece en el FJ 3.*a*) que «La discapacidad constituye una circunstancia personal que el artículo 14 CE protege contra cualquier forma de discriminación (tal y como recuerda la STC 3/2018, de 22 de enero, con cita, entre otras, de la STC 269/1994, de 3 de octubre). Las medidas que se instrumentan para procurar la igualdad de oportunidades y la integración social y profesional de las personas con discapacidad, incluyendo aquellas de acción positiva, tienen una estrecha conexión con el mandato contenido en el artículo 9.2 CE y, específicamente, con su plasmación en el artículo 49 CE que, sin reconocer derechos fundamentales, ordena a los poderes públicos realizar una política de integración de las personas con discapacidades físicas, sensoriales y psíquicas, que les ampare "especialmente para el disfrute de los derechos que este título otorga a todos los ciudadanos" (entre otras, las SSTC 10/2014, de 27 de enero, FJ 4, y 18/2017, de 2 de febrero, FJ 3)».

Por último, el artículo 50 CE obliga a los poderes públicos a la protección de las personas de la tercera edad mediante la garantía de una pensión y de unos servicios sociales adecuados. La asistencia social que se recoge también en esa norma, obliga a los poderes públicos a garantizar, mediante pensiones adecuadas y periódicamente actualizadas, la suficiencia económica a los ciudadanos durante la tercera edad. De igual forma, también les obliga a la promoción de su bienestar mediante un sistema de servicios sociales que atienda a sus problemas específicos de salud, vivienda, cultura y ocio.

VII. BIBLIOGRAFÍA

Asís Roig, R. de: *Deberes y obligaciones en la Constitución*, CEC, Madrid, 1991.
Balaguer Callejón, F. (coord.): *Introducción al Derecho Constitucional*, 6.ª ed., Tecnos, Madrid, 2017.
— (coord.): *Manual de Derecho Constitucional*, tomos I y II, 12.ª ed., Tecnos, Madrid, 2017.

BARRANCO VELA, R.: «El marco jurídico-público del ambiente. Algunas consideraciones en torno al concepto, constitucionalización y distribución de competencias», en *Estudios de Derecho público en homenaje a Juan José Ruiz-Rico*, Tecnos, Madrid, vol. I, 1997.

CABELLO FERNÁNDEZ. M.ª D.: «La discapacidad en un ordenamiento multinivel de los derechos», en *RUE: Revista universitaria europea*, n.º 32, 2020, pp. 99-134.

COSSIO, J. R.: *Estado social y derechos de prestación*, CEC, Madrid, 1989.

CUADRADO PÉREZ, C.: «Modernas perspectivas en torno a la discapacidad», *Revista crítica de derecho inmobiliario*, n.º 96, n.º 777, 2020, pp. 13-90.

DE VEGA GARCÍA, P.: «La crisis de los derechos fundamentales en el estado social», en *Derechos y economía en el Estado social*, Tecnos, Madrid, 1988.

DWORKIN, R.: *Los derechos en serio*, Ariel, Barcelona, 1984.

FERRAJOLI, L: *Los fundamentos de los derechos fundamentales*, edición de Antonio de Cabo y Gerardo Pisarello, Trotta, Madrid, 2001 y 2005.

FREIXES SANJUÁN, T.: *Constitución y derechos fundamentales*, PPU, Barcelona, 1992.

GUTIÉRREZ GUTIÉRREZ, I.: *Dignidad de la persona y derechos fundamentales*, Marcial Pons, Madrid, 2005.

JIMÉNEZ CAMPO, J.: *Derechos fundamentales. Concepto y garantías*, Trotta, Madrid, 1999.

LÓPEZ GARRIDO, D.: *El derecho de asilo*, Trotta, Madrid, 1993.

LÓPEZ PINA, A. (ed.): *La garantía constitucional de los Derechos fundamentales, Alemania, España, Francia e Italia*, Servicio de Publicaciones de la Universidad Complutense/Cívitas, Madrid, 1991.

MARTÍN-RETORTILLO, L., y DE OTTO Y PARDO, I.: *Derechos fundamentales y Constitución*, Cívitas, Madrid, 1988.

MARTÍN MATEO, R.: «Elementos de Derecho ambiental», *Sistema*, n.os 104-105, 1991.

MUGUERZA, J., y otros: *El fundamento de los derechos humanos*, Debate, Madrid, 1989.

MUÑOZ ARNAU, J. A.: *Los límites de los derechos fundamentales en el derecho constitucional español*, Aranzadi, 1998.

NARANJO DE LA CRUZ, R.: *Los límites de los derechos fundamentales en las relaciones entre particulares: la buena fe*, Boletín Oficial del Estado: Centro de Estudios Políticos y Constitucionales, 2000.

OLMEDO CARDENETE, M., y ARÁNGUEZ SÁNCHEZ, C.: «El mandato constitucional de protección del medio ambiente y su plasmación en el Código Penal de 1995», en *Estudios de Derecho público en homenaje a Juan José Ruiz-Rico*, Tecnos, Madrid, vol. I, 1997.

PÉREZ LUÑO, A. E.: *Los derechos fundamentales*, Tecnos, Madrid, 2004.

PÉREZ SOLA, N.: *El derecho de asilo en la Constitución española*, Universidad de Jaén, Jaén, 1996.

RUIZ ROBLEDO, A.: «Un componente especial de la Constitución económica: la protección al medio ambiente», *RAAP*, n.º 14.

LECCIÓN 14

LOS DERECHOS SINDICALES EN LA CONSTITUCIÓN ESPAÑOLA

SUMARIO: I. *La Constitución económica en la Constitución Española.* II. *La Constitución Española y el derecho sindical.* III. *La protección especial del derecho de los representantes sindicales.* IV. *El derecho de huelga.* V. *Los servicios esenciales de la comunidad.* VI. *Modelos de regulación del ejercicio del derecho de huelga.* VII. *Bibliografía.*

I. LA CONSTITUCIÓN ECONÓMICA EN LA CONSTITUCIÓN ESPAÑOLA

El concepto de Constitución económica se extrae de una serie de normas de la Constitución, que configuran un modelo de Estado. Es cierto que el nuestro viene definido en el artículo 1.1 CE como social y democrático de Derecho, pero no hay una exacta correspondencia de este modelo con algunos de los preceptos de la Constitución, que todavía arrastran el viejo modelo liberal de Estado. La contraposición entre uno liberal y otro social se ha descrito, a menudo, en función del grado de intervencionismo en la economía, propio de los Estados sociales, cuyas exigencias asistenciales contribuyen a esa situación.

Es la intervención en la economía lo que tiñe el liberalismo de esa exigencia social, como el reconocimiento de la propiedad privada el que caracteriza el Estado liberal. Pero, por encima de esas notas, los Estados actuales tienen exigencias sociales ineludibles, por muy liberal que pueda ser el modelo y, a la vez, mantienen ciertos residuos liberales, aunque pretendan socializar importantes sectores productivos. No hay modelos puros y, además, en nuestro ordenamiento, hay que tener en cuenta el importante condicionante europeo, que busca la implantación de un mercado único en toda la Unión Europea, lo que inevitablemente tiene importantes consecuencias para los Estados miembros.

Las normas que se refieren a la Constitución económica son fundamentalmente estas: artículos 31, 33, 38, 128, 131 y 133, aunque también hay importantes referencias en los artículos 7, 35, 149, 157, 149.1.1.ª y 149.1.13.ª Y, desde luego, bastantes más preceptos constitucionales intervienen en la configuración económica, en la manera en que prefiguran un modelo de Estado.

El artículo 31 CE establece que «todos contribuirán al sostenimiento de los gastos públicos de acuerdo con su capacidad económica mediante un sistema tributario justo inspirado en los principios de igualdad y progresividad que, en ningún caso, tendrá alcance confiscatorio». Este principio de progresividad impositiva apunta a ese modelo de Estado Social al que hace referencia la Constitución en su artículo 1.1, que exige, y de ahí la redacción de esta norma, que contribuya más al sostenimiento de las cargas del Estado quien más tiene. En conexión con esta norma, uno de los principios rectores del capítulo III del Título I CE, será el de la promoción de las condiciones favorables para el progreso social y económico y la distribución equitativa de la renta en el marco de una política de estabilidad económica, recogido en el artículo 40 CE, con especial consideración a la creación del pleno empleo. En congruencia con el artículo 31, el artículo 133 CE reconoce al Estado la potestad originaria de establecer tributos, con la exigencia de que se haga a través de ley. El principio de legalidad tributaria abarca no solamente la exigencia del establecimiento de los tributos, sino la de todo beneficio fiscal (apartado 3 del art. 133), la legislación en las CCAA en el ámbito de sus competencias, y las Administraciones públicas en sus obligaciones financieras y en la realización de sus gastos. También hay previsión constitucional para que el Gobierno pueda elaborar los Presupuestos Generales del Estado, que serán aprobados anualmente por las Cortes Generales, en el artículo 134 CE. Las leyes que desarrollan ambos preceptos constitucionales son la Ley 58/2003, de 15 de diciembre, General Tributaria, y la Ley 47/2003, de 26 de noviembre, General Presupuestaria.

El artículo 33 CE reconoce el derecho a la propiedad privada y a la herencia en su apartado primero. Estos derechos están limitados en el siguiente, en su contenido esencial, por su función social. Finalmente, el apartado tercero prohíbe que nadie sea privado de sus bienes y derechos sino por causa de utilidad pública o interés social, mediante la correspondiente indemnización y de conformidad con lo dispuesto por las leyes. No pertenecen estos derechos a los de especial protección, prevista en el artículo 53.2 CE para los definidos en la sección 1.ª del capítulo II del Título I, pero sí tiene, como los demás derechos fundamentales, sea o no de especial protección, el contenido esencial exigido en el artículo 53.1 CE.

La jurisprudencia del TC ha tenido ocasión de interpretar este artículo en dos importantes sentencias, la STC 111/1983, de 2 de diciembre, con ocasión del recurso de inconstitucionalidad presentado contra el RDL 2/1983, de 23 de febrero, de expropiación, por razones de utilidad pública e interés social, de los bancos y otras propiedades que componen el Grupo RUMASA, S. A., y la STC 37/1987, de 26 de marzo, que resuelve el recurso de inconstitucionalidad contra la Ley del Parlamento de Andalucía 8/1984, de 3 de julio, de Reforma Agraria.

En ambas sentencias, el TC diferencia entre el sentido jurídico tradicional de la propiedad privada y el nuevo concepto que, de la propiedad, tiene un Estado social. La función social del derecho de propiedad no constituye un límite del derecho, sino que forma parte de su contenido esencial. Es importante en la STC 37/1987, la referencia que el Tribunal hace al momento histórico en el que se encuentra actualmente el derecho de propiedad, cuya función social forma parte estructural de su definición misma (FJ 2).

El artículo 38 CE reconoce la libertad de empresa en el marco de la economía de mercado. También este derecho está limitado porque, si bien el apartado segundo exige a los poderes públicos que garanticen y protejan su ejercicio y la defensa de la productividad, esto se hará de acuerdo con las exigencias de la economía general y, en su caso, de la planificación. De este modo, se matiza la economía de mercado con los intereses generales de la economía. Esa posibilidad de planificación se encuentra en el artículo 131 CE, que permite al Estado, mediante ley, planificar la actividad económica general para atender a las necesidades colectivas, equilibrar y armonizar el desarrollo regional y sectorial y estimular el crecimiento de la renta y de la riqueza y su más justa redistribución.

El Gobierno ha hecho uso de esa posibilidad, así como de la previsión para la constitución de un Consejo contenida en el apartado segundo de este artículo 131, que contempla que se puedan elaborar proyectos de planificación de acuerdo con las Comunidades Autónomas, y el asesoramiento y colaboración de los sindicatos y otras organizaciones profesionales, empresariales y económicas: por la Ley 21/1991, de 17 de junio, se creó el Consejo Económico y Social en el que se encuentran representados los agentes económicos, y cuyos informes son solicitados con frecuencia por el Gobierno, que los tiene en cuenta para el desarrollo de la economía.

La libertad de empresa tampoco goza de especial protección jurisdiccional conforme al artículo 53.2 CE, pero sí tiene un contenido esencial exigible, además, en una regulación de rango legal. La protección de este derecho exige que se regule la competencia del mercado para prohibir la desleal. Esta regulación ha sido objeto de pronunciamiento por parte del TC, que ha consolidado una importante doctrina jurisprudencial. Así, la Ley 16/1989, de Defensa de la Competencia, fue recurrida de inconstitucionalidad por parte del Gobierno Vasco y del Consejo Ejecutivo de la Generalitat de Cataluña, originando la STC 208/1999, que estimó en parte el recurso y declaró la inconstitucionalidad de las normas que se referían a competencias atribuidas a las CCAA sobre las que no podía extenderse la ley estatal. En congruencia con esta sentencia, se publicó una nueva ley, la Ley 1/2002, de Coordinación de Competencias del Estado y las CCAA en materia de defensa de la competencia. Por otra parte, la Ley 3/1991, de competencia desleal, intenta regular el mercado, evitando que puedan producirse actitudes que lesionen el derecho de la libre empresa.

Esa delimitación competencial ha sido llevada a cabo por el Tribunal Constitucional en una abundante jurisprudencia. Las SSTC 88/1986, 148/1992, 228/1993, 208/1999, 157/2004 y STC 106/2009, establecen los criterios sobre la competencia estatal en materia de legislación sobre la defensa de la competencia. Incumbe al Estado, por imperativo del artículo 131.1 CE, la planificación de la actividad económica general para atender a las necesidades colectivas. El Título VII CE, dedicado a Economía y Hacienda, contiene una determinación general acerca del comportamiento del Estado en relación con el sistema económico general, sin perjuicio de las competencias atribuidas a las CCAA. En tal sentido, el artículo 128.1 CE establece la afirmación de que «toda la riqueza del país en sus distintas formas y sea cual fuere su titularidad está subordinada al interés general». De ahí la posibilidad de que el Estado pueda intervenir en la economía activamente e, incluso, interferir administrativamente la gestión de algunas empresas, si así lo exige el interés general (apartado segundo del art. 128). Esto permite, de una parte, la posibilidad de creación de empresas públicas por parte del Estado, si con ello se contribuye al interés general y, por otra parte, la exigencia de igualdad, en cuanto este no puede ejercer una competencia desleal respecto de la iniciativa privada.

En relación con las CCAA es necesario tener en cuenta los títulos competenciales para determinar cuáles son las posibilidades de intervención del Estado central en la economía y los límites de su actuación. El artículo 149.1 CE, por el que se establecen las competencias del Estado, en su punto 13 le atribuye «las bases y coordinación de la planificación general de la actividad económica», y el 14 trata sobre «Hacienda general y Deuda del Estado». Dentro, por tanto, de estos dos títulos ha de entenderse comprendida la competencia del Estado para llevar a cabo lo que denominamos la Constitución económica. Ahora bien, hay algunas otras exigencias derivadas del artículo 149 CE, como la que hace referencia a la «regulación de las condiciones básicas que garanticen la igualdad de todos los españoles en el ejercicio de los derechos y en el cumplimiento de los deberes constitucionales», que deben ser tenidas en cuenta. Esta redacción del artículo 149.1.1.ª ha sido interpretada por el TC como una exigencia mínima de igualdad que, en sí, no es un título competencial, sino un criterio hermenéutico (STC 61/1997). Aun así, el Estado ha dictado leyes que se han amparado en el artículo 149.1.1.ª como si se tratase de un título competencial autónomo (la LO 3/2007, de 22 de marzo).

II. LA CONSTITUCIÓN ESPAÑOLA Y EL DERECHO SINDICAL

Las relaciones laborales se regulan en nuestro ordenamiento jurídico desde los valores y principios reconocidos en la Constitución Española de 1978. La situación en la que se encuentra el derecho laboral en el período franquista da paso, en la transición política española, a una situación de cambio social y político, que lleva aparejada una nueva regulación de las condiciones económicas y sociales en el modo de producción.

Las razones de este cambio, además de insertarse en el nuevo contexto social y político que sucede a la dictadura, forman parte intrínseca de ese proceso de manera inmediata y directa, al haber protagonizado la clase obrera de la España de los setenta la mayor parte del proceso de democratización del Estado. Es desde la Universidad y los sindicatos clandestinos de clase, desde donde se promueven una buena parte de las reivindicaciones que generan las manifestaciones por la democracia y el desmantelamiento de las estructuras del viejo sistema. Cierto que los partidos políticos, en la clandestinidad y en el exterior, marcaban en cierto modo la agenda política, pero había una importante coincidencia de militancia, dado que, por lo general, los líderes sindicales y estudiantiles militaban en esos partidos clandestinos, favoreciendo esta doble militancia la transmisión de las consignas y contenidos informativos.

El ordenamiento laboral de los últimos años del franquismo, ausente de todo contexto europeo, se caracterizaba por un falso proteccionismo jurídico, que, bajo la naturaleza tuitiva del derecho laboral, ocultaba una situación real de inseguridad jurídica y de explotación, que hacía inviable la realización de los derechos derivados del contrato de trabajo. El aislamiento internacional del régimen político se prestaba a un derecho laboral puramente formal y teórico, al margen de las relaciones de producción, y en el que los órganos de representación sindical eran una mera fachada, pues estaban al servicio de la empresa. La Organización Sindical oficial estaba compuesta de unos órganos de decisión que aunaban los intereses de los trabajadores junto a los empresarios, en un concepto de sindicalismo residenciado en una organización vertical, estructurada en los Jurados de Empresa, que no eran representativos de los intereses de clase.

No obstante, a principios de la década de los setenta del pasado siglo, el aparato sindical franquista fue tomado de manera clandestina por líderes sindicales comunistas, que consiguieron infiltrarse e iniciar un cambio de relaciones productivas que progresivamente se fue imponiendo hasta su desmantelamiento con la legalización de las organizaciones sindicales por la Ley 19/1977, sobre regulación del derecho de asociación sindical.

La promulgación de la Constitución Española de 1978 contiene un importante marco regulador de las relaciones de trabajo, que adopta un modelo similar a los ordenamientos del entorno europeo, destacadamente de los contenidos en la Ley Fundamental de Bonn de 1949 y en la Constitución Italiana de 1948.

Los derechos de sindicación se encuentran regulados en los artículos 7, 28 y 37 de la Constitución Española. El artículo 7 garantiza el derecho a la creación de sindicatos y al ejercicio de la actividad sindical: «Los sindicatos de trabajadores y las asociaciones empresariales contribuyen a la defensa y promoción de los intereses económicos y sociales que les son propios. Su creación y el ejercicio de su actividad son libres dentro del respeto a la Constitución y a la ley. Su estructura interna y funcionamiento deberán ser democráticos». Con esta norma, se confiere rango constitucional a unas instituciones que habían sido consideradas delictivas en el régimen anterior, y se sitúan en el mismo plano que los partidos políticos, en lo que se refiere a su reconocimiento constitucional. Durante todo el proceso constituyente, ambas instituciones colaboraron en el proceso de democratización del Estado y, en la redacción del texto constitucional, se consideró que las organizaciones sindicales debían ser reconocidas en él.

El artículo 28 CE reconoce el derecho de libre sindicación y huelga, con las limitaciones y excepciones referidas a las Fuerzas Armadas y funcionarios públicos. El derecho de libre sindicación comprende el derecho a «fundar sindicatos y a afiliarse al de su elección, así como el derecho de los sindicatos a formar confederaciones y a fundar organizaciones sindicales internacionales o a afiliarse a las mismas». El inciso final del apartado 1 del artículo 28 otorga libertad de afiliación declarando el derecho de no afiliación: este reconocimiento de que «Nadie podrá ser obligado a afiliarse a un sindicato», deriva de la obligación del régimen político anterior que estableció un sindicato oficial de empresarios y trabajadores de carácter obligatorio, al que necesariamente debían pertenecer todos los productores del Estado. De ahí la reafirmación, hoy de todo punto innecesaria, de reconocer un derecho a la no afiliación. Y en su apartado 2 reconoce el artículo 28 CE, el derecho de huelga a los trabajadores para la defensa de sus intereses.

Finalmente, el artículo 37 CE garantiza el derecho a la negociación colectiva entre los representantes de los trabajadores y los empresarios, así como a la adopción de medidas de conflicto colectivo.

El cuadro constitucional presenta un modelo de sindicación en el que el constituyente ha intentado conciliar los intereses sociales de los trabajadores con el respeto a la libertad de empresa, consagrado a su vez en el artículo 38 CE, que la reconoce en el marco de la economía de mercado. El equilibrio, por tanto, entre la libertad de empresa, en un modelo económico de mercado, y la defensa de los intereses de los trabajadores constituye la base para la formulación de los derechos fundamentales de sindicación.

Del conjunto de la regulación constitucional, es en el artículo 28 CE donde se encuentra el reconocimiento del derecho de sindicación como un derecho fundamental de especial protección, esgrimible ante las jurisdicciones ordinaria y constitucional y protegible en amparo.

El derecho de huelga, como derecho específicamente derivado del derecho de sindicación, en principio en el artículo 26 del Proyecto de Constitución, fue objeto de un intenso debate parlamentario. En esa fase constituyente, por parte de algunos grupos parlamentarios se intentaba el reconocimiento constitucional de la prohibición de las llamadas «huelgas de solidaridad» y la limitación del derecho en función de la seguridad nacional, los intereses generales y los servicios esenciales de la comunidad, mientras otros (socialistas y comunistas) eran partidarios de no establecer ninguna limitación. También el artículo 37 CE tuvo un amplio debate parlamentario, en la medida en que implicaba la constitucionalización del sindicalismo y el reconocimiento implícito de la lucha de clases.

Este derecho de sindicación permitía una articulación en dos modelos ligeramente distintos, el de las secciones sindicales, como modelo de trabajo de progresiva implantación en las empresas, y el modelo de comités de empresa o representación horizontal, que pretendía la implantación representativa de la asamblea de trabajadores. Lo que se constitucionaliza es el primer modelo de sindicación, que otorga a los sindicatos el papel de contribuir a la defensa y promoción de sus intereses, siendo los comités de empresa órganos de creación legal. En ambos casos, va a corresponder a las centrales sindicales, y no a la acción directa de los trabajadores, el protagonismo de la acción sindical.

La Ley Orgánica 11/1985, de 2 de agosto, de Libertad Sindical, recoge también ese modelo de representación vertical, que estructura al sindicato desde una vertebración estatal, hasta la creación de secciones sindicales en los centros de trabajo. El desarrollo legislativo incide en la filosofía del sindicato más representativo (arts. 6 y 7 de esa norma) y estructura la participación sindical en la empresa a través de una doble presencia: las secciones sindicales y los comités de empresa.

Comoquiera que la constitucionalización abarca solamente a las organizaciones sindicales, y no a la representación de los trabajadores en general, la jurisprudencia del TC ha entendido que la protección constitucional solamente abarca a las primeras en cuanto tales (STC 118/1983, FJ 4). La consecuencia de todo ello es que los comités de empresa no tienen amparo sindical incardinable en el artículo 28 (STC 45/1984, en la que se deniega a una asociación el amparo constitucional en una negociación de convenio e, igualmente, la STC 98/1985).

III. LA PROTECCIÓN ESPECIAL DEL DERECHO DE LOS REPRESENTANTES SINDICALES

El proceso de tutela de los derechos de libertad sindical ha seguido una evolución legal un tanto confusa, dada la redacción de la Ley 62/1978, de Protección Jurisdiccional de los Derechos Fundamentales, que no especificaba el proceso laboral de defensa de los derechos de configuración social, de modo que se seguía teóricamente a través de la vía civil, pero en sede jurisdiccional social. La resultante ha sido una incertidumbre jurisprudencial en las instancias que el TC ha interpretado a favor del ejercicio del derecho fundamental lesionado ante órganos con competencia en el orden jurisdiccional social (STC 51/1988). Posteriormente el RDLeg. 2/1995, de 7 de abril, estableció un procedimiento de defensa de los derechos de libertad sindical en sus artículos 175 y siguientes: actualmente rige en este ámbito la Ley 36/2011, de 10 de octubre, reguladora de la jurisdicción social, modificada por la Ley 3/2012, de 6 de julio. La primera dedica el capítulo XI, artículos 177 a 184, a la tutela de los derechos fundamentales y libertades públicas, en el orden jurisdiccional social.

Para el ejercicio de la actividad sindical es imprescindible que se reconozca la capacidad procesal, legitimación activa y pasiva, de las organizaciones sindicales. El TC ha entendido así el contenido esencial del derecho al ejercicio de la libertad sindical en la STC 72/1982. La sentencia de instancia había desestimado la demanda de una central sindical por entender que la legitimación activa correspondía al comité de empresa. La base legal venía formada por los artículos 18 del Real Decreto 17/1977, de 4 de marzo, sobre relaciones de trabajo, y 65.1 del Estatuto de los Trabajadores. El Tribunal Constitucional, en esta sentencia, extiende la legitimación a las organizaciones comprendidas en el artículo 87 del Estatuto de los Trabajadores. Más adelante, en la STC 37/1983 se implanta un criterio amplio de interpretación de la legitimación *ad causam* de los sindicatos, relacionando, en el FJ 2, tres normas: los artículos 7, 28 y 37 CE, sosteniendo que «La función de los sindicatos no consiste únicamente en representar a sus miembros a través de esquemas de apoderamiento y de la representación del Derecho privado, sino que, cuando la Constitución y la ley les invisten con una función social, con la función de defender los intereses de los trabajadores, les legitiman para ejercer aquellos derechos que, aun perteneciendo en puridad a cada uno de los trabajadores *uti singuli*, sean de necesario ejercicio colectivo, que al reconocer en su artículo 28.1 la libertad sindical, no está admitiendo sólo el derecho de los trabajadores a sindicarse libremente o el derecho a fundar sindicatos y afiliarse al de su elección [...] sino también por la necesaria remisión al artículo 7 del que es interdependiente el derecho de los sindicatos a actuar libremente [...] permitiendo así que la propia actividad del sindicato [...] se integre en el artículo 28 de la Constitución. La libertad sindical implica la libertad para el ejercicio de la actividad sindical [...]. De esta forma, el artículo 37.2 de la Constitución se conjuga con el artículo 37.1 y con el 28.2 para definir el ámbito del ejercicio de la libertad sindical».

Con ello se produce una curiosa exportación del artículo 37 al 28 de la Constitución, de manera que acaba teniendo cobertura de derecho fundamental el derecho a la negociación colectiva y a plantear conflictos colectivos en sede del artículo 28 (STC 4/1983), considerando el derecho de negociación colectiva susceptible de amparo cuando afecte al derecho de libre sindicación: en igual sentido, la STC 73/1984 estima el recurso de amparo de una organización sindical a participar en la revisión del convenio aunque no hubiera firmado el texto del convenio a revisar o se acepta la impugnación de una orden de adjudicación de unas plazas otorgadas sin la titulación correcta, como se hace en la STC 153/2007. Pero, además de esta extensión en la reconducción de un derecho fundamental no directamente reforzado por la aplicación directa, se produce una ampliación del inicial núcleo esencial del derecho de libertad sindical, a un contenido que el Tribunal Constitucional denomina «contenido adicional» y que, por sumarse a ese contenido esencial, goza igualmente de protección constitucional. Dentro de este contenido adicional se comprenden los siguientes derechos sindicales:

— Derecho a presentar candidaturas a elección de representantes sindicales (SSTC 13/1997, 145/1999 y 18/2001). Este derecho se ha ido progresivamente ampliando, hasta entender la representación tácita del sindicato en aquellos supuestos en los que se exige la manifestación de voluntad de los trabajadores, como en la STC 103/2004, o las SSTC 60/2005 y 125/2006, que estiman el amparo a una central sindical que convocó elecciones en una empresa de diez trabajadores sin consentimiento expreso de ellos: se considera que el consentimiento fue tácito en la medida en que los trabajadores votaron el día de las elecciones.

— Derecho a la negociación colectiva de los sindicatos (SSTC 88, 89 y 90/2001) aun cuando la empresa haya pretendido hurtarla a través de negociaciones individuales con los trabajadores (STC 225/2001).

— Derecho a no sufrir merma alguna en los ingresos por parte del representante sindical, por ser esto disuasorio para la realización de sus funciones (SSTC 30/2000 y 43/2001); a la promoción en su puesto de trabajo (STC 241/2005) e, incluso, a un complemento por turnicidad, aunque no se efectúe realmente por estar liberado el recurrente (STC 200/2007, que garantiza dentro del contenido de la libertad sindical, lo que el Tribunal denomina indemnidad retributiva, y STC 2/2009, de 12 de enero, FJ 5, en la que se exige que las empresas demandadas en un procedimiento de esta naturaleza aporten razonamientos consistentes para justificar las medidas tomadas). El derecho a no sufrir merma en los ingresos ha llegado hasta a la estimación de un tiempo de liberación como período efectivo de trabajo a efectos de una promoción profesional, en el entendimiento de que, si no se computa el tiempo de liberación sindical como tiempo efectivo, puede producirse un efecto disuasorio en la actividad sindical (STC 179/2008, de 22 de diciembre).

— Derechos de información a través de los medios electrónicos de la empresa, siempre que no obstaculicen el normal desenvolvimiento de la actividad empresarial, ni perjudiquen la actividad programada por la empresa, ni le suponga un coste adicional (STC 281/2005, que estima el amparo a un sindicato que denunció la obstrucción de la empresa para la recepción de correo electrónico de sus afiliados).

El reconocimiento de la legitimación activa ha sido muy amplio, abarcando más aspectos de los que la Ley Orgánica de Libertad Sindical ha previsto en la figura del coadyuvante. El TC ha reconducido aquí también el derecho de tutela judicial efectiva al derecho de sindicación. En la STC 215/2001, se ampara a una organización sindical en cuanto a su reconocimiento de legitimación activa, en un procedimiento que se inició con denuncia a la empresa por tráfico ilegal de trabajadores y siguió de oficio ante el Juzgado de lo Social: personada como parte, fue inadmitido por Auto, y el TC considera que debe tener acceso a la justicia en la medida en que inició ese proceso y defiende por ello intereses sindicales. Igualmente, la STC 51/2003 otorga el amparo por la vía del artículo 24 CE en su vertiente de acceso a la justicia, a las secciones sindicales que habían negociado con una empresa determinadas condiciones de trabajo, a fin de dar satisfacción al derecho de libre sindicación y huelga reconocido en el artículo 28 CE. También la STC 159/2006 otorga amparo a un sindicato que negocia la adscripción de un funcionario a un puesto, generando la negociación un procedimiento contencioso-administrativo: se reconoce al sindicato legitimación activa para la defensa de sus intereses. En una consideración aún más amplia, la STC 202/2007, de 24 dc febrero, otorga el amparo a un sindicato que instó una demanda contencioso-administrativa admitida en la instancia, y desestimada en la Sala por falta de legitimación activa: considera el Tribunal Constitucional que un sindicato debe estar activamente legitimado para defender los intereses colectivos de los trabajadores. De la misma forma ha reconocido también con amplitud esta legitimación a las asociaciones empresariales (STC 73/2006, por la que se tutela a una asociación de empresarios para recurrir una Orden que lesionaba sus intereses, en el establecimiento de servicios mínimos de una huelga). Incluso en ocasiones el Tribunal ha extendido la legitimación activa a organizaciones cuya naturaleza sindical no era explícita, como una federación de asociaciones: en la STC 96/2009, de 20 de abril, se estima un recurso de amparo formulado por una federación de asociaciones profesionales del Estado, a la que no se la había permitido participar en un proceso electoral, por entender la jurisdicción ordinaria que no podían hacerlo al no tener la consideración de sindicato. Incluso esta legitimación activa que, en un principio, exigía una correspondencia directa con los intereses defendidos por el sindicato, se ha venido a considerar posteriormente desde el punto de vista de la defensa de los intereses mediatos en la STC 218/2009, por la que se estima el amparo de una asociación cuyo recurso contencioso-administrativo había sido inadmitido por falta de legitimación activa en relación con la firma de un acuerdo del que no formaba parte. No se ha llegado a considerar por la mayoría del Tribunal que hubiera legitimación activa de un sindicato, para la impugnación de un concurso abierto para una contratación administrativa, en la STC 183/2009, pero hay un voto particular que razona sobre la conveniencia de la estimación del amparo.

Con respecto a la prueba en los procesos contra la libertad sindical, el TC ha seguido desde la STC 38/1981, la inversión del *onus probandi* igual que en los demás derechos protegidos en amparo por el artículo 53.2 CE. Se exige al solicitante del amparo que practique la prueba de indicios y, si existen, se invierte la carga de la prueba, debiendo proporcionar la parte demandada una justificación objetiva y razonable de las medidas adoptadas y su proporcionalidad. Reformas laborales posteriores regularon esta aplicación jurisprudencial de la distribución de la carga de la prueba en los artículos 96 y 179.2 de la vigente Ley Reguladora de la Jurisdicción Social. La finalidad de la prueba indiciaria es la de «evitar que la imposibilidad de revelar los verdaderos motivos del acto empresarial impida declarar que este resulta lesivo para el derecho fundamental» (STC 38/1981). Para ello, se articula la prueba en un doble sentido, primero han de facilitarse al Tribunal los indicios de lesión del derecho y, una vez que estos indicios se consideren suficientes, se invierte la carga de la prueba (STC 38/1996). La prueba de indicios es llamada principio de prueba, aunque en la práctica es una auténtica prueba, y ha de poner de manifiesto que no puede ser una mera alegación de parte, sino cuando menos un razonamiento capaz de poner de manifiesto que, tras la conducta objeto de la demanda, se oculta otra intención, ligada al ejercicio del derecho fundamental cuyo restablecimiento se pretende (SSTC 166/1987, 114/1989, 21/1992, 266/1993, 293/1994, 85/1995, 14/2002, 29/2002, 66/2002 y 17/2005). Pueden considerarse como indicios los despidos a delegados sindicales, las actividades obstruccionistas de la empresa al ejercicio de determinadas actividades que redunden en la afiliación sindical y, en general, la existencia de un clima laboral generalizado de obstrucción sindical (la STC 66/2002 habla de un «panorama indiciario»). Ante estos indicios, la empresa debe probar que estas conductas son del todo ajenas a una conducta antisindical, y obedecen a diferentes razones de las invocadas por quien demanda, siendo estas razones revisables en amparo por el TC (STC 17/2005, que se acoge a la valoración de la sentencia de instancia en lugar de la de la Sala, por entender que era la que había valorado correctamente la prueba invertida).

Una matización importante a todos estos requisitos puede observarse en la STC 183/2007, en la que se pormenoriza sobre la actividad del órgano jurisdiccional en la valoración de estos indicios. El juzgador debe analizar si son contradichos de forma fehaciente por los demandados, de modo que se destruya ese panorama indiciario. En esta Sentencia se resuelve, además, sobre un conflicto entre organizaciones sindicales, que dota de especial importancia al hecho de la discriminación, en la medida en que la lesión no la produce la empresa, sino otra fuerza sindical.

Finalmente, es importante observar que el Tribunal Constitucional ha entrado a revisar la actividad probatoria de los jueces ordinarios, cuando se desprende que no han analizado la prueba desde la óptica del artículo 24.1 CE produciendo indefensión (STC 257/2007, que ampara a un funcionario de enseñanza que solicitó una promoción profesional denegada por no estar en servicio activo, y en el que la Sala no comprobó que esta denegación estuviera justificada).

IV. EL DERECHO DE HUELGA

Cuando se publica la Constitución, en el ordenamiento jurídico laboral existe una regulación legal del derecho de huelga, que se contiene en el Real Decreto-Ley 17/1977, de 4 de marzo, de relaciones de trabajo. Esta norma, preconstitucional, era restrictiva del ejercicio del derecho de huelga, y mantenía una importante injerencia administrativa que obstaculizaba en buena medida la efectividad del derecho. Cuando se produce el reconocimiento constitucional del artículo 28, el Real Decreto-Ley entraba en contradicción con esta regulación y, de ahí, la interposición de un recurso de inconstitucionalidad contra dicha norma, que dio lugar a la STC 11/1981, de 8 de abril, estimatoria en parte del recurso de inconstitucionalidad, con respecto a los preceptos sobre la huelga legal, y que establece unos criterios que van a ser la base de las sentencias posteriores.

Estos criterios son:

1) Que no es necesario el acuerdo por centros, salvo que la huelga se refiera a un solo centro de trabajo, exigencia que contenía la norma preconstitucional, y que

es considerada excesivamente rígida para el ejercicio del derecho. En lo que se refiere a la convocatoria, la responsabilidad no puede ser del trabajador individual, sino de las centrales sindicales convocantes, supuesto que ellas son las que ejercen la función representativa de los trabajadores, y la exigencia centro por centro podría tener como consecuencia que un mismo acto fuera legal e ilegal, dependiendo de la notificación, pero «como un mismo acto no puede ser a la vez lícito o ilícito, es claro que la ilegalidad ya no va a predicarse de la declaración misma de la huelga, sino de su seguimiento en cada empresa, en función del cumplimiento en ella de los requisitos legales» (FJ 2). Ahora bien, la simultánea licitud e ilicitud del derecho de huelga afecta al derecho fundamental de los sindicatos de declarar huelgas y forma parte del contenido esencial del artículo 28.2 CE, dado que supone hacer depender la licitud de la huelga de factores no controlables por el sindicato, como es un preaviso individual de un trabajador, razón por la cual no cabe exigir una comunicación individualizada de huelga, sino que hay que mantener la ficción de que, teniendo en cuenta que en la negociación de un convenio sectorial las asociaciones representan a todo el sector, en el caso de la huelga cabe estimar la misma representatividad para las asociaciones de empresarios, lo que, unido a la publicidad de la huelga, representa un factor suficiente de conocimiento para el empresario individual. La sentencia estima el derecho del recurrente a «participar en una huelga convocada sectorialmente por las organizaciones sindicales sin ser sancionado por ello».

2) Que el empresario no tiene el monopolio del nombramiento de los servicios de mantenimiento imprescindibles y, por tanto, es necesario que negocie con el comité de huelga estos servicios.

3) Que existe constitucionalmente la posibilidad de un arbitraje obligatorio siempre que sea imparcial.

4) Que no es inconstitucional el nombramiento de servicios mínimos para el mantenimiento de los servicios esenciales de la comunidad.

5) Que son legales las huelgas de solidaridad, aunque el interés profesional no sea directo.

En esta sentencia se alude ya al contenido esencial del derecho de huelga, diciendo el Tribunal Constitucional que dicho contenido consiste en la cesación de la actividad laboral (FJ 10).

En jurisprudencia más reciente, el TC en la STC 17/2017, de 2 de febrero, se pronuncia sobre la sustitución de trabajadores en una huelga. Para el TC, «la cuestión consiste en resolver si, como sostiene el sindicato recurrente, se vulneró el artículo 28.2 CE por haber sido sustituidos los trabajadores huelguistas por trabajadores no huelguistas que realizaron funciones que no le son propias y por utilizar medios técnicos de uso no habitual en la empresa para retransmitir el partido de Champions el día de huelga» (FJ 5). Declarando que «no ha existido lesión del derecho de huelga. El empresario, en el ejercicio de su poder de organización, ha hecho un ejercicio regular de sus funciones. La emisión del partido fue posible porque en la empresa existían medios técnicos que permitían hacerlo y porque varios trabajadores no secundaron la huelga. Los medios técnicos ya existían —no fueron adquiridos expresamente para hacer frente a los efectos de la huelga— y los trabajadores que no secundaron la huelga no realizaron funciones distintas a las que les corresponden» (FJ 7). Pero se formula un Voto Particular que disiente con la opinión de la mayoría sobre la legitimidad de la medida empresarial de sustitución interna en casos de huelga, considerando que sí se lesiona el derecho de huelga.

V. LOS SERVICIOS ESENCIALES DE LA COMUNIDAD

El artículo 28 de la Constitución fija un límite al ejercicio del derecho de huelga: el mantenimiento de los servicios esenciales de la comunidad. No existe, sin embargo, un concepto claro de definición de servicios esenciales, por lo que estamos ante un concepto jurídico indeterminado, que debe concretarse legal o jurisprudencialmente. No ha definido tampoco el legislador el concepto de servicios esenciales, por lo que el Tribunal Constitucional ha debido fijar este concepto en sus sentencias.

Los servicios esenciales son, según la STC 26/1981, aquellas actividades de las que derivan prestaciones vitales o necesarias para la sociedad y estos son los derechos fundamentales, las libertades públicas y los bienes constitucionalmente protegidos. Su nombramiento incumbe a la Administración del Estado que tenga atribuidas las competencias de la actividad donde se ejerza el derecho de huelga (STC 33/1981, que anula el Decreto del Gobierno central acerca del nombramiento de servicios mínimos de huelga en el metropolitano de Barcelona). Ha de ser una autoridad gubernativa, lo que ha llevado al TC a anular algunos servicios esenciales nombrados por la dirección del centro (SSTC 27/1989 y 296/2006, que distinguen entre autoridad del centro y autoridad gubernativa que, como ente suprapartes, puede determinar con mayor objetividad estos servicios).

El apartado 2 del artículo 10 del Real Decreto 17/1977, de 4 de marzo, establece un concepto parcialmente distinto al hablar de servicios mínimos en lugar de esenciales: «Cuando la huelga se declare en empresas encargadas de la prestación de cualquier género de servicios públicos o de reconocida e inaplazable necesidad y concurran circunstancias de especial gravedad, la Autoridad gubernativa podrá acordar medidas necesarias para asegurar el funcionamiento de los servicios».

Y hay un tercer concepto, que son los servicios de mantenimiento de la empresa, que aparecen regulados en el apartado 7 del artículo 6 del RDL 17/1977, y que hacen referencia a «la prestación de servicios necesarios para la seguridad de las personas y de las cosas, mantenimiento de los locales, maquinaria, instalaciones, materias primas, y cualquier otra atención que fuese precisa para la ulterior reanudación de las tareas de la empresa». Respecto de estos servicios, la ponderación con otros bienes y derechos ha de realizarse desde una amplia consideración del derecho de huelga, cuya primacía estaría determinada por la naturaleza del derecho de huelga, en relación con otros, como el de libertad de empresa (art. 38 CE) o derecho al trabajo (art. 35.1 CE). Así lo ha entendido el TC en constante jurisprudencia (STC 80/2005, que contrapone el derecho al trabajo de los no huelguistas con el derecho de huelga, de mayor protección constitucional, dado que el primero, regulado en el art. 35 CE, no ha de entenderse como opuesto a la huelga, sino en un sentido mucho más general).

Incluso se puede entender, y así lo hace la jurisprudencia en algunas ocasiones, que hay una diferente competencia jurisdiccional en cuanto a la posibilidad de recurrir los servicios mínimos y esenciales, y los servicios de mantenimiento.

Los servicios esenciales serían los reconocidos en el artículo 28.2 de la Constitución, cuyo bien protegido no son los intereses de la empresa, sino los de la comunidad social, a fin de que no resulte dañada en exceso como consecuencia de la huelga: es claro que esto solo puede producirse cuando la huelga afecte a empresas que actúen en el ámbito de los servicios públicos o en ramas o sectores que generen una grave e importante incidencia en el conjunto de la sociedad o en porciones considerables de la misma.

Los servicios de mantenimiento quedan en el marco de las relaciones laborales y los esenciales en el ámbito del Derecho administrativo. Esta construcción jurisprudencial, sin precedentes en la casuística judicial, permite que los servicios mínimos y los servicios esenciales se puedan recurrir, de forma indistinta, ante la jurisdicción contenciosa y ante la jurisdicción social. Estas dos vías, contenciosa y laboral, no son excluyentes, porque ello depende del motivo del recurso e, incluso, de cuál sea el momento en que este se formaliza. Los tribunales han venido estimando como indistintas ambas en las demandas sobre impugnación de servicios mínimos, si bien estos, al fijarse en una resolución administrativa, tienen indicada la jurisdicción contencioso-administrativa. Además, los servicios mínimos, que deben establecerse por el Estado, han de ser restrictivos y favorables al derecho de huelga (STC 51/1986).

La autoridad administrativa puede delegar en la dirección de la empresa la concreción de los servicios mínimos, previamente establecidos por Decreto. Y ello pese a que del RDL 17/1977, se desprende que los supuestos del artículo 6.7 atinentes a servicios de mantenimiento son diferentes en todo a los del artículo 10, párrafo 2, que son esenciales. Los primeros vienen referidos a la paralización de la actividad productiva que toda huelga implica, ya que una de las finalidades de las medidas que se adoptan es posibilitar la reanudación de la actividad, aparte de mantener la seguridad de las personas y las cosas, mientras que la seguridad del funcionamiento de los servicios esenciales de la comunidad solo puede producirse en huelgas que afecten a empresas encargadas de servicios públicos y, en este caso, se parte del mantenimiento de la actividad productiva aunque sea solo en parte.

El mantenimiento de los servicios es algo interno de la empresa, mientras los servicios esenciales son externos, porque significan precisamente los que se prestan al ciudadano: de ahí que sea la autoridad quien imponga esos servicios mínimos por encima de la empresa y los trabajadores, si no hay acuerdo en la audiencia que se les concede, mientras los de mantenimiento son pactados con la empresa y se dirigen a los bienes privados de esta. La materialización por parte de la empresa de estos servicios en la designación concreta de trabajadores no puede ser arbitraria, sino con sujeción a la decisión administrativa de origen. Por tanto:

— No puede ampliarlos.
— Debe favorecer pero nunca restringir el derecho de huelga.
— No puede vaciar el derecho de huelga de su contenido esencial.

Por tal razón, la empresa ha de fijar los servicios esenciales tomando en primer lugar a los trabajadores que no quieren ir a la huelga y, solo una vez que no queden voluntarios, adscribir servicios obligatorios para los huelguistas, con los criterios dichos.

Establecido esto, queda por dilucidar si en una empresa, una vez que se han fijado servicios esenciales por la autoridad, también son necesarios los de mantenimiento: no hay contradicción entre ambos, porque se puede tratar de unidades de producción distintas.

VI. MODELOS DE REGULACIÓN DEL EJERCICIO DEL DERECHO DE HUELGA

Son conocidas las tres posiciones doctrinales acerca de la regulación de la huelga en nuestro ordenamiento, que se extienden desde la que considera que debe haber una ley reguladora del derecho (perteneciente por lo común a sectores empresariales), a la que entiende que cualquier ley coartaría el contenido esencial del derecho (de general consenso en las organizaciones sindicales), hasta la que estima necesaria la fórmula mixta de autorregulación con control administrativo y judicial. La defensa de la autorregulación pura parte de la base de considerar a los sindicatos como organizaciones semipúblicas, encaminadas a la defensa de los derechos de los trabajadores, pero que están enmarcadas en los intereses generales del país exactamente igual que otras instituciones. Por esto, el desarrollo de una huelga supone para el sindicato, igual que el ejercicio de cualquier otro derecho constitucional, el de reunión o manifestación, la estructura precisa de mantenimiento de un orden social que evite situaciones extremas.

El intento más elaborado de legislación sobre el derecho de huelga tuvo lugar en 1992, con la presentación por parte del Gobierno de un proyecto de ley orgánica ante el Parlamento, consensuado con los agentes sociales y llegó a obtener la aprobación del Congreso. Dado que fue aprobado con enmiendas en el Senado, hubo de ser devuelto al Congreso, donde no llegó a ser aprobado definitivamente por la disolución del Parlamento y la convocatoria de elecciones generales.

En este proyecto se contenía una gran parte de la doctrina del Tribunal Constitucional en materia de derecho a la huelga, sobre todo en lo referente al establecimiento de los servicios mínimos y la posibilidad de consensuar entre las partes el nombramiento de estos servicios, con un listado de aquellos sectores productivos considerados como susceptibles del mismo. No ha habido desde entonces ninguna otra iniciativa acerca de la regulación legal de este derecho y el propio TC ha llamado la atención sobre las dificultades de decidir acerca de algunos aspectos del derecho de huelga en ausencia de regulación legal. La STC 184/2006 recuerda que el artículo 28.2 CE establece, como contenido necesario de la ley que regule el ejercicio del derecho de huelga, las garantías para asegurar los servicios esenciales de la comunidad: «Deberá ser esta ley y no otra, la que regule las referidas garantías. La falta en la actualidad de esa ley lógicamente plantea múltiples problemas y en especial, y en lo que aquí nos ocupa, en orden a la determinación de cuáles puedan calificarse como servicios esenciales y cuál pueda ser el alcance de las garantías necesarias para asegurar su mantenimiento [...] es evidente que la falta de la inexcusable ley postconstitucional no puede valer para adoptar actitudes de tolerancia respecto de la utilización de criterios restrictivos del ejercicio del derecho y de la laxitud de sus limitaciones establecidas por la autoridad gubernativa con base en una norma preconstitucional, el artículo 10.2 Real Decreto-Ley, de 4 de marzo, en el que los elementos del supuesto de la norma que permite el establecimiento de las limitaciones ni tan siquiera coinciden estrictamente con los supuestos de hecho del artículo 28.2 CE». La situación se planteó con ocasión del establecimiento de servicios esenciales fijados en RTVE, TVE y RNE en la huelga general del 20 de junio de 2002, pues se fijaron atendiendo a la calificación de servicio público que hacía la Ley 4/1980, de 10 de enero, de Estatuto de la Radio y la Televisión. Esta calificación, efectuada por una ley ajena al derecho de huelga y, por tanto, desde una óptica distinta de este derecho, considera el Tribunal que no puede sin más suplir la calificación de servicio esencial de la comunidad: las consecuencias de esta consideración fueron otorgar el amparo al sindicato y considerar abusivos los servicios de programación grabada y emisión normal de programación informativa (en idéntico sentido las SSTC 191/2006 y 193/2006).

VII. BIBLIOGRAFÍA

ALONSO GARCÍA, M., y otros: *La huelga y el cierre empresarial*, Instituto de Estudios Económicos, Madrid, 1979.

BALAGUER CALLEJÓN, F.: «El Estado social y democrático de Derecho. Significado, alcance y vinculación de la cláusula del Estado social», en J. L. MONEREO (coord.), *Comentario a la constitución socio-económica de España*, Comares, Granada, 2002.

— (coord.): *Introducción al Derecho Constitucional*, 6.ª ed., Tecnos, Madrid, 2017.

— (coord.): *Manual de Derecho Constitucional*, tomos I y II, 12.ª ed., Tecnos, Madrid, 2017.

BALAGUER CALLEJÓN, M. L.: «El contenido esencial del derecho de huelga», *RDP*, n.º 34, Madrid, 1991.

— «La reforma constitucional en el derecho de sindicación y de huelga», *RDP*, n.º 36, 1992.

— «El derecho fundamental a la huelga», en *Estudios de Derecho público, homenaje a J. J. Ruiz-Rico*, Tecnos, Madrid, 1997.

BAÑO LEÓN, J. M.: «La distinción entre derecho fundamental y garantía institucional en la Constitución», *REDC*, n.º 24, 1988.

BAYLOS GRAU, A.: *Derecho de huelga y servicios esenciales*, Tecnos, Madrid, 1987.

DURÁN LÓPEZ, F.: *Autorregulación de servicios mínimos en huelgas y paros laborales*, Junta de Andalucía, Sevilla, 1988.

FREIXES SANJUÁN, T.: «La huelga y sus garantías constitucionales», *RDP*, n.º 22, 1986.

GÁRATE CASTRO, F. J.: «Modalidades de huelga en el ordenamiento jurídico español. La huelga intermitente», *REDTr*, n.º 25.

GARCÍA BLASCO, J.: *El derecho de huelga en España: calificación y efectos jurídicos*, Bosch, Barcelona, 1983.

GARCÍA-PERROTE ESCARTÍN, I.: *La huelga con ocupación del lugar de trabajo*, Akal, Madrid, 1981.

GARRORENA MORALES, A.: *El Estado español como Estado social y democrático de Derecho*, Tecnos, Madrid, 1984.

GONZÁLEZ BIEDMA, E.: *Derecho de huelga y servicios de mantenimiento y seguridad en la empresa*, Cívitas, Madrid, 1992.

GONZÁLEZ ORTEGA, S.: «El derecho de huelga: un derecho fundamental acorralado», *Estudios financieros. Revista de trabajo y seguridad social: Comentarios, casos prácticos: recursos humanos*, n.º 418, 2018, pp. 17-42.

Martín Valverde, A.: «Los límites del derecho de huelga en la Administración pública», *REDC*, n.º 18, 1986.

Monereo Pérez, J. L., y Ortega Lozano, P. G.: *El derecho de huelga: configuración y régimen jurídico*, Aranzadi Thomson Reuters, 2019.

Palomeque López, M. C.: «La regulación por ley del derecho de huelga», en *Documentación Laboral*, n.º 23, 1987.

Pérez Luño, A. E.: *Los derechos fundamentales*, Tecnos, Madrid, 1984.

Ruiz Pontones, M.: «La huelga en la jurisprudencia del Tribunal Supremo y Tribunal Central de Trabajo», en *Documentación Laboral*, n.º 24, 1988.

Serrano Carvajal, J.: «Manifestaciones recientes sobre el derecho de huelga en España», *Documentación Laboral*, n.º 22, 1987.

Vidal-Caruana y Vidal-Beneyto, G.: *La Ley de Huelga consensuada*, Ciencias de la Dirección, Madrid, 1992.

Villanueva Turnes, A.: «Sentencia del Tribunal Constitucional 17/2017, de 2 de febrero [*BOE* n.º 59, 10-III-2017]», *Ars Iuris Salmanticensis*, 01-03-2018, vol. 5 (2), pp. 255-258.

VVAA: *Huelga, cierre patronal y conflictos colectivos*, Cívitas, Madrid, 1982.

LECCIÓN 15

PRINCIPIOS CONSTITUCIONALES DE CARACTERIZACIÓN DE LA ADMINISTRACIÓN DEL ESTADO EN EL ORDENAMIENTO CONSTITUCIONAL ESPAÑOL

SUMARIO: I. *Introducción.* II. *El Estatuto de los funcionarios públicos.* III. *La Administración y la actividad administrativa. Elementos de configuración de la Administración del Estado.* 1. La gobernanza. 2. La transparencia. IV. *La responsabilidad patrimonial de la Administración.* V. *El Consejo de Estado.* VI. *Bibliografía.*

I. INTRODUCCIÓN

El Título IV CE regula el Gobierno y la Administración, dedicando al primero los artículos 97 a 102 y, a la Administración del Estado, dedica los artículos 103 a 107.

El artículo 103 CE establece en su apartado primero: «La Administración sirve con objetividad los intereses generales y actúa de acuerdo con los principios de eficacia, jerarquía, descentralización, desconcentración y coordinación, con sometimiento pleno a la ley y al Derecho».

Estos son, pues, los principios que deben inspirar el funcionamiento de la Administración, y se desarrollan posteriormente en las leyes administrativas que, en lo que se refiere al ámbito estatal, son la Ley 61/1997, de 14 de abril, de Organización y Funcionamiento de la Administración General del Estado y la Ley 30/1992, de 26 de noviembre, del Régimen Jurídico de las Administraciones Públicas y del Procedimiento Administrativo Común, que ha sido sustituida por la Ley 39/2015, de 1 de octubre, del Procedimiento Administrativo Común de las Administraciones Públicas, que ha entrado en vigor el día 2 de octubre de 2016, al año de su publicación. Estas leyes se complementan con las que cada Comunidad Autónoma, en el desarrollo de sus respectivas competencias, puedan aprobar en esta materia.

El apartado segundo del artículo 103 CE ordena que solamente por ley se pueden establecer órganos administrativos, cuando dice: «Los órganos de la Administración del Estado son creados, regidos y coordinados de acuerdo con la ley».

II. EL ESTATUTO DE LOS FUNCIONARIOS PÚBLICOS

En el artículo 103 CE también se establece una exigencia legal para la regulación del estatuto de los funcionarios públicos, en el apartado tercero que ordena: «La Ley regulará el estatuto de los funcionarios públicos, el acceso a la función pública, de acuerdo con los principios de mérito y capacidad, las peculiaridades del ejercicio de su derecho de sindicación, el sistema de incompatibilidades y las garantías para la imparcialidad en el ejercicio de sus funciones».

El Estatuto del funcionario público se ha desarrollado por la Ley 7/2007, de 12 de abril, modificada por la Ley 27/2013, de 27 de diciembre, de racionalización y sostenibilidad de la Administración Local, y otras normas hasta el actual Texto Refundido de toda esta normativa que se lleva a cabo por el Real Decreto Legislativo 5/2015, de 30 de octubre.

La regulación contiene disposiciones comunes al conjunto de los funcionarios públicos de todas las Administraciones que conforman el Estado (estatales, autonómicas y locales), dejando aparte la de las condiciones de cada Administración en el ámbito de sus respectivas competencias. Establece las bases de una normativa común que abarca los principios constitucionales de acceso a la función pública (igualdad, mérito y capacidad), así como las condiciones generales del desempeño de la función pública (los sistemas de ascenso, deberes y derechos en el cumplimiento de la función pública) y un sistema general de reconocimiento de derechos derivados del Estado Social (objetividad y transparencia en los sistemas de evaluación, respeto a la intimidad personal, interdicción del acoso sexual y el acoso laboral, y conciliación de la vida personal, laboral y familiar).

Se diferencia a los empleados públicos según su condición en funcionarios de carrera, interinos, personal laboral, personal eventual y, como una nueva figura que aparece en la Administración, personal directivo. Unifica los niveles de calificación profesional reduciéndolos a tres y a diferentes subgrupos. Modifica también la negociación colectiva, que se estableció por la Ley 9/1987, de 12 de junio, de regulación del sistema de representación de los funcionarios públicos, y su participación y negociación colectiva para la determinación de sus condiciones de empleo. Crea, además, una Mesa General de las Administraciones Públicas, en la que estén representadas todas ellas, para negociar los proyectos de legislación básica; se unifica a efectos de negociación al personal laboral y funcionario y se regula la posibilidad de incumplimiento de los pactos por la Administración, limitándose las causas a excepcional y grave interés público, derivados de circunstancias imprevistas cuando se firmara el acuerdo. La publicación de un conjunto importante de reformas posteriores a la ley, aconsejó la promulgación del Real Decreto Legislativo, que refundiera todos los textos legales en la materia y, por tanto, el RD Legislativo 5/2015, de 30 de octubre, ha sustituido a la Ley 7/2007, de 12 de abril, y doce disposiciones más, que figuran derogadas junto con este, en su disposición derogatoria única.

III. LA ADMINISTRACIÓN Y LA ACTIVIDAD ADMINISTRATIVA. ELEMENTOS DE CONFIGURACIÓN DE LA ADMINISTRACIÓN DEL ESTADO

Desde un punto de vista constitucional, la actividad administrativa debe también regirse por procedimientos reglados que impidan la arbitrariedad, por lo que el artículo 105 CE prescribe que una ley regule: *a*) La audiencia de los ciudadanos, directamente o través de organizaciones o asociaciones reconocidas por la ley, en el procedimiento de elaboración de las disposiciones administrativas que les afecten. *b*) El acceso de los ciudadanos a los archivos y registros administrativos, salvo en lo que afecte a la seguridad y defensa del Estado, la averiguación de los delitos y la intimidad de las personas. *c*) El procedimiento a través del cual deben producirse los actos administrativos garantizando, cuando proceda, la audiencia del interesado.

1. La gobernanza

El término gobernanza hace referencia a la eficacia, calidad y correcta ordenación de la actividad del Estado, como un factor de legitimación del ejercicio de la política. En su origen pretende llevar a cabo una forma de gobernar que logre un equilibrio entre el desarrollo económico, social e institucional. En un modelo de gestión democrática, el buen gobierno resulta ser el mejor sistema de legitimación para los gobernantes. A este respecto, debe destacarse que no solamente la eficiencia debe ser un factor de legitimación o de buen gobierno, sino que es esencial igualmente la información que se dé a la ciudadanía de las medidas políticas adoptadas y sus consecuencias, así como del grado de cumplimiento ético de los gobernantes. Podríamos decir, por tanto, que la gobernanza surge por la exigencia de dar legitimidad a la política en un momento en el que se tiene escasa confianza en la clase política y en las instituciones, como sistema de resolución de las condiciones de vida.

Así, en el año 2001 nace en Europa el *Libro Blanco sobre la Gobernanza Europea*, ante la necesidad de justificar las políticas de la Unión. Este texto se plantea, fundamentalmente, desde la necesidad de llevar a cabo una política informativa en la Unión Europea como un importante factor de legitimación, dada la percepción de lejanía que tienen los ciudadanos de las instituciones y las políticas europeas. Los escasos índices de participación en las elecciones que afectan a las instituciones europeas se explican por la escasa confianza en ellas y en la efectividad de sus políticas. Ante esto, se echa en falta una política explicativa de estas medidas que mejore la credibilidad.

Los principios en los que debería basarse la buena gobernanza son la apertura de las instituciones a una comunicación activa con el público y a una mejora de la atención; la participación de los ciudadanos en las políticas concretas y su implicación; la responsabilidad de las instituciones para llevar a cabo una política clara en su propio ámbito; la eficacia en las medidas; la coherencia en la acción política y el desarrollo de los niveles de proporcionalidad y subsidiariedad.

2. La transparencia

Desde nuestro ordenamiento estatal debe tenerse en cuenta el reconocimiento constitucional del derecho a la información por parte de la Administración. El artículo 105.*b*) CE determina que los ciudadanos tienen derecho al acceso a los archivos y registros administrativos, salvo en lo que afecte a la seguridad y defensa del Estado, la averiguación de los delitos y la intimidad de las personas.

Desarrollan este derecho, los artículos 12 a 24 de la Ley 19/2013, de 9 de diciembre, de transparencia, acceso a la información pública y buen gobierno y la Ley 39/2015, en sus artículos 13 y 17. Otras normas sectoriales contienen preceptos sobre información de la actividad pública, como la Ley 27/2006, de 18 de julio, por la que se regulan los derechos de acceso a la información, de participación pública y de acceso a la justicia en materia de medio ambiente; la Ley 37/2007, de 16 de noviembre, sobre reutilización de la información del sector público, que regula el uso privado de documentos en poder de administraciones y organismos del sector público, modificada por la Ley 18/2015, de 9 de julio.

Para legitimar las acciones de gobierno, en una situación como la que ha venido generando este alto nivel de corrupción, se aprobó la Ley 19/2013, de 9 de diciembre, de transparencia, acceso a la información pública y buen gobierno. Su objeto es la transparencia de la actividad pública, el acceso a la información pública y las normas del buen gobierno, para dar conocimiento de las decisiones que afectan a la ciudadanía y esta pueda saber cómo se manejan los fondos públicos. La ley establece en su preámbulo, y regula en su artículo 1, un triple objetivo: incrementar y reforzar la transparencia en la actividad pública, reconocer y garantizar el acceso a la información, y establecer las obligaciones de buen gobierno que deben cumplir los responsables públicos.

El ámbito de aplicación de la ley comprende a todas las entidades de derecho público, instituciones, administraciones públicas estatales, autonómicas y locales, en el ámbito de sus respectivas competencias y, además, los partidos políticos y entidades privadas que reciban ayudas o subvenciones públicas en determinadas circunstancias.

El procedimiento se basa en una solicitud para ejercitar el derecho de acceso, dirigida al titular del órgano administrativo que haya de facilitar la información. Frente a la resolución que se dicte en el expediente, se podrá recurrir ante el Consejo de Transparencia y Buen Gobierno, creado por la propia ley y que está formado por dos órganos: la Comisión de Transparencia y Buen Gobierno y el Presidente del Consejo, que lo será también de la citada Comisión. De ella forman parte, igualmente, un senador, un diputado, un representante de cada una de las siguientes instituciones: el Tribunal de Cuentas, el Defensor del Pueblo, la Agencia Española de Protección de Datos, la Secretaría de Estado de Administraciones Públicas y la Autoridad Independiente de Responsabilidad Fiscal. Según el artículo 20.5 de la Ley 19/2013, las resoluciones del Consejo de Transparencia dictadas en materia de acceso a la información pública son recurribles directamente ante la Jurisdicción Contencioso-administrativa, sin perjuicio de la posibilidad de interposición de la reclamación potestativa prevista en el artículo 24, que regula la reclamación ante el Consejo de Transparencia y Buen Gobierno, previendo que, «1. Frente a toda resolución expresa o presunta en materia de acceso podrá interponerse una reclamación ante el Consejo de Transparencia y Buen Gobierno, con carácter potestativo y previo a su impugnación en vía contencioso-administrativa.

2. La reclamación se interpondrá en el plazo de un mes a contar desde el día siguiente al de la notificación del acto impugnado o desde el día siguiente a aquel en que se produzcan los efectos del silencio administrativo.

3. La tramitación de la reclamación se ajustará a lo dispuesto en materia de recursos en la Ley 30/1992, de 26 de noviembre, de Régimen Jurídico de las Administraciones Públicas y del Procedimiento Administrativo Común.

Cuando la denegación del acceso a la información se fundamente en la protección de derechos o intereses de terceros se otorgará, previamente a la resolución de la reclamación, trámite de audiencia a las personas que pudieran resultar afectadas para que aleguen lo que a su derecho convenga.

4. El plazo máximo para resolver y notificar la resolución será de tres meses, transcurrido el cual, la reclamación se entenderá desestimada.

5. Las resoluciones del Consejo de Transparencia y Buen Gobierno se publicarán, previa disociación de los datos de carácter personal que contuvieran, por medios electrónicos y en los términos en que se establezca reglamentariamente, una vez se hayan notificado a los interesados.

El Presidente del Consejo de Transparencia y Buen Gobierno comunicará al Defensor del Pueblo las resoluciones que dicte en aplicación de este artículo.

6. La competencia para conocer de dichas reclamaciones corresponderá al Consejo de Transparencia y Buen Gobierno, salvo en aquellos supuestos en que las Comunidades Autónomas atribuyan dicha competencia a un órgano específico, de acuerdo con lo establecido en la disposición adicional cuarta de esta Ley».

Se contempla el acceso a la información de la Casa de Su Majestad el Rey, que se canalizará —según la disposición adicional 6.ª— a través de la Secretaría General de la Presidencia del Gobierno.

La ley no se concibe desde su propia estructura como una obligación de transparencia real de los poderes públicos, sino más bien como un derecho de la ciudadanía a pedir determinada información, que —en caso de no ser facilitada— permite acudir Consejo de Transparencia y Buen Gobierno. Ciertamente modificaba preceptos de otras normas con pretensiones de este tipo, como el artículo 14.4 de la entonces vigente Ley 5/2006, de 10 de abril, de regulación de los conflictos de intereses de los miembros del Gobierno y de los actos cargos de la Administración General del Estado. Esta última ha sido derogada por la Ley 3/2015, de 30 de marzo, reguladora del ejercicio del alto cargo de la Administración General del Estado.

Se ha modificado la ley de transparencia por la Ley Orgánica 3/2018, de 5 de diciembre, que da nueva redacción al artículo 15.1 en los siguientes términos «Artículo 15. Protección de datos personales.

1. Si la información solicitada contuviera datos personales que revelen la ideología, afiliación sindical, religión o creencias, el acceso únicamente se podrá autorizar en caso de que se contase con el consentimiento expreso y por escrito del afectado, a menos que dicho afectado hubiese hecho manifiestamente públicos los datos con anterioridad a que se solicitase el acceso.

Si la información incluyese datos personales que hagan referencia al origen racial, a la salud o a la vida sexual, incluyese datos genéticos o biométricos o contuviera datos relativos a la comisión de infracciones penales o administrativas que no conllevasen la amonestación pública al infractor, el acceso solo se podrá autorizar en caso de que se cuente con el consentimiento expreso del afectado o si aquel estuviera amparado por una norma con rango de ley».

IV. LA RESPONSABILIDAD PATRIMONIAL DE LA ADMINISTRACIÓN

El artículo 106.2 CE reconoce a los particulares, en los términos que la ley establezca, un derecho a ser indemnizados por toda lesión que sufran en cualquiera de sus bienes y derechos, salvo en los casos de fuerza mayor, siempre que la lesión sea consecuencia del funcionamiento de los servicios públicos. El antecedente más inmediato que existe en nuestro ordenamiento respecto de la posibilidad de exigir una responsabilidad fuera de un marco contractual es la reconocida en el artículo 1.902 del Código Civil que dice que «el que por acción u omisión causa daño a otro, interviniendo culpa o negligencia, está obligado a reparar el daño causado». Se trata de una regulación en el ámbito privado. Por lo que se refiere a la Administración, el antecedente más inmediato se encuentra en la Ley de Expropiación Forzosa de 1954, en cuyo artículo 121 se reguló un sistema de garantías patrimoniales de indemnización por daños causados por el funcionamiento normal o anormal de los servicios públicos. Ahora la Constitución reconoce con un alcance diferente esta responsabilidad, en los términos que reconozca una ley. Esta responsabilidad, que ha sido calificada por la doctrina de objetiva, en cuanto que no exige para su reconocimiento que el funcionamiento de la Administración haya sido incorrecto, sino la mera causación del daño, con independencia de la causa, se ha regulado por los artículos 32 a 36 de la Ley 40/2015, de 1 de octubre, de Régimen Jurídico del Sector Público.

La cobertura de la responsabilidad patrimonial del Estado se extiende a todas las Administraciones Públicas y en todo tipo de actuaciones de la Administración, con la sola exigencia de que se trate de una consecuencia del funcionamiento de la misma. No es necesario que se trate de una actuación culposa o negligente, solamente es necesario que se produzca un daño como consecuencia del funcionamiento de los servicios públicos y que la persona que reclama no tenga el deber jurídico de soportarlo.

Hasta la promulgación de la LO 7/2015, de 21 de julio, por la que se modifica la LO 6/1985, del Poder Judicial, existía una normativa específica para la responsabilidad de la administración de justicia que ahora se unifica. El artículo 296 LOPJ se modifica así: «1. Los daños y perjuicios causados por los jueces y magistrados en el ejercicio de sus funciones darán lugar, en su caso, a responsabilidad del Estado por error judicial o por funcionamiento anormal de la Administración de Justicia sin que en ningún caso puedan los perjudicados dirigirse directamente contra aquellos. 2. Si los daños y perjuicios provinieren de dolo o culpa grave del juez o magistrado, la Administración General del Estado, una vez satisfecha la indemnización al perjudicado, podrá exigir, por vía administrativa a través del procedimiento reglamentariamente establecido, al juez o magistrado responsable el reembolso de lo pagado, sin perjuicio de la responsabilidad disciplinaria en que este pudiera incurrir, de acuerdo con lo dispuesto en esta ley».

El daño ha de ser efectivo, no bastando una mera alegación del peligro o de su posibilidad, sino que debe tratarse de un daño real, evaluable económicamente e individualizado a la persona que reclama o representante de ella.

También tiene que ser antijurídico en el sentido de que no exista una norma que obligue a esa persona a tolerar una acción del Estado, o una obligación de esa persona de soportarlo, como consecuencia del ejercicio de acciones por parte del Estado en el ámbito jurisdiccional.

El daño ha de ser efectivo en cuanto a que tiene que incidir de manera negativa en los bienes o derechos de la persona solicitante. En tal caso, los daños pueden ser patrimoniales, personales o morales.

Finalmente, la evaluación económica del daño debe estimarse en el valor del restablecimiento del derecho. Esto es fácil en los derechos patrimoniales pero, en los personales o morales, es necesario acudir a criterios de determinación para evaluarlos. Para ello se utilizan diferentes criterios, como una cantidad a tanto alzado o la propia baremación de los daños producidos por vehículos de motor, que la jurisprudencia viene utilizando como criterio de orientación. Sería deseable, en el estado actual de la cuestión, la determinación legal de estas indemnizaciones desde la óptica propia del derecho administrativo y de este instituto de responsabilidad patrimonial, con la finalidad de subvenir a estas cantidades sin las diferencias que esta institución muestra con los supuestos de daños por vehículos de motor.

V. EL CONSEJO DE ESTADO

El Consejo de Estado se reconoce constitucionalmente y es una institución cuyo funcionamiento es muy antiguo, que adquiere ahora relieve constitucional. Se regula en el artículo 107 CE que preceptúa: «El Consejo de Estado es el supremo órgano consultivo del Gobierno. Una ley orgánica regulará su composición y competencia». La ley que regula el funcionamiento del Consejo de Estado es la LO 3/1980, de 22 de abril, y ha sido reformada en cuatro ocasiones: por la LO 13/1983, de 26 de noviembre; por la LO 2/1987, de 18 de mayo, de conflictos jurisdiccionales; por la LO 3/2004, de 28 de diciembre y, finalmente, por la LO 4/2011, de 11 de marzo, complementaria de la Ley de Economía Sostenible.

En la LO 3/1980 se reconoce la competencia del Consejo para emitir dictámenes en relación con cuantos asuntos le sean solicitados por el Gobierno o sus miembros. La naturaleza de la consulta será facultativa o preceptiva, según se disponga legalmente, y no será vinculante, también salvo disposición expresa de la ley. Su composición es de tres órganos, el Pleno, la Comisión Permanente y la Comisión de Estudios.

El Pleno lo integran el presidente, los consejeros permanentes, los consejeros natos, los consejeros electivos y el secretario general. La Comisión Permanente la componen el presidente, los consejeros permanentes y el secretario general. Además, hay una Comisión de Estudios formada por el presidente y el secretario general, dos consejeros permanentes, dos natos y dos electivos, asistida por un letrado mayor, a la que podrán unirse funcionarios de otros cuerpos, si se requiere su cualificación técnica.

La ley determina, además, el procedimiento y órganos de designación de los componentes del Consejo de Estado, desde el presidente a los demás miembros; los requisitos para pertenecer a él y el estatus de los mismos. Son inamovibles en sus cargos y tienen un cuadro de incompatibilidades relativamente importante en lo que se refiere al presidente, secretario general y consejeros permanentes.

Su funcionamiento no difiere sustancialmente de otros órganos colegiados: los acuerdos se adoptarán por mayoría absoluta, dirimiendo el empate el voto de calidad del presidente; se prevé la existencia de votos particulares discrepantes y la elevación de una Memoria Anual en la que se pueden recoger cuantas sugerencias estime el Consejo para el mejor funcionamiento de la actividad de la Administración.

Las competencias del Pleno abarcan los dictámenes sobre anteproyectos del Gobierno en materia de reforma constitucional, leyes, decretos legislativos, tratados internacionales, interpretaciones en materia jurídica solicitadas por el Gobierno y cuantas otras materias considere este de interés en su actividad.

La Comisión Permanente entenderá de tratados que deba firmar el Estado Español previa ratificación por las Cortes Generales, disposiciones reglamentarias de carácter general, anteproyectos de leyes orgánicas de transferencias a las CCAA, e impugnaciones de las disposiciones y resoluciones adoptadas por las CCAA ante el Tribunal Constitucional con carácter previo a la interposición del recurso de inconstitucionalidad. También dictaminará sobre revisiones de oficio de la Administración, reclamaciones por responsabilidad en el funcionamiento de la Administración, recursos de revisión y cualesquiera otros que por Ley hayan de consultarse al Consejo de Estado.

VI. BIBLIOGRAFÍA

Aba Catoria, A. M.: «Transparencia, buen gobierno y derecho de acceso a la información pública», *Dereito: Revista xuridica da Universidade de Santiago de Compostela*, vol. 27, n.º Extra 3, 2018 (Ejemplar dedicado a: El principio de transparencia y buen gobierno en Galicia), pp. 137-159.

Balaguer Callejón, F. (coord.): *Introducción al Derecho Constitucional*, 6.ª ed., Tecnos, Madrid, 2017.

— (coord.): *Manual de Derecho Constitucional*, tomos I y II, 12.ª ed., Tecnos, Madrid, 2017.

Beladiez Rojo, M.: *Responsabilidad e imputación de daños por el funcionamiento de los servicios públicos*, Madrid, 1997.

Bermejo Vera, J.: *Derecho Administrativo básico*, Madrid, 2000.

Cosculluela Montaner, L.: *Manual de Derecho Administrativo*, Madrid, 2006.

Entrena Cuesta, R.: *Curso de Derecho Administrativo*, Madrid, 2002.

Fuentetaja Pastos, J. A., y Cantero Martínez, J. (dirs.): *Crisis Económica y Función Pública*, Thomson Reuters-Aranzadi, Pamplona, 2012.

Garcia de Enterría, E., y Fernández Rodríguez, T. R.: *Curso de Derecho Administrativo*, Madrid, 2006.

Garrido Falla, F.: *Derecho Administrativo Español*, Madrid, 2006.

Linde Paniagua, E. (dir.): *El Estatuto Básico del Empleado Público y su desarrollo por el Estado y las Comunidades Autónomas*, Colex, Madrid, 2008, pp. 179-201.

Muñoz Machado, S.: *Tratado de Derecho Administrativo y Derecho Público General*, Madrid, 2006.

RUIZ MIGUEL, C.: *Consejo de Estado y Consejos consultivos autonómicos*, Madrid, 1997.
SÁNCHEZ MORÓN, M.: *Comentarios a la Ley del Estatuto Básico del Empleado Público*, Lex Nova, Valladolid, 2007.
VERA JURADO, D., y REBOLLO PUIG, M. (dirs.): *La responsabilidad patrimonial de la Administración pública*, vol. 2, 2018 (Régimen jurídico básico y control de la Administración), pp. 249-280.

LECCIÓN 16

LA CONSTITUCIÓN ESPAÑOLA Y EL DERECHO PENAL

SUMARIO: I. *Introducción.* II. *El derecho penal y los principios constitucionales.* 1. La seguridad jurídica. 2. El derecho a la irretroactividad penal y a la reinserción social. III. *El derecho penal y los derechos fundamentales.* 1. El derecho a la vida y a la integridad física y moral. 2. El derecho a la libertad y a la seguridad. 3. El derecho al secreto de las comunicaciones. 4. El derecho a la tutela judicial. IV. *Derecho penitenciario y relaciones de especial sujeción.* V. *Bibliografía.*

I. INTRODUCCIÓN

El advenimiento de la Constitución Española tuvo como consecuencia, en el orden penal, la materialización de ciertos valores considerados democráticos, que habían estado ausentes durante la dictadura. En algunos casos se trataba de omisiones terminantes de derechos fundamentales que existían ya en otros ordenamientos jurídicos del entorno, como el derecho a la integridad física y moral o el derecho de información y opinión y, en otros, de principios, como el de presunción de inocencia, o el de irretroactividad de las normas sancionatorias que operaban en el orden jurisdiccional penal, pero que no tenían la categoría de derecho fundamental directamente aplicable.

La Constitución Española establece un conjunto de garantías en materia de derechos fundamentales que, en su totalidad son aplicables al derecho penal, pero también prevé unas garantías específicas y propias del derecho penal. En el primer aspecto, incumben al derecho penal principios constitucionales comunes al resto del ordenamiento, como los de legalidad, irretroactividad de las normas, proporcionalidad, seguridad jurídica y otros. En lo que concierne al ordenamiento específicamente penal, los principios de *non bis in idem* o el de la presunción de inocencia, en el bien entendido de que al hablar de derecho penal lo hacemos en el sentido amplio de identificación con el derecho punitivo. Apurando aún las cuestiones específicamente penales, podríamos hablar también de los principios de mínima intervención, culpabilidad o resocialización.

Por todo ello, la Constitución contiene un derecho penal constitucional que se encuentra diseminado por su texto, y que nos permite sostener un concepto propio del derecho constitucional democrático e incumbente al Estado social y democrático de Derecho.

II. EL DERECHO PENAL Y LOS PRINCIPIOS CONSTITUCIONALES

La Constitución permite una lectura transversal del derecho penal que integra diferentes preceptos directamente encaminados a esta disciplina, regulados con ocasión de diferentes instituciones o derechos. Cabe, por tanto, una reflexión acerca del contenido propio de este derecho, como cabe en otros sectores del ordenamiento, pues puede hablarse de un derecho económico en la Constitución, de un derecho civil o sindical, de la enseñanza o del medio ambiente: en definitiva, de las dimensiones propias de sectores jurídicos diferenciados que, si bien no están expresamente reafirmados en el texto, es posible un tratamiento conjunto desde el que se pueden establecer posiciones muy nítidas en relación con qué tipo de derecho se ha configurado constitucionalmente en ese conjunto normativo, perfectamente detectable en su conjunto.

Pues bien, desde esta posición, el primer artículo que claramente establece una posición determinante en relación con el resto sigue siendo aquí, como en cualquier otra consideración, la definición de Estado social que proporciona el artículo 1 CE cuando define España como un Estado social y democrático de Derecho, que propugna como valores superiores de su ordenamiento la libertad, la justicia, la igualdad y el pluralismo político.

De este orden de valores constitucionales se desgaja una específica consideración del derecho penal de un sistema democrático que, necesariamente, reafirme la resocialización, la naturaleza de mínimos del derecho penal, la imposibilidad de un carácter retributivo de las penas y la interdicción, en fin, de un conjunto de aspectos de este sector del ordenamiento jurídico que habían tenido lugar en la dictadura y que desde este nuevo ordenamiento no pueden ser entendidos.

Dejando al margen algunos preceptos que abarcan la totalidad de los sectores del ordenamiento jurídico, como puede ser el propio artículo 9.2 CE de consideración obligada para el desarrollo del modelo de Estado Social, que obliga a los poderes públicos a la remoción de obstáculos para el cumplimiento de la igualdad y la libertad de los individuos y de los grupos en que se integran, y a facilitar la participación de todos los ciudadanos en la vida política, económica, cultural y social, y cuya aplicación, por tanto, al derecho penal luce con fuerza, vamos a detenernos en adelante en aquellas normas cuya pertinencia al derecho penal sea más directa.

1. La seguridad jurídica

El artículo 9.3 CE contiene preceptos decisivos para una configuración democrática del derecho penal. Dice esta norma que «la Constitución garantiza el principio de legalidad, la jerarquía normativa, la publicidad de las normas, la irretroactividad de las disposiciones sancionadoras no favorables o restrictivas de derechos individuales, la seguridad jurídica, la responsabilidad y la interdicción de la arbitrariedad de los poderes públicos».

La seguridad jurídica se identifica con la certeza del Derecho. La seguridad jurídica permite saber a la ciudadanía lo que está permitido o prohibido y las consecuencias jurídicas de sus actos. Conecta, así, la seguridad jurídica con el principio de publicidad de las normas, y con el principio de legalidad, todos consagrados como principios jurídicos constitucionales en el artículo 9.3 CE. Para el TC todos los principios consagrados en el artículo 9.3 CE coadyuvan a la seguridad jurídica, legalidad, publicidad, irretroactividad o interdicción de la arbitrariedad de los poderes públicos (STC 27/1981).

En las leyes penales en blanco, el Código Penal no fija con detalle las conductas punibles y se remite a normas no penales. Esta técnica genera inseguridad y ruptura del reparto de las causas entre los diferentes órdenes jurisdiccionales, por la remisión del Código Penal a normas administrativas que tendrán que interpretar tribunales no penales. Además, en los tipos de peligro abstracto, donde el delito se comete sin necesidad de un resultado lesivo, solo por la producción del riesgo para un bien jurídico. En estos delitos se produce una concreción jurisdiccional que puede ser desigual y, por tanto, afectar a la seguridad jurídica.

Sin embargo, el TC en la STC 172/2020, ha considerado constitucional una norma penal en blanco por considerar que no lesiona la seguridad jurídica. En concreto, el párrafo segundo del artículo 37.7 LOPSC al prever que solo será sancionable la ocupación de la vía pública «con infracción de lo dispuesto en la ley». Es una norma sancionadora en blanco, cuyo núcleo esencial de prohibición se encuentra en la misma y que queda completado con la referencia a otras normas de rango legal, con exclusión de los reglamentos [STC 172/2020, FJ 6.F).*b*)]. Se formula un Voto Particular, expresando su discrepancia con esta conclusión del TC, con el debido respeto a la decisión de la mayoría. Considera que no se observa la exigencia constitucional de limitar los derechos desde el cumplimiento de los principios de seguridad jurídica, legalidad y proporcionalidad. En relación con el artículo 37.7 LOPSC, el TC no aprecia vulneración de los principios de taxatividad y seguridad jurídica, pero el voto sí considera afectados estos principios [VP punto 1.*c*) de la STC 172/2020].

2. El derecho a la irretroactividad penal y a la reinserción social

El artículo 25 CE indica que «1. Nadie puede ser condenado o sancionado por acciones u omisiones que en el momento de producirse no constituyan delito, falta o infracción administrativa, según la legislación vigente en aquel momento. 2. Las penas privativas de libertad y las medidas de seguridad estarán orientadas hacia la reeducación y reinserción social y no podrán consistir en trabajos forzados. El condenado a pena de prisión que estuviere cumpliendo la misma gozará de los derechos fundamentales de este Capítulo, a excepción de aquellos que se vean expresamente limitados por el fallo condenatorio, el sentido de la pena y la ley penitenciaria. En todo caso, tendrá derecho a un trabajo remunerado y a los beneficios correspondientes de la Seguridad Social, así como al acceso a la cultura y al desarrollo integral de su personalidad. 3. La Administración civil no podrá imponer sanciones que, directa o subsidiariamente, impliquen privación de libertad».

III. EL DERECHO PENAL Y LOS DERECHOS FUNDAMENTALES

1. El derecho a la vida y a la integridad física y moral

El artículo 15 CE impide las torturas y las penas y tratos inhumanos o degradantes. Su redacción, que produjo numerosos problemas en la fase constituyente, llegó finalmente desde una solución de compromiso de los grupos parlamentarios presentes en ese momento en las Cortes Generales, para permitir mediante esta transacción que se aboliera la pena de muerte, si bien quedó a salvo lo que pudieran disponer las leyes penales para tiempos de guerra. La repugnancia que el pueblo español sintió en las últimas ejecuciones franquistas, desoyendo las peticiones de clemencia en el orden internacional, tuvo como consecuencia la importancia atribuida al reconocimiento constitucional de un derecho a la vida, que impidiera la posibilidad de ejecutar desde el Estado a ningún preso civil.

Pero quizá más importante que este reconocimiento, que no dejaba de ser excepcional en todo su planteamiento, haya de entenderse la imposibilidad constitucional de torturas y de tratos inhumanos o degradantes, dada la frecuencia con que la policía franquista utilizaba impunemente estos mecanismos en los interrogatorios policiales, para obtener información acerca de los propios integrantes de los partidos políticos que, ahora, después de haberlas sufrido personalmente, tenían que regularlos constitucionalmente.

2. El derecho a la libertad y a la seguridad

El artículo 17 CE proclama el derecho de toda persona a la libertad y a la seguridad, y dice que «nadie puede ser privado de libertad sino con observancia de lo establecido en este artículo y en los casos y en la forma previstos en la ley».

En este primer apartado podemos reconocer la necesidad de reafirmación de dos derechos esenciales en un sistema democrático, y que representaban la exigencia de aquellos grupos parlamentarios que habían sufrido las persecuciones y arbitrariedades de la dictadura. De ahí la redacción del apartado segundo que constitucionaliza la detención preventiva con una duración máxima y un límite en el tiempo de detención policial, obligando a que la persona detenida sea puesta a disposición judicial, evitando así las arbitrariedades de la policía, a las que tanto recelo tenían algunos militantes de los partidos políticos hasta hacía muy poco clandestinos. Así, se establece que «la detención preventiva no podrá durar más del tiempo estrictamente necesario para la realización de las averiguaciones tendentes al esclarecimiento de los hechos, y, en todo caso en el plazo máximo de setenta y dos horas, el detenido deberá ser puesto en libertad o a disposición de la autoridad judicial».

El apartado tercero del artículo 17 CE garantiza los derechos del detenido. En primer lugar, el derecho a la información inmediata de las razones de su detención, que también pretendía evitar las detenciones arbitrarias, por las que sin mediar acusación y de manera preventiva, se habían producido durante la dictadura, sin formulación de acusación y como sistema represivo de actividades consideradas entonces ilegales, y que en un sistema democrático no son más que manifestaciones de derechos derivados de las libertades de manifestación, reunión y expresión. En segundo lugar, la posibilidad de acogerse al derecho a no declarar, que tampoco estaba reconocida en el franquismo y que, justamente, podía ser una causa que originara las torturas, por lo que había igualmente una urgencia de reconocerlo como derecho constitucional por parte de este sector de fuerzas políticas. En tercer lugar, se constitucionaliza también el derecho a la asistencia letrada, a fin de evitar igualmente las torturas y, además, garantizar que el interrogatorio se haga siempre en ausencia de arbitrariedad tanto policial como judicial, por lo que «toda persona detenida debe ser informada de forma inmediata y de modo que le sea comprensible, de sus derechos y de las razones de su detención, no pudiendo ser obligado a declarar. Se garantiza la asistencia de abogado al detenido en las diligencias policiales y judiciales, en los términos que la ley establezca».

Finalmente, este artículo regula el procedimiento de *habeas corpus* y la exigencia de un período máximo de duración de la prisión provisional. Con independencia de lo dicho acerca de esta institución y de su reconocimiento legal actual por la LO 6/1984, de 24 de mayo, reguladora del procedimiento de *habeas corpus*, interesa abundar igualmente en su reconocimiento constitucional, como consecuencia de las exigencias de estos partidos políticos, que habían sufrido persecuciones en el franquismo, y que habían ocasionado la desaparición de alguno de sus miembros, o muerte en condiciones poco esclarecidas con posterioridad, a veces consideradas como suicidios en dependencias policiales. Dice este apartado cuarto que «la ley regulará un procedimiento de *habeas corpus* para producir la inmediata puesta a disposición judicial de toda persona detenida ilegalmente. Asimismo se determinará el plazo máximo de la prisión provisional».

3. El derecho al secreto de las comunicaciones

El artículo 18.3 CE dice que «se garantiza el secreto de las comunicaciones y, en especial, de las postales, telegráficas y telefónicas, salvo resolución judicial».

Se diferencia de otros derechos, como el de la intimidad, reconocido en el apartado 1 del artículo 18, por el que se reconoce el derecho a la intimidad personal y familiar, en que el derecho al secreto de las comunicaciones es un derecho de configuración formal, frente al derecho de intimidad que es un derecho material. El derecho al secreto de las comunicaciones se lesiona cuando interceptan estas comunicaciones, con independencia de su contenido. El derecho a la intimidad, sin embargo, tiene un contenido material, constituido por todos aquellos aspectos de la vida de las personas que son sustraídos al conocimiento público, y, si alguno de estos contenidos se difunde, se viola el derecho. No hay por tanto identidad, puede haber intimidad que no sea secreta y secretos que no necesariamente sean íntimos.

La única posibilidad de levantar el secreto de las comunicaciones la tiene la autoridad judicial. Esto implica que ese levantamiento tiene que obedecer a una motivación concreta y que, por tanto, la resolución judicial que la acuerde ha de motivar en derecho las razones de ese levantamiento del secreto. Además, han de existir indicios delictivos: las escuchas telefónicas se utilizan como un medio de obtención de información en el transcurso de una investigación policial o judicial, y pueden llegar a constituir un medio de prueba.

En el contexto europeo, el artículo 8 CEDH reconoce el derecho al secreto de las comunicaciones y regula el «Derecho al respeto a la vida privada y familiar», en dos párrafos. El párrafo 1 dice que «toda persona tiene derecho al respeto de su vida privada y familiar, de su domicilio y de su correspondencia», y el párrafo 2 dice: «No podrá haber injerencia de la autoridad pública en el ejercicio de este derecho, sino en tanto en cuanto esta injerencia esté prevista por la ley y constituya una medida que, en una sociedad democrática, sea necesaria para la seguridad nacional, la seguridad pública, el bienestar económico del país, la defensa del orden y la prevención del delito, la protección de la salud o de la moral, o la protección de los derechos y las libertades de los demás».

La Carta Europea de los Derechos Fundamentales, en su artículo 7, reconoce el derecho al respeto a la vida privada y familiar: «Toda persona tiene derecho al respeto de su vida privada y familiar, de su domicilio y de sus comunicaciones».

En cuanto a la situación legal en nuestro ordenamiento estatal, el Código Penal regula en su Título X, artículos 197 y siguientes, los delitos contra la intimidad, el derecho a la propia imagen y la inviolabilidad de domicilio. En el capítulo 1 de este Título se contiene el delito del descubrimiento y revelación de secretos: hay un tipo básico, recogido en el artículo 197, que en su párrafo 1 considera delito la conducta de «el que, para descubrir los secretos o vulnerar la intimidad de otro, sin su consentimiento, se apodere de sus papeles, cartas, mensajes de correo electrónico o cualesquiera otros documentos o efectos personales o intercepte sus telecomunicaciones o utilice artificios técnicos de escucha, transmisión, grabación o reproducción del sonido o de la imagen, o de cualquier otra señal de comunicación, será castigado con las penas de prisión de uno a cuatro años y multa de doce a veinticuatro meses». En el párrafo 2, «al que, sin estar autorizado, se apodere, utilice o modifique, en perjuicio de tercero, datos reservados de carácter personal o familiar de otro que se hallen registrados en ficheros o soportes informáticos, electrónicos o telemáticos, o en cualquier otro tipo de archivo o registro público o privado. Iguales penas se impondrán a quien, sin estar autorizado, acceda por cualquier medio a los mismos y a quien los altere o utilice en perjuicio del titular de los datos o de un tercero».

En el párrafo 3 se castiga con menor pena a quien «por cualquier medio o procedimiento y vulnerando las medidas de seguridad establecidas para impedirlo, acceda sin autorización a datos o programas informáticos contenidos en un sistema informático o en parte del mismo o se mantenga dentro del mismo en contra de la voluntad de quien tenga el legítimo derecho a excluirlo, será castigado con pena de prisión de seis meses a dos años». La difusión de esos datos o hechos, o el hecho de tener responsabilidad en esos ficheros o estar encargado de ellos, incrementarán las penas de dos a cinco años. También determinadas circunstancias, como la edad de las personas afectadas, los fines lucrativos y otras. El párrafo 3 del artículo 197 CP dice que «se impondrá la pena de prisión de dos a cinco años si se difunden, revelan, o ceden a terceros los datos o hechos descubiertos o las imágenes captadas a que se refieren los números anteriores». Se agrava, por tanto, si se trata de personas que sean encargadas de los ficheros, soportes informáticos, electrónicos o telemáticos, archivos o registros y, además, si se venden, ceden o revelan, y afectan a datos de carácter personal que revelen ideología, religión, creencias, salud, origen racial o vida sexual, o la víctima fuera menor de edad o incapaz. El párrafo 6 agrava igualmente las penas si los hechos se realizan con fines lucrativos.

Finalmente, el artículo 199 CP condena a quienes revelaren secretos ajenos, de los que tenga conocimiento por razón de su oficio o sus relaciones laborales, a la pena de prisión de uno a tres años y multa de seis a doce meses.

Pese a que el tenor del artículo 18.3 CE, por el momento de su regulación, no comprende ciertas formas de tecnología actual, la legislación penal y la jurisprudencia han actualizado el contenido del derecho. Algunos medios tecnológicos no existían en 1978, por lo que se ha tenido que extender el concepto de «escuchas telefónicas» en relación a otros sistemas de escucha que no estaban expresamente previstos. Así lo dice la STC 34/1996, en la que el solicitante de amparo se basa en la redacción de ese momento del Código Penal, que en su artículo 497 bis hacía referencia a «quien para descubrir los secretos o la intimidad de otros interceptare sus comunicaciones telefónicas o utilizare instrumentos o artificios técnicos de escucha, transmisión, grabación, o reproducción del sonido». A su juicio, no estaban comprendidos los teléfonos sin cable, pero el Tribunal entendió que el mero tenor literal no distinguía y, por tanto, se debían entender comprendidas todas las escuchas, con independencia del sistema utilizado, denegando el amparo.

Por otra parte, las escuchas legales permitidas en la instrucción de un proceso para la obtención de pruebas requieren una habilitación legal, que implica que el juez solamente puede acordar esa medida si hay una ley que expresamente le permita hacerlo. Y, en relación con los derechos fundamentales, cualquier medida restrictiva de estos en un proceso, ha de estar fundada en una ley, es decir, el juez solamente puede restringir derechos fundamentales si tiene una habilitación legal para hacerlo. En este sentido hay que tener en cuenta las previsiones del artículo 579 LECr, que en su redacción dada por la Ley Orgánica 13/2015, de 5 de octubre, establece: «Artículo 579. De la correspondencia escrita o telegráfica.

1. El juez podrá acordar la detención de la correspondencia privada, postal y telegráfica, incluidos faxes, burofaxes y giros, que el investigado remita o reciba, así como su apertura o examen, si hubiera indicios de obtener por estos medios el descubrimiento o la comprobación del algún hecho o circunstancia relevante para la causa, siempre que la investigación tenga por objeto alguno de los siguientes delitos:

1.º Delitos dolosos castigados con pena con límite máximo de, al menos, tres años de prisión.

2.º Delitos cometidos en el seno de un grupo u organización criminal.

3.º Delitos de terrorismo.

2. El juez podrá acordar, en resolución motivada, por un plazo de hasta tres meses, prorrogable por iguales o inferiores períodos hasta un máximo de dieciocho meses, la observación de las comunicaciones postales y telegráficas del investigado, así como de las comunicaciones de las que se sirva para la realización de sus fines delictivos.

3. En caso de urgencia, cuando las investigaciones se realicen para la averiguación de delitos relacionados con la actuación de bandas armadas o elementos terroristas y existan razones fundadas que hagan imprescindible la medida prevista en los apartados anteriores de este artículo, podrá ordenarla el Ministro del

Interior o, en su defecto, el Secretario de Estado de Seguridad. Esta medida se comunicará inmediatamente al juez competente y, en todo caso, dentro del plazo máximo de veinticuatro horas, haciendo constar las razones que justificaron la adopción de la medida, la actuación realizada, la forma en que se ha efectuado y su resultado. El juez competente, también de forma motivada, revocará o confirmará tal actuación en un plazo máximo de setenta y dos horas desde que fue ordenada la medida.

4. No se requerirá autorización judicial en los siguientes casos:

a) Envíos postales que, por sus propias características externas, no sean usualmente utilizados para contener correspondencia individual sino para servir al transporte y tráfico de mercancías o en cuyo exterior se haga constar su contenido.

b) Aquellas otras formas de envío de la correspondencia bajo el formato legal de comunicación abierta, en las que resulte obligatoria una declaración externa de contenido o que incorporen la indicación expresa de que se autoriza su inspección.

c) Cuando la inspección se lleve a cabo de acuerdo con la normativa aduanera o proceda con arreglo a las normas postales que regulan una determinada clase de envío.

5. La solicitud y las actuaciones posteriores relativas a la medida solicitada se sustanciarán en una pieza separada y secreta, sin necesidad de que se acuerde expresamente el secreto de la causa».

La situación en nuestro ordenamiento adolecía de una legislación satisfactoria en este sentido, hasta que se publicó la Ley Orgánica 4/1988, de 25 de mayo, de reforma de la Ley de Enjuiciamiento Criminal. Esta norma fue una consecuencia obligada de la Sentencia del TEDH de 30 de julio de 1988, en el caso Valenzuela Contreras, pues el Tribunal Europeo considera que la legislación española era insuficiente para garantizar el secreto de las comunicaciones y propone una mejor regulación, que el Estado lleva a cabo mediante la aprobación de esta ley.

La ley regula las personas que pueden llevar a cabo la interceptación de las comunicaciones, la naturaleza de las infracciones, las condiciones del establecimiento de los procedimientos a que afecte, la duración de la ejecución de la medida, la reproducción en los juicios verbales, el control de la información obtenida, el archivo o destrucción de las cintas. La STC 202/2001 recoge estas consideraciones: «La intervención de las comunicaciones solo puede entenderse constitucionalmente legítima si está legalmente prevista con suficiente precisión, si se autoriza por la autoridad judicial en el curso de un proceso y si se ejecuta con observancia del principio de proporcionalidad; es decir, si su autorización se dirige a alcanzar un fin constitucionalmente legítimo, como acontece cuando se adopta para la prevención y represión de delitos calificables de infracciones punibles graves y es idónea e imprescindible para la investigación de ellos» (FJ 2). Para ello ha de verificarse que esta decisión judicial ha apreciado razonadamente la conexión entre el sujeto que vaya a verse afectado por la medida judicial y el delito que se está investigando, así como la gravedad de la intromisión y su pertinencia o idoneidad. La resolución judicial que se dicte acordando la intervención de las comunicaciones, mediante un auto, ha de ser motivada en orden a estas exigencias constitucionales. Se deberán detallar los números de teléfono sobre los que penda la medida, personas concretas, tiempo de duración de la intervención y fechas determinadas en las que haya de darse cuenta al juez de los resultados obtenidos en la investigación que se base en esa información.

4. El derecho a la tutela judicial

El artículo 24 CE reconoce: «1. Todas las personas tienen derecho a obtener la tutela judicial efectiva de los jueces y tribunales en el ejercicio de sus derechos e intereses legítimos, sin que, en ningún caso, pueda producirse indefensión. 2. Asimismo todos tienen derecho al juez ordinario predeterminado por la ley, a la defensa y a la asistencia de letrado, a ser informados de la acusación formulada contra ellos, a un proceso público sin dilaciones indebidas y con todas las garantías, a utilizar los medios de prueba pertinentes para su defensa, a no declarar contra sí mismos, a no confesarse culpables y a la presunción de inocencia. La ley regulará los casos en que, por razón de parentesco o de secreto profesional, no se estará obligado a declarar sobre los hechos presuntamente delictivos».

IV. DERECHO PENITENCIARIO Y RELACIONES DE ESPECIAL SUJECIÓN

La Constitución reconoce un conjunto de derechos, ejercitables de manera inmediata y sujetos a recurso de amparo constitucional, que afectan a todos los ciudadanos, independientemente de su estatus personal. En relación con estos derechos, las personas afectadas por el derecho penal también son sujetos de estos derechos especialmente protegidos.

Ahora bien, en lo que se refiere específicamente a las personas privadas de libertad, ha de tenerse en cuenta que están sometidas a una relación de especial sujeción, lo que exige la modulación en la aplicación de algunos de estos derechos. Las limitaciones de los derechos fundamentales en las relaciones de sujeción que exige la Administración Penitenciaria derivan fundamentalmente del ámbito de la comunicación, de la disciplina del propio internamiento y de la atención a determinadas reivindicaciones de los presos y sus consecuencias jurídicas.

El secreto de las comunicaciones ha presentado en la jurisprudencia una especial virtualidad en relación con los derechos de las personas privadas de libertad, en la medida en que pueden cursar quejas al juzgado de vigilancia penitenciaria y, por otra parte, tienen restringido el uso de algunos derechos fundamentales por la situación de relaciones de sujeción a que están sometidos en su privación de libertad. Con ocasión de la correspondencia, la Administración Penitenciaria la ha interceptado a veces y ha sancionado al denunciante mediante un expediente administrativo. El Tribunal Constitucional ha sentado una jurisprudencia restrictiva de las injerencias de esa administración y expansiva del derecho al secreto de las comunicaciones, teniendo en cuenta la necesaria relación entre los artículos 18.3 y 25.2 CE. Este último dice que «las penas privativas de libertad y las medidas de seguridad estarán orientadas hacia la reeducación y reinserción social y no podrán consistir en trabajos forzados. El condenado a pena de prisión que estuviere cumpliendo la misma gozará de los derechos fundamentales de este Capítulo, a excepción de los que se vean expresamente limitados por el contenido del fallo condenatorio, el sentido de la pena y la ley penitenciaria. En todo caso, tendrá derecho a un trabajo remunerado y a los beneficios correspondientes de la Seguridad Social, así como al acceso a la cultura y al desarrollo integral de su personalidad».

La normativa que regula los derechos de las personas internadas en establecimientos penitenciarios es garante del derecho al secreto de las comunicaciones, pero establece las limitaciones propias del estatus derivado de la privación de libertad. El reconocimiento del derecho a la comunicación, está recogido en el artículo 51 de la Ley Orgánica 1/1979, General Penitenciaria, así como en el Reglamento penitenciario aprobado por RD 190/1996, de 9 de febrero. La primera dice: «Uno. Los internos estarán autorizados para comunicar periódicamente, de forma oral y escrita, en su propia lengua, con sus familiares, amigos y representantes acreditados de organismos e instituciones de cooperación penitenciaria, salvo en los casos de incomunicación judicial. Estas comunicaciones se celebrarán de manera que se respete al máximo la intimidad y no tendrán más restricciones, en cuanto a las personas y al modo, que las impuestas por razones de seguridad, de interés de tratamiento y del buen orden del establecimiento. Dos. Las comunicaciones de los internos con el Abogado defensor o con el Abogado expresamente llamado en relación con asuntos penales y con los Procuradores que lo representen, se celebrarán en departamentos apropiados y no podrán ser suspendidas o intervenidas salvo por orden de la autoridad judicial y en los supuestos de terrorismo. Tres. En los mismos departamentos podrán ser autorizados los internos a comunicar con profesionales acreditados en lo relacionado con su actividad, con los asistentes sociales y con sacerdotes o ministros de su religión, cuya presencia haya sido reclamada previamente. Estas comunicaciones podrán ser intervenidas en la forma que se establezca reglamentariamente. Cuatro. Las comunicaciones previstas en este artículo podrán efectuarse telefónicamente en los casos y con las garantías que se determinen en el Reglamento. Cinco. Las comunicaciones orales y escritas previstas en este artículo podrán ser suspendidas o intervenidas motivadamente por el Director del establecimiento, dando cuenta a la autoridad judicial competente».

El Reglamento Penitenciario, por su parte, regula, en su artículo 41, las reglas generales de la comunicación de los sujetos internados en el establecimiento penitenciario, reconociendo el derecho a la libre comunicación y las formalidades que deben cumplirse por la institución en relación con el ejercicio del derecho: «1. Los internos tienen derecho a comunicar periódicamente, de forma oral y escrita, en su propia lengua, con sus familiares, amigos y representantes acreditados de organismos e instituciones de cooperación penitenciaria, salvo en los casos de incomunicación judicial. 2. Con arreglo a lo dispuesto en el artículo 51 de la Ley Orgánica General Penitenciaria, estas comunicaciones se celebrarán de manera que se respete al máximo la intimidad y no tendrán más restricciones, en cuanto a las personas y al modo, que las impuestas por razones de seguridad, de interés del tratamiento y del buen orden del establecimiento. 3. Todo interno tiene derecho a comunicar inmediatamente a su familia y abogado su ingreso en un centro penitenciario, así como su traslado a otro establecimiento en el momento del ingreso. 4. Las comunicaciones ordinarias y extraordinarias que se efectúen durante las visitas que reciba el interno, se anotarán en un libro de registro, en el que se hará constar el día y hora de la comunicación, el nombre del interno, y el nombre, domicilio y reseña del documento oficial de identidad de los visitantes, así como la relación de éstos con el interno. 5. Las visitas de los familiares al interno enfermo se regularán por lo dispuesto en los artículos 216 y 217 de este Reglamento. 6. Además de las comunicaciones ordinarias señaladas en el horario de este servicio, se podrán conceder otras de carácter extraordinario como recompensa y por urgentes e importantes motivos debidamente justificados en cada caso. 7. Las comunicaciones y visitas se organizarán de forma que satisfagan las necesidades especiales de los reclusos extranjeros, a los que se aplicarán, en igualdad de condiciones con los nacionales, las reglas generales establecidas en este artículo».

El derecho a las comunicaciones escritas es reconocido con suficiente amplitud por parte del Reglamento, estableciendo minuciosamente el procedimiento que garantiza el derecho al secreto de las comunicaciones. Igualmente en lo que se refiere a las comunicaciones telefónicas, de las que, con un carácter más restringido, se garantiza en todo caso su confidencialidad, pues, de acuerdo con el artículo 47: «1. Podrá autorizarse la comunicación telefónica de los internos en los siguientes casos: *a*) Cuando los familiares residan en localidades alejadas o no puedan desplazarse para visitar al interno. *b*) Cuando el interno haya de comunicar algún asunto importante a sus familiares, al Abogado defensor o a otras personas. 2. El interno que, concurriendo los requisitos del apartado anterior, desee comunicar telefónicamente con otra persona, lo solicitará al Director del establecimiento. 3. El Director, previa comprobación de los mencionados requisitos, autorizará, en su caso, la comunicación y señalará la hora en que deba celebrarse. 4. Las comunicaciones telefónicas, que siempre que las circunstancias del establecimiento lo permitan se efectuarán con una frecuencia máxima de cinco llamadas por semana, se celebrarán en presencia de un funcionario y no tendrán una duración superior a cinco minutos. El importe de la llamada será satisfecho por el interno, salvo cuando se trate de la comunicación prevista en el artículo 41.3 de este Reglamento. 5. Salvo casos excepcionales, libremente apreciados por el Director del establecimiento, no se permitirán llamadas desde el exterior a los internos. 6. Las comunicaciones telefónicas entre internos de distintos establecimientos podrán ser intervenidas mediante resolución motivada del Director en la forma y con los efectos previstos en la norma 7.ª del artículo 46».

Finalmente, el artículo 48 regula las comunicaciones con abogados y procuradores: «1. Las comunicaciones de los internos con sus Abogados defensores y con los Procuradores que los representen se celebrarán de acuerdo con las siguientes reglas: 1.ª Se identificará al comunicante mediante la presentación del documento oficial que le acredite como Abogado o Procurador en ejercicio. 2.ª El comunicante habrá de presentar, además, un volante de su respectivo Colegio, en el que conste expresamente su condición de defensor o de representante del interno en las causas que se siguieran contra el mismo o como consecuencia de las cuales estuviera cumpliendo condena. En los supuestos de terrorismo o de internos pertenecientes a bandas o grupos armados, el volante deberá ser expedido por la autoridad judicial que conozca de las correspondientes causas, sin perjuicio de lo dispuesto en el artículo 520 de la Ley de Enjuiciamiento Criminal. 3.ª Estas comunicaciones se registrarán por orden cronológico en el libro correspondiente, consignándose el nombre y apellidos de los comunicantes del interno, el número de la causa y el tiempo de duración de la visita y se celebrarán en locutorios especiales, en los que quede asegurado que el control del funcionario encargado del servicio sea solamente visual. 2. En las mismas condiciones señaladas en el apartado anterior, se autorizará la comunicación de los Abogados y Procuradores cuando, antes de personarse en la causa como defensores o representantes, hayan sido llamados expresamente por los internos a través de la Dirección del establecimiento o por los familiares de aquellos, debiendo acreditarse dicho extremo mediante la presentación del volante del Colegio en el que conste tal circunstancia. 3. Las comunicaciones de los internos con el Abogado defensor o con el Abogado expresamente llamado en relación con asuntos penales, así como con los Procuradores que los representen, no podrán ser suspendidas o intervenidas, en ningún caso, por decisión administrativa. La suspensión o la intervención de estas comunicaciones sólo podrá realizarse previa orden expresa de la autoridad judicial. 4. Las comunicaciones con otros letrados que no sean los mencionados en los apartados anteriores, cuya visita haya sido requerida por el interno, se celebrarán en los mismos locutorios especiales y se ajustarán a las normas generales del artículo 41. En el caso de que dichos letrados presenten autorización de la autoridad judicial correspondiente si el interno fuera un preventivo o del Juez de Vigilancia si se tratase de un penado, la comunicación se concederá en las condiciones prescritas en los anteriores apartados de este artículo».

La STC 127/1996 conoce de un recurso de amparo sobre reclamación de preso sancionado por denunciar las condiciones de la celda que habita, en la que se contenían frases injuriosas contra la dirección. Aquí se desarrolla el concepto de configuración formal del derecho del secreto de las comunicaciones, que se había apuntado en la STC 114/1984, pues según el Tribunal este derecho se predica de lo comunicado, con independencia de cuál sea su contenido y pertenezca o no el objeto de la comunicación misma al ámbito de lo personal, lo íntimo o lo reservado. Esa condición formal del secreto de las comunicaciones, presunción *iuris et de iure* de que lo comunicado es «secreto» en sentido sustancial, ilumina la identidad del sujeto genérico sobre el que pesa el deber impuesto de la norma constitucional. Así, sea cual sea el contenido objetivo del concepto comunicación, la norma constitucional se dirige inequívocamente a garantizar su impenetrabilidad por terceros, ajenos a la comunicación misma. La presencia de un elemento ajeno en aquellos entre los que media el proceso de la comunicación es indispensable para configurar el ilícito constitucional aquí perfilado.

Los requisitos formales en relación con la intervención de las comunicaciones de los presos, se interpretan siempre taxativamente. En las SSTC 207/1996, 128/1997 y 175/1997, el Tribunal Constitucional fija una serie de requisitos a tener en cuenta. En primer lugar, no basta con la mera comunicación al juez instructor por parte del Juez de Vigilancia Penitenciaria, sino que es necesario un verdadero control jurisdiccional *a posteriori* de la medida adoptada, con una resolución motivada respecto de su necesidad y finalidad. En cuanto a la medida, ha de ser idónea, necesaria y proporcionada en relación con esa finalidad, constituyendo todos estos requisitos los argumentos de la motivación: de ahí la importancia de que la medida sea motivada, porque en ella se puede explicitar la necesidad de que se adopte y los bienes jurídicos que peligran y, por tanto, hacen razonable esa limitación del derecho fundamental, la finalidad concreta que se persigue, así como el tiempo que se considera necesario y las posibilidades del levantamiento de la medida. La finalidad de la medida ha de atender, igualmente, a peligros concretos y no meras sospechas, y debe relacionarse también en la motivación, entre otras cosas, para un adecuado control jurisdiccional: no basta la mera afirmación de que se trate de una persona peligrosa, sino que debe exigirse que haya conductas previas o peligro real que la justifique.

La STC 175/2000 concede amparo a un denunciante de deficiente asistencia médica, que fue sancionado por la Administración penitenciaria después de interceptar la comunicación del preso, quien acude al TC por entender que ha sido una prueba ilícitamente obtenida por la Administración y el Tribunal anula la sanción estimando la demanda. En la sentencia se analizan los elementos legales de configuración de esa relación de carácter especial que tiene lugar entre el preso y el establecimiento penitenciario, en la que son de aplicación los artículos 51 de la Ley Orgánica General Penitenciaria y los artículos 41 a 50 del Reglamento Penitenciario, en donde se prohíbe la suspensión, restricción o intervención administrativa de las comunicaciones del recluso con las autoridades judiciales.

Posteriormente, la STC 15/2011, de 28 de febrero, estima violación del secreto de las comunicaciones en el caso de un preso que solicita el amparo por inconstitucionalidad de la nota informativa del centro penitenciario en el que se encuentra internado: esta nota exige que todos los presos que formulen alguna petición en sobre cerrado al Juzgado de Vigilancia Penitenciaria, hagan constar el motivo de que trata el contenido de su escrito. Considera el recurrente que se viola así el artículo 18.3 CE, que protege el secreto de las comunicaciones, otorgándose el amparo por el TC, que anula la resolución dictada por el director del Centro Penitenciario por la que se exige esa condición.

Se reitera esta jurisprudencia en la STC 107/2012, que conoce el recurso interpuesto contra la Administración penitenciaria por un interno que formuló un escrito de queja contra la Dirección: el escrito fue abierto por un funcionario que leyó su contenido y el interno fue sancionado. Recurrió en amparo por violación del secreto de las comunicaciones, confirmando la jurisdicción ordinaria la sanción al considerar que el secreto de las comunicaciones no ampara escritos que se integran en un expediente judicial, lo que priva al escrito de contenido privado, ya que en cualquier caso formaría parte del expediente: el fundamento jurídico 5 de la STC, considera que esa intervención en la correspondencia del interno viola el secreto de las comunicaciones y no está justificada, porque su destinatario es el juez y no puede ser interferida por terceros.

Por la misma razón, el Tribunal Constitucional ha considerado que, cuando se hayan podido llevar a cabo escuchas telefónicas ilegales pero esta prueba se haya anulado y no haya sido tenida en cuenta por el juez, no cabe la anulación de la sentencia, ni debe prosperar el recurso de amparo (STC124/2006, de 24 de abril).

En la jurisprudencia más reciente, la STC 18/2020, de 10 de febrero, conoce de una demanda de amparo contra los autos del Juzgado de Vigilancia Penitenciaria núm. 1 de Murcia —de 20 de marzo y 7 de mayo de 2018—, que confirman parcialmente la sanción impuesta al recurrente en amparo por acuerdo de la comisión disciplinaria del centro penitenciario— adoptado el 8 de febrero de 2018— al considerar que dichas resoluciones vulneran el derecho a la libertad de expresión [art. 20.1.*a*) CE] y la garantía del secreto de las comunicaciones (art. 18.3 CE). Aquí realiza el TC una importante declaración sobre los derechos de los internos en el FJ 5.*d*), «la condición de interno en un establecimiento penitenciario no puede implicar más limitación de sus derechos fundamentales que la expresada en el contenido del fallo condenatorio, la derivada del sentido de la pena y la prevista por la ley penitenciaria conforme a lo establecido en el artículo 25.2 CE (ya en la STC 2/1987, de 21 de enero, FJ 6; más recientemente, SSTC 346/2006, de 11 de diciembre, FJ 3; 66/2007, de 27 de marzo, FJ 3; 59/2011, de 3 de mayo, FJ 2, y 107/2012, de 21 de mayo, FJ 6). Y en este sentido, dada la posición preeminente que en nuestro ordenamiento jurídico tienen los derechos fundamentales, en cuanto "proyecciones de los núcleos esenciales de la dignidad de la persona" (art. 10.1 CE) y fundamento del propio Estado democrático (art. 1 CE) (entre otras, STC 56/2008, de 14 de abril, FJ 6), éstos, en tanto no aparezcan limitados por el contenido del fallo condenatorio, el sentido de la pena o la ley penitenciaria, operan como límites infranqueables de la actuación de la administración penitenciaria».

V. BIBLIOGRAFÍA

AGUADO CORREA: *El principio de proporcionalidad en el Derecho Penal*, Edersa, Madrid, 1999.

BALAGUER CALLEJÓN, F. (coord.): *Introducción al Derecho Constitucional*, 6.ª ed., Tecnos, Madrid, 2017.

— (coord.): *Manual de Derecho Constitucional*, tomos I y II, 12.ª ed., Tecnos, Madrid, 2017.

CARBONELL MATEU: *Derecho Penal: concepto y principios constitucionales*, Tirant lo Blanch, Valencia, 1999.

CEREZO MIR, J.: *Curso de derecho Penal Español. Parte General*, Tecnos, Madrid, 2004.

MAPELLI CAFFARENA, B.: *Principios fundamentales del sistema penitenciario español*, Bosch, Barcelona, 1983.

MIR PUIG, S.: *Introducción a las bases del Derecho Penal. Concepto y método*, Bosch, Barcelona, 1978.

LAMARCA PÉREZ, C.: *Régimen penitenciario y derechos fundamentales. En Estudios penales y criminológicos*, XVI, Santiago de Compostela, 1993.

LEÓN ALAPONT, J.: «Las comunicaciones entre periodistas y presos a raíz de la STC 6/2020, de 27 de enero y de la Instrucción 3/2020, de 16 de junio, de la Secretaría General de Instituciones Penitenciarias», *La ley penal: revista de derecho penal, procesal y penitenciario*, n.º 146, 2020.

LÓPEZ BENÍTEZ, M.: *Naturaleza y presupuestos constitucionales de las relaciones de espacial sujeción*, Servicio de Publicaciones de la Universidad de Córdoba, 1994.

RIVERA BEIRAS, M. J.: *La cárcel en el sistema penal. Un análisis estructural*, Bosch, Barcelona, 1995.

TELLEZ AGUILERA, A.: *Seguridad y disciplina penitenciaria, un estudio jurídico*, Edisofer, Madrid, 1998.

VVAA: *Derecho penitenciario y democracia*, Sevilla, 1994.